# M-GTA

Modified Grounded Theory Approach

修正版グラウンデッド・セオリー・アプローチ

## 多分野多領域における
## 実践と応用

小嶋章吾 編著

浅野正嗣
木村由美
小池純子
古城惠子
佐瀬惠理子
嶌末憲子
野中光代
平川俊功
藤江慎二
藤原佑貴
山口みほ
和田真一

著

誠信書房

本書は、M-GTAによる実践の理論化から
理論の実践化をめざす好事例集である。

木下康仁

# 巻頭言

　M-GTA 研究会も 2024 年度で発足から 25 年である。初期の研究会では，M-GTA の正しい分析方法の普及につとめてきた。公開スーパービジョンや，地方での合同研究会の開催，出張ワークショップなどの活動を精力的に行ってきた。2005 年ころから大学や大学院での M-GTA の分析方法の講義なども増え，M-GTA を用いた修士論文，博士論文，学会誌などへの投稿が増えてきた。2020 年に，これまでの M-GTA の分析方法に関する木下康仁先生の著書の集大成である『定本 M-GTA ——実践の理論化をめざす質的研究方法論』（木下，2020，医学書院）が発行された。

　当会では，これまでの M-GTA による論文の軌跡を確認するために，2021 年に，M-GTA で分析を行った論文の領域と数量等の調査を実施した。2023 年 5 月の総会での文献調査プロジェクトの概要報告資料（長山豊　金沢医科大学教授）によると，M-GTA を用いた論文であると題名に書かれた研究論文数は 1,470 であった。看護学，教育学，心理学，福祉学などの，ヒューマンサービス領域において用いられている。これらの論文の研究目的（分析テーマ）とその結果をみると，ヒューマンサービスの支援方法や教育方法が理論化され，サービスを受ける当事者と社会的支援との相互作用の同定により，支援の在り方が視覚化されている。M-GTA によって分析されて導きだされる結果（実践理論）は，個々人の支援の実践を理論化し，視覚化することで，支援の受諾者や供給者（分析焦点者）がさほど試行錯誤せずに分析焦点者のあるべき姿や生活まで行きつくのに役立つと期待されている。

　研究とは，現場に役立つためにされるべきものであると古くから言われているが，研究の結果と現場での実践との乖離が批判されて久しい。私たちは，誰のための研究かを再認識し，研究に励むことが学者の姿勢たるものであると考え，1999 年に日本老年社会科学会の青木信雄先生（元龍谷大学教授）と共に M-GTA 研究会を立ち上げたのは，M-GTA の分析方法が実践理

論を生成する方法論だからである。これまでの研究会の成果として実践理論の生成や現場での相互作用の視覚化はある程度，進展している。しかし，その研究が本当に現場に役立っているという実践理論の応用の検証のための研究が少ないことは，上記の調査によって明らかになった。

木下先生の定本にある「M-GTA における実践と理論の螺旋的三重サイクル」（木下，2020, pp. 316–324）を実現すること，つまり増えつつある開拓研究を，現場で修正，応用，精緻化する最適化研究にまでには至っていないといえる。

本書は，M-GTA 研究会で発表され，その後，研究成果を現場にフィードバックさせている／させてきた研究者による論文集である。M-GTA の分析によって生成された実践理論の応用化研究を目指す研究者にとっての良い実例集である。M-GTA 研究会は，本書により最適化研究が増え，さらに新規発展研究が行われることを期待している。

2024 年 3 月 18 日，M-GTA の考案者であり，M-GTA 研究会の羅針盤であられた木下康二先生が急逝なさった。M-GTA 研究会世話人の先生方，会員とともに，力を合わせて M-GTA 研究会の発展に尽力していくことを心に誓って，末筆ながら，哀悼の意を表したい。

林葉子（M-GTA 研究会（東京）会長）

# まえがき

　木下康仁は，「これまでの M-GTA による研究でみると，研究例は増えているが，この位相（引用者補足：分析結果の応用と応用者の関係）での実際の展開はまだ初期段階にとどまっている。分析結果が論文として発表されるところまでは定着しているが，結果の実践的活用に関してはまだこれからである」[1]（pp. 53–54）と指摘している*。

　本書は，こうした問題意識から，M-GTA による研究成果を何らかの形で実践に応用している研究者や実務家（研究者であり同時に実務家でもある場合も含む）に呼びかけ，もとになった論文の要約とともに，その後の実践的活用についてのレポートの寄稿を依頼し編集したものである。各章の構成は例外もあるが，原則として第 1 節としてもとになった論文の要約を配置し，第 2 節としてその後の実践的活用のレポートを書き下ろしていただいた。

　木下のいう「実践的活用」は，本書でいう「実践応用」と同義とするが，この実践応用例についてはいくつかの分類ができるだろう。

　まず，実践応用の方向性の分類である。編著者は，（1）臨床または現場での実践への応用（臨床応用と略す），（2）専門職養成教育や現任者研修といった教育実践への応用（教育応用と略す），（3）さらなる研究実践への応用（研究応用と略す），（4）政策実践への応用（政策応用と略す），といった四つの方向性を提示している[3,4]。これらのうち本書では，（1）臨床応用，（2）教育応用，（3）研究応用，の三つの方向性を柱立てし，それぞれ第Ⅱ～Ⅳ部とした。ただし当然のことながら四つの方向性は相互に排他的なものでは決してなく，重複しうるものである。本書で柱立てしなかった（4）政策応用も，執筆者によっては言及に及んでいるものも見られる。よって本書の第Ⅱ～Ⅳ部を構成する各章（第 4 ～ 15 章）は，主たる実践応用の方向性を示す編著者による分類にすぎないことに留意いただきたい。

　次に，巻頭言にも紹介されているが，M-GTA 研究会（東京）による文献

調査プロジェクトの結果に見られるような学問領域別の分類である。これを木下は M-GTA を含む質的研究の「領域化（既存の専門領域を横断した拡がり）」[2]（p. 305）と呼んでいるが，本書では医学，保健学，看護学，子ども学，社会福祉学，介護福祉学，心理学，教育学といった領域を網羅していることになる。このような学問領域別の分類は，各章に表示した。ちなみに各章のテーマは，これらの学問領域と誰を応用者と考えているかを掛け合わせたものとしている。

さらに木下は，M-GTA における実践と理論との関係をもとに，M-GTA を「行為文脈設定型実装研究」[2]（pp. 310-316）と捉え直し，「実践と理論のらせん的三重サイクル論」[2]（pp. 316-324）を提唱している。

行為文脈設定型実装研究とは，「事例の中での一般化」（「誰が，誰に対して」という文脈を重視）と，「いくつもの事例を通しての一般化」（「何を，どのように」という内容を重視）の両方を組み合わせて実装の可能性を探求するものである。

また，「実践と理論のらせん的三重サイクル論」とは，「理論と実践にかかわる研究は相互に関係する 3 つのタイプ…すなわち，開拓研究，最適化研究，新規発展研究」から構想されたもので，「実践と理論の関係，すなわち日常的実践の理論化とその応用である理論の実践化をベースに，研究活動を循環するサイクルに位置付けたものである」[2]（p. 317）とされている。

開拓研究とは，理論生成とその実践的活用のための研究であり，最適化研究とは，「対象範囲を限定し実践的有効性を高める」ための研究であり，新規発展研究とは，「対象の範囲を広げる意味での一般化」のための研究である[2]（pp. 317-318）。

このサイクルは，開拓研究から始まるものの「M-GTA による研究の現状は，この一つめのサイクルの達成がまだ課題となっている。理論の実践化にまで進んでいる例も増えてきているが，ほとんどの研究は理論の生成にとどまっている」[2]（p. 318）。このような木下の指摘に応えるためには，新規発展研究の展開を展望しつつ，まずは「研究者と応用者は一体になる」最適化研究[2]（p. 323）に着手すること，換言すれば，M-GTA により理論生成を行なった研究者自身が主体的に応用者の役割を演ずることがその第一歩ではないだろうか。

読者諸氏には，本書に収録した各章の執筆者は，いずれもその努力を惜しまず，「実践と理論のらせん的三重サイクル論」のうち，開拓研究の好例となっていることをお汲み取りいただきたい。

なお，各章をお読みいただくうえで，留意いただきたいことが二つある。

一つは，第Ⅰ部を構成する3章分は，『介護福祉学』誌に掲載された「基礎講座」をもとにしているが，多分野多領域にも通底する初心者向けの内容となっているので，M-GTAの基礎的理解と実践応用のあり方について，参考にされたい。

もう一つは，M-GTAの分析方法は明確であるが，収録した論文は，分析方法に多様性が見られることである。M-GTAの典型的な研究例は，木下による自身の例示研究「高齢夫婦世帯における夫による妻の介護プロセスの研究（老夫，老妻ヲ介護ス）」[1] (pp. 233–303)[2] (Chapter4 ～ Chapter6) に見ることができるが，同時に「本書で説明しているM-GTAの分析方法が唯一のものではない」[2] (p. iv) という。

木下は，「M-GTAを用いた研究論文が数多く発表され，（中略）分析方法の説明や結果の提示方法などの多様性の中に，一定の共通する形式もみられる」[2] (p. ix) が，「要は，M-GTAの基本特性を踏まえてさえいえれば，共通する型式であれ独自の型式であれ，自分の判断を『説明する』ことができ，それにより，自分自身の方法としてM-GTAを獲得していくことができる」[2] (p. ix) としている。ここでいうM-GTAの基本特性とは，いうまでもなく，理論生成への志向性，grounded-on-dataの原則，経験的実証性（データ化と感覚的理解），応用が検証の立場（分析結果の実践的活用），であるが，本書の収録論文はいずれもこれら4点に適っているものである。

そういう意味で本書が，これからM-GTAに取り組もうとされている方にとっては，分析結果の実践応用までも視野に入れて取り組み始めていただくことに，また，いったんM-GTAにより論文化された方にとっては，そこにとどまらず分析結果の実践応用に取り組んでいただくこと，さらに前述のように，木下が新たに提唱する最適化研究や新規発展研究に取り組んでいただくことに資することを心より期待したい。

編著者　**小嶋章吾**

## 注

\* 編著者らによる成書[3] は，「そうした中でも，M-GTA における分析結果の本
格的展開も始まっており，単著になっているものでも一定の蓄積が見られ
る」[2] (p. 54) として，また，「開拓で理論の生成を行ない，理論の実践化ま
でが行なわれている具体的な研究例としてはヘルパーによる生活場面面接に
関する研究」等があり，「これらは M-GTA による開拓研究の例であり，応用
を意識した読みやすい書籍である」[2] (p. 320) として紹介されているので，
参考にされたい。

その他同様の成果物としては，M-GTA 研究会の出版助成により「M-GTA
モノグラフシリーズ」および「M-GTA 叢書」として，以下の書籍が刊行さ
れている。

木下康仁編（2015）『ケアラー支援の実践モデル』ハーベスト社／根本愛
子（2016）『日本語学習動機とポップカルチャー〜カタールの日本語学習者
を事例として〜』ハーベスト社／畑中大路（2018）『学校組織におけるミド
ル・アップダウン・マネジメント：アイデアはいかにして生み出されるか』
ハーベスト社／竹下浩（2020）『精神・発達・視覚障害者の就労スキルをど
う開発するか──就労移行支援施設および職場での支援を探る』遠見書房／
唐田順子（2023）『乳幼児虐待予防のための多機関連携のプロセス研究──
産科医療機関における「気になる親子」への気づきから』遠見書房。


## 文献

1) 木下康仁（2007）『ライブ講義 M-GTA ──実践的質的研究法　修正版グラウ
ンデッド・セオリー・アプローチのすべて』弘文堂.
2) 木下康仁（2020）『定本 M-GTA ──実践の理論化をめざす質的研究方法論』
医学書院.
3) 小嶋章吾・嶌末憲子（2015）『M-GTA による生活場面面接研究の応用──実
践・研究・教育をつなぐ理論（M-GTA モノグラフシリーズ 1)』ハーベスト社.
4) 小嶋章吾・嶌末憲子（2024）本書第 3 章.

# 目次

巻頭言　　林葉子　**iii**
まえがき　　小嶋章吾　**v**

## 第Ⅰ部　基礎講座 M-GTA の基礎と応用

第 1 章　M-GTA とは何か　小嶋章吾 ································· **2**

第 2 章　M-GTA の分析技法　小嶋章吾 ···························· **15**

第 3 章　M-GTA による研究成果の応用例　小嶋章吾・蔦末憲子 ······· **39**

## 第Ⅱ部　臨床実践への応用

第 4 章　心理学×少年院経験者　藤原佑貴 ························· **58**
　第 1 節　非行少年が犯罪から離れた新たな生き方を見出していくプロセス
　　**58**
　第 2 節　分析焦点者の視点に立つ意味　**69**

第 5 章　こども学×障害児家族　古城恵子 ························· **72**
　第 1 節　二分脊椎症児の父親のソーシャル・キャピタル醸成プロセス　**72**
　第 2 節　二分脊椎症児の母親のソーシャル・キャピタル醸成プロセス　**78**

第6章　看護学×触法精神障害者　小池純子・・・・・・・・・・・・・・・・・・・・・・・83

第1節　重大な他害行為を行った精神障害者の入院中の回復プロセスの解明と看護支援　83

第2節　触法精神障害者支援への概念活用と再現性検証の試み　88

第7章　医学×中途障害者支援者　和田真一・・・・・・・・・・・・・・・・・・・・・・・・94

第1節　脳損傷による中途障害者の長期的な主体性回復のプロセス　94

第2節　主体性回復プロセスの段階評価　98

# 第III部　教育実践への応用

第8章　教育学×養護教諭　平川俊功・・・・・・・・・・・・・・・・・・・・・・・・108

第1節　高等学校における養護教諭の行う生徒への発達支援に関する考察　108

第2節　養護教諭活動の意味と意義の根拠を明らかにしたこと　113

第9章　社会福祉学×ソーシャルワーカー（1）　山口みほ・・・・・・・・・・120

第1節　職場外個別スーパービジョンを通したスーパーバイジーのソーシャルワーク実践に関する認識変化のプロセス　120

第2節　スーパービジョンの実践と教育　133

第10章　社会福祉学×ソーシャルワーカー（2）　浅野正嗣・・・・・・・・135

第1節　スーパーバイジーのソーシャルワーカーとしての自己理解の深化のプロセス　135

第2節　スーパービジョンの理解と実践の促進　145

第11章　介護福祉学×介護職員　藤江慎二・・・・・・・・・・・・・・・・・・・・147

第1節　介護職員が虐待行為を回避しているプロセス　147

第2節　介護職員研修への反映　153

# 第Ⅳ部　研究実践への応用

**第12章　保健学×ハンセン病療養者**　佐瀬恵理子 ··················· **160**
　第1節　ハンセン病隔離政策下における「病いの経験」　**160**
　第2節　韓国人ハンセン病療養所入所者の「病いの経験」　**167**

**第13章　看護学×知的障害者家族**　野中光代 ······················· **176**
　第1節　自閉症を伴う在宅重度知的障害者に対する母親の肥満容認プロセ
　　　　ス　**176**
　第2節　自閉症を伴う重度知的障害者母子に対する介入プログラムの作成
　　　　と検証　**186**

**第14章　看護学×精神障害者家族**　木村由美 ······················· **190**
　第1節　統合失調症者家族がケアラーとして自分らしい生活を再構築する
　　　　プロセス　**190**
　第2節　統合失調症者家族の自分らしい生活への再構築モデル　**196**

**第15章　介護福祉学×ホームヘルパー**　嶌末憲子・小嶋章吾 ········ **206**
　第1節　高齢者ホームヘルプ実践における生活場面面接の研究　**206**
　第2節　生成理論による多面的応用の可能性　**209**

あとがき　　小嶋章吾　**220**
初出一覧　　**223**

第 I 部

# 基礎講座 M-GTA の基礎と応用

# 第1章

# M-GTA とは何か

小嶋章吾

## I. はじめに

　介護にまつわる深刻な諸問題や未解明の諸事象を前に，研究課題が山積している。どのような研究課題であれ，それに最適な研究方法の選択のためには，少なくとも多様な研究方法についての理解と習得が不可欠である。特に質的研究の場合には，意味の解釈という質的分析をコンピューターに委ねることはできず，研究者に依拠するため，採用する研究方法の習熟は研究の成否にかかわると言っても過言ではない。

　本講座は，質的研究法の一つとして，木下康仁が開発した M-GTA（Modified Grounded Theory Approach：修正版グラウンデッド・セオリー・アプローチ）の解説を主目的としている。第1章は，質的研究法におけるグラウンデッド・セオリー・アプローチ（以下，本文中では GTA と略す）の位置づけについて触れたうえで，各種の GTA と M-GTA との関係について解説する。また，『介護福祉学』誌における M-GTA による（M-GTA に類するものも含めて）研究例を概観する。第2章では，M-GTA の分析技法を紹介する。第3章では，M-GTA による研究成果の応用例を紹介する。

　なお，本講座は主として M-GTA の開発者である木下康仁の著作に依拠しているので，詳細は第3章末尾の「木下康仁による M-GTA の主要著作一覧」を参照されたい。

## II．質的研究法と GTA

### 1）質的研究と質的データ

　本講座は質的研究の全般について取り扱うものではないが，GTA や M-GTA の解説にあたって，まず質的研究ないしは質的研究法の基本的な概念を確認しておく。『介護福祉学』誌ではすでに質的研究ないしは質的研究法について概説されているので，詳細はそれらを参照されたい[11),34)]。

　質的研究とは，質的データの収集と分析，すなわち質的研究法によって社会現象，特に人間の行為や考えの理解を目的とし，その意味を解釈し記述によって表現し，仮説構築または理論生成を行う研究をいう。質的研究でいう質的データとは，社会現象を数値に還元せず，言語によって記述されたデータをいう。ちなみに量的研究でも，四則演算ができない名義尺度と順序尺度のデータを質的データと呼んでいるが，質的研究の目的に鑑みれば，質的研究で取り扱う質的データは，単に言語データということにはならない。質的データとは，「研究しようとしていることがらについて，現実の多様性や複雑性をできるだけ忠実に捉えたディテールの豊富なデータである。」[10)] (p. 123)

　質的研究への関心の高まり，さらには既存の領域を横断するような質的研究法の領域化の背景には，二つの潮流があったとされる[13)] (p. 4)。一つは，現実課題に対する量的研究の限界認識であり，もう一つは，研究者に優位性がある従来の研究方法に対する反省と批判から，研究者と研究対象者との非対称性が問い直され，研究者と研究対象者との対等性が求められ，さらに知識の共同生成性が求められるようになったことである。特に，「医学に代表される近代科学の強い影響下で学問的独自性の確立に取り組んだ看護学に象徴されるように，ヒューマン・サービス領域の多くが，人間をトータルに理解することを目的にそれに適した方法として」[12)] (p. 163) 質的研究法への期待があったからである。このような期待は，介護福祉学の構築にとっても同様のことが言えるだろう。

### 2）質的研究法における GTA

　質的研究法は多種多様であるが，GTA ないしは M-GTA は質的研究法のな

4 第Ⅰ部 基礎講座 M-GTA の基礎と応用

**表1-1 質的研究法の種類**（グレッグ美鈴ら[3]，pp. 19-22 をもとに作成）

| 研究関心 | 特徴 | 例示 |
|---|---|---|
| 言葉の特徴 | 言葉の特徴を，①コミュニケーションの手段としてみる，または，②文化の表れとしてみる研究 | 内容分析，談話分析，会話分析，エスノメソドロジー等 |
| 規則性の発見 | 言葉を研究対象としてみるのではなく，研究しようとしている現象を伝達するものとしてとらえる研究 | グラウンデッド・セオリー・アプローチ，エスノグラフィー，アクションリサーチ等 |
| テクスト／行為の意味の理解 | ①テーマの識別（共通性と独自性），②解釈による研究 | 現象学的アプローチ，事例研究，ライフヒストリー法等 |
| リフレクション | リフレクションに基づく研究 | 発見的研究等 |

かでどのような位置づけにあるだろうか。第一に，グレッグらによる研究関心に基づく分類を紹介する（表 1-1）[3]（p. 19）。

　ここでは，GTA の研究関心は「規則性の発見」にあり，質的研究法のなかで，エスノグラフィーやアクションリサーチ等と同類とされている。

　第二に，サトウらは質的研究の対象を経験とし，質的研究法を構造-過程，実存性-理念性という二つの次元で分類し，GTA および M-GTA をエスノグラフィー等と並んで，構造と理念性の象限に位置づけている（図 1-1）[30]（p. 3）。

　第三に，木下は，内容の面白さと分析方法の明確さという二つの視点により分類している（表 1-2）。ここでいう内容の面白さとは，分析方法の特性が生かされているかどうか，つまり当事者の視点を重視した深い解釈によって，目的に対する結論が説得力をもって提示されていること，及び従来十分に理解されてこなかった現実が説明力をもって表現できているかによる。また分析方法の明確さとは，質的データを取り扱う手順とプロセスが具体的に説明されているかどうかを意味している[12]（pp. 160-161）。

　タイプⅠは，質的研究のひとつの重要な類型であり，例示として現象学的アプローチ，ライフストーリー法が挙げられている。タイプⅡは，内容の面白さと分析方法の明確化のバランスがとれているものであり，各種の GTA が該当するが，GTA のなかにはタイプⅢのように，分析方法の精緻化に傾

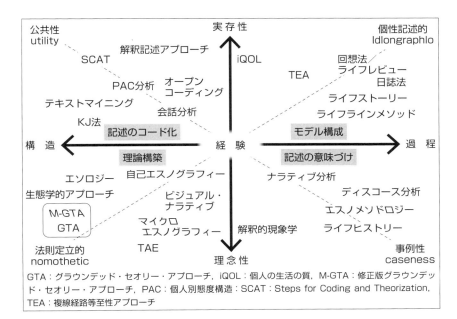

**図 1-1　質的研究法マッピング**（サトウら[30]，p.3 の図 1 に著者一部加筆）

**表 1-2　質的研究法の 4 タイプ**（著作 6[12]，p.159 の表をもとに加筆）

| タイプ | 内容の面白さ | 分析方法の明確さ | 特徴 | 種類（例示） |
|---|---|---|---|---|
| Ⅰ | ○ | × | モノグラフの内容の重視　当事者の経験の尊重・共有 | 現象学的アプローチ，ライフストーリー法 |
| Ⅱ | ○ | ○ | データを扱う手順が明確 | 各種の GTA（特に M-GTA が志向するタイプ） |
| Ⅲ | × | ○ | 分析方法の精緻化への傾斜 | |
| Ⅳ | × | × | 論理的緻密さの欠如，問いと結論との関係の説明が不十分 | 「M-GTA を参考にした」など |

斜するものも見られる。タイプⅡとタイプⅢに共通する課題としては，内容の面白さが評価対象として未確立なことであるが，分析には研究する人間が有効に実施できるものでなければならないこととされている。タイプⅣは，

6   第Ⅰ部　基礎講座 M-GTA の基礎と応用

質的研究と称した投稿論文の中に少なからず散見され，研究論文として基本的に難点があるとされている[12]（pp. 164–168）。

　表 1–2 の例示は，GTA が中心となっており，全ての質的研究法が網羅されているわけではない。だがこのような質的研究の分類の意義は，第一に，質的研究の評価基準として，深い解釈と分析方法の明確さという二つの視点が不可欠であること，第二に，各種の GTA が提唱されているなかで，分析技法の緻密さへの偏重も見られるが，本来の GTA は深い解釈と分析技法の明確さのバランスをめざしているということを示しており，M-GTA はここに位置づけられるものであることを表明していることである。

## 3）主たる質的研究法と GTA との異同

　各種の質的研究法については，それぞれの成書を参照されたいが，ここでは GTA や M-GTA との関係について木下自身が言及しているものについて紹介しておく。

　まず，KJ 法と GTA との関係である[8]（pp. 170–176）。KJ 法は，もともと川喜多二郎によって発想法（abduction）として開発され，今日，問題解決技法としても広く普及している。

　GTA は KJ 法と親近性があるため，しばしば KJ 法と混同されることもある。たしかに共通点には，①研究目標は理論生成にある，②活用しやすい研究方法である，③研究結果を図示する，④データ解釈に創造性がある，といった 4 点が見られる。だが相違点には，①データの収集と分析の関係について，GTA では並行して実施するのに対して，KJ 法では分離されている，②分析におけるデータの比較について，GTA では徹底して実施するが，KJ 法では論理的関連性をもとに包括的にまとめ比較法はあまり重視されていない，③研究結果について，GTA ではデータが加工されて理論生成がなされるが，KJ 法ではデータを残したまま理論生成をするといった 3 点がある。

　次に，事例研究，エスノグラフィー，M-GTA との関係である[10]（pp. 122–131）。

　事例研究では，一人あるいは特定の数人を取り上げ，人々の人生や経験の解明がテーマとなるが，そこで分析される記述内容には具体的で詳細なことがらが含まれることになる。

また，エスノグラフィーでは，一定の社会的空間としてのフィールドに焦点が置かれ，そこに参加する人間関係がテーマとなる。そこでフィールドについての詳細な記述，つまり人々の日常性ないしはルーティーンの世界が描かれることになる。

これら事例研究やエスノグラフィーでは，ディテールの豊富なデータは，その具体性のまま分析結果に登場する。だが M-GTA では，データは説明力のある概念の生成のための素材にすぎない。M-GTA で生成する概念から現実をイメージすることはできるが，M-GTA による分析結果は，概念とカテゴリー（複数の概念のまとまり）によって説明されるので，抽象的な内容となる。この点，事例研究やエスノグラフィーに比べ，M-GTA では具体性や物語性は希薄になる。しかし，それは求める理解のレベルの違いと分析結果を誰に向けて提示するかという違いである。つまり，事例研究やエスノグラフィーでは，ある人々に対する理解を一般の人々に向けて提示するのに対して，M-GTA では分析焦点者に対する理解を実務者や当事者に向けて提示するのである。ゆえに，M-GTA での分析結果は，具体性や物語性にあるのではなく，説明力や予測力が役立てられることに意味があるということになる[10]（pp. 122–131）。

以上，各種の質的研究法と GTA ないしは M-GTA との関係についてのいくつかの視点から見てきた。

## Ⅲ．各種 GTA

すでに，GTA や M-GTA に言及してきたが，ここであらためて GTA とは何かを整理しておく。GTA は，社会学を出自とし，ブルーマー（Herbert Blumer）によるシンボリック相互作用論を理論的根拠としている[2]。シンボリック相互作用論とは，社会についての次のような見方を前提にしている。すなわち，①人間は外界に対する意味づけに則り行為する，②このような意味づけは他者との社会的相互作用から生ずる，③意味づけは社会的相互作用のなかで修正されていく，というものである。

GTA は，1967 年にグレーザーとストラウス（Barney Glaser and Anselm Strauss）によって提案され，データに密着した分析から独自の理論を生成す

る質的研究法である。グレーザーは質的データの解釈にあたって量的研究に匹敵する厳密さを求めた一方，ストラウスは意味の解釈を重視した[13]（p. 5）。GTAが生成をめざすグラウンデッド・セオリーとは，「データに基づいた（grounded-on-data）理論であり，そこで用いられるデータとは，継続的比較分析法により体系的に収集されたもの」（p. 70）である[10]。

　このようなGTAは，質的研究法のなかでも特別な意義を有している。それは，グラウンデッド・セオリーの革新的可能性が，技法としてのみ理解しようとする関心のあり方からではなく，研究の社会的意味を問うことにあるためである。それは，研究する人間の主体性や社会的活動としての研究の意味を最重視していることによる。ゆえに，GTAの可能性が最も見いだせるのが，看護やリハビリテーション等の保健医療，社会福祉（介護やソーシャルワーク），教育といった広義の実践的ヒューマン・サービス領域となる。換言すれば，このような直接的援助行為を内容とし，対面的な社会的相互作用を特徴とする領域において，GTAは実践を理論化するための現実的可能性を有しているのである。ただし，実践の理論化のためには，応用的検証が不可欠となる。それは，グラウンデッド・セオリーが「領域密着の理論であり，その評価は応用，すなわち実践的活用において最も本質的な意味で試される」[10]（p. 103）からである。

　今日，GTAは，オリジナル版，グレーザー版，ストラウス版，ストラウス・コービン版，ストラウス（・コービン）・戈木版，チャマーズ版，M-GTAの7種がある。それぞれの詳細やM-GTAとの関係については，著作6[12]を参照されたいが，ここでは，各種のGTAの特徴について俯瞰しておく（表1–3）。

　なお，M-GTAが依拠する認識論は独自のものとされているが，それは，解釈主義的，客観主義的，経験主義的，プラグマティズム的ではあるが特定の認識論に依拠するものではないからである[10]（p. 96）。

## IV．M-GTA

　ここでは，M-GTAの定義と特徴の要点を紹介する。

第 1 章　M-GTA とは何か　　**9**

## 表 1-3　各種 GTA の特徴（著作 6[12] をもとに作成）

| | 主要文献 | 特徴<br>（・コーディング方法／＊分析方法） | 認識論 |
|---|---|---|---|
| オリジナル版<br>Barney Glaser and Anselm Strauss | The Discovery of Grounded Theory: Strategies for Qualitative Research, 1967<br>データ対話型理論の発見（1996） | ・切片化<br>・出来事のコード化<br>＊継続的比較分析と理論的飽和化による分析 | ポスト実証主義 |
| グレーザー版<br>Barney Glaser | Theoretical Sensitivity: Advances in the Methodology of Grounded Theory, 1978（理論的センシティビティ）※ 1 | ・切片化<br>・オープン・コーディングから選択的コーディングへ<br>・具体／実質コードと理論的コード<br>＊オリジナル版をもとに分析方法を精緻化 | ポスト実証主義 |
| ストラウス版<br>Anselm Strauss | Qualitative Analysis for Social Scientists, 1987（社会科学者のための質的分析）※ 1 | ・切片化<br>・オープン・コーディング，軸足コーディング，選択的コーディング<br>・コーディング・パラダイムの導入<br>＊グレーザー版を踏襲しているが，複雑なコーディング方法を採用せず，解釈を重視 | ポスト実証主義 |
| ストラウス・コービン版<br>Anselm Strauss and Juliet Corbin | Basics of Qualitative Research: Grounded Theory Procedures and Techniques, 1990<br>質的研究の基礎——グラウンデッド・セオリーの技法と手順（1999） | ・切片化<br>・オープン・コーディング，軸足コーディング，選択的コーディング<br>・プロパティとディメンションの視点，パラダイム・モデル，行為を中心におく条件マトリクスの導入<br>＊分析方法の精緻化 | ポスト実証主義 |
| | Basics of Qualitative Research: Techniques and Procedures for Developing Grounded Theory, 2nd edition, 1998<br>質的研究の基礎——グラウンデッド・セオリー開発の技法と手順（第 2 版，2004） | ・切片化<br>・条件マトリクスを，個人を中心におく条件／帰結マトリクスに変更<br>＊理論生成ではなく，質的データ分析法へ変化 | ポスト実証主義 |
| | Basics of Qualitative Research: Techniques and Procedures for Developing Grounded Theory, 3rd edition, 2008<br>質的研究の基礎——グラウンデッド・セオリー開発の技法と手順（第 3 版，2012） | ・切片化<br>・同前だが，重視せず<br>＊解釈の重視 | 社会構成主義への傾斜 |
| ストラウス（・コービン）・才木版 | 質的研究ゼミナール——グラウンデッド・セオリー・アプローチを学ぶ（第 2 版，2013） | ・切片化<br>・ストラウス・コービン版の立場だが，その第 3 版への変化を受け，切片化の説明が文脈重視<br>＊プロパティとディメンションに特化した分析 | ポスト実証主義 |
| チャマーズ版<br>Kathy Charmaz | Constructing Grounded Theory: A Practical Guide Through Qualitative Analysis<br>セオリーの構築——社会構成主義からの挑戦（2008） | ・切片化<br>・初期コード，焦点化のためのコード<br>＊客観主義的な GTA に対する独自性が分かりにくい | 社会構成主義 |
| M-GTA<br>木下康仁 | グラウンデッド・セオリー・アプローチ——質的実証研究の再生（1999） | ・オープン・コーディング，選択的コーディング<br>＊分析テーマと分析焦点者による分析，研究する人間による深い解釈 | 独自の認識論 ※ 2 |

※ 1　邦訳されていない文献名は，（　）内に和訳を表示している。
※ 2　文献 8 で，批判的実在論の可能性について論じられている[14]（pp. 368-372）。

## 1）オリジナル版 GTA の発展的継承

　「M-GTA は，グレーザーとストラウスによって 1960 年代に考案されたグラウンデッド・セオリー・アプローチの検討から，その可能性を実践しやすいように改良された質的研究法」である[10]（p. 7）。M-GTA は，オリジナル版（1967 年），グレーザー版（1978 年），ストラウス版（1987 年）の著作を基本文献としつつ，特に「オリジナル版の可能性を発展的に継承する」[12]（p. 175）ために，オリジナル版の次の 4 点を基本特性として継承している。

　　①理論生成の志向性
　　② grounded-on-data の原則
　　③経験的実証性
　　④応用が検証と捉える立場

　ここでいう経験的実証性とは，実証主義を意味するものではなく，経験主義の立場から現実を理解するためのデータ化と，人間による感覚的な理解を重視することを意味している。

## 2）オリジナル版への独自の修正

　「M-GTA は，データの解釈から説明力のある概念の生成を行い，そうした概念の関連性を高め，まとまりのある理論を創る方法」である[10]（p. 35）。
　そのために，M-GTA では次の 3 点が取り入れられ，オリジナル版に対する独自の修正が加えられている[10]（pp. 29-30）。

　　①コーディング方法の明確化と分析プロセスの明示
　　②意味の深い解釈
　　③インターラクティブ性

## 3）M-GTA の主要特性

　M-GTA の主要特性は次の 7 点にある。

①グラウンデッド・セオリーの理論特性5項目と内容特性4項目を満たすこと。

理論特性5項目とは，❶グラウンデッド・セオリーはデータに密着した分析から生成した独自の説明概念により，統合的に構成された説明力にすぐれた理論である。❷質的データの継続的比較分析により生成された理論である。❸社会的相互作用における人間行動の説明と予測に有効であり，研究の意義が確認された研究テーマによって，限定された範囲内における説明力にすぐれた理論である。❹人間行動，とりわけ他者との相互作用の変化を説明できる動態的説明理論である。❺実践的活用を促す理論である，ことをいう。

また，内容特性4項目とは，❶現実への適合性，❷理解しやすさ，❸一般性，❹コントロール，である。ここでいう一般性とは限定された範囲内における一般化可能性をいう。コントロールとは，人間行動の予測に活用できることをいう。

②データの切片化をしない。

③データの範囲，分析テーマの設定，理論的飽和化の判断において方法論的限定を行うことで，分析過程を制御する。

④データに密着した（grounded-on-data）分析をするための独自のコーディング法を採用する。

⑤【研究する人間】の視点を重視する。

⑥インタビューによる調査に有効に活用できる。

⑦解釈の多重的同時並行性を特徴とする。

## 4）人間行動や社会的相互作用に関する説明力と予測力にすぐれた理論生成

M-GTA は，「ある"うごき"を説明する理論を生成する方法」[10]（p. 67）であり，「説明力があり予測にも有効な動態理論」[10]（p. 68）をめざしている。このような M-GTA に適した研究は，「研究対象がプロセス性をもっている場合」[10]（p. 67）であり，ヒューマン・サービス領域の研究が最適となる。M-GTA は，実践抜きには成り立たないヒューマン・サービス領域において，実践の理論化から，生成した理論による実践までも包含した研究方法で

12　第 I 部　基礎講座　M-GTA の基礎と応用

表1-4　『介護福祉学』掲載論文における研究テーマ・目的・対象・分析テーマ・分析焦点者

| | 研究者 | 研究テーマ | 目的 | 対象者とリクルート方法 | 分析テーマ | 分析焦点者 |
|---|---|---|---|---|---|---|
| 1 | 蔦末憲子, 小嶋章吾 (2005) | 高齢者ホームヘルプ実践における生活場面面接の研究――M-GTA（修正版グラウンデッド・セオリー・アプローチ）を用いた利用者の「持てる力を高めるプロセス」の検討 | ホームヘルプにおける生活場面面接のプロセスの明確化 | 相談援助を実践している現任のヘルパー（7人）への半構造化面接, 及び理論的飽和化のためにヘルパーの逐語記録（3人分） | ホームヘルパーによる生活場面面接が利用者の「持てる力を高める」プロセス | 高齢者を対象としたホームヘルパー |
| 2 | 津島順子, 小河孝則, 吉田浩子, 津島靖子 (2008) | 虚弱高齢者の通所介護利用に関する心情 | 軽度の介護を必要とする高齢者の通所介護利用時の心情 | 認知症ではなく, 面接が可能と思われる要支援1～要介護1の高齢者（10人）。日常生活を熟知している介護職員による選定と介護主任からの紹介。 | 明示なし | 明示なし |
| 3 | 樽井康彦, 岡田進一, 白澤政和 (2009) | 知的障害者施設において職員が経験する困難感と葛藤――社会福祉士に対するインタビュー・データのM-GTA による分析 | 施設という場において, 社会福祉専門職が援助過程で経験する困難感や葛藤の力動的な様相を明らかにすること。 | 社会福祉士の資格保持者であり, かつ知的障害者福祉施設において5年以上の実務経験を有する援助者。研究プロジェクトチームの知人およびその紹介による雪だるま式の有意抽出（3人）。 | 明示なし | 明示なし |
| 4 | 藤江慎二, 西尾孝司 (2013) | 介護支援専門員が虐待の有無の判断に迷うプロセス――修正版グラウンデッド・セオリー・アプローチを用いた分析をもとに | 高齢者虐待問題にかかわる援助者が虐待の有無の判断に迷っている状況を言語化し, 虐待の有無の判断に迷うプロセスを明らかにする | 高齢者虐待の有無の判断に迷っている（もしくは過去1年間で迷ったことがある）介護支援専門員（10人）。居宅介護支援事業所長, 地域包括支援センターの職員などからの紹介。 | ケース介入から虐待の有無の判断に迷うプロセス | 虐待の有無の判断に迷う介護支援専門員 |
| 5 | 柏木龍二, 笠原幸子, 白澤政和 (2013) | 常勤介護職員の職場定着に関する研究 | 正規介護職員の通所介護事業所への職場定着のプロセスとその要因を明らかにすること | 通所介護事業所の正規介護職員（生活相談員兼務も含む）（5人）。通所介護事業所の管理者に一任。 | 正規介護職員の職場定着のプロセス | 正規介護職員 |
| 6 | 小木曽真司, 笠原幸子, 白澤政和 (2017) | 介護業務経験がケアマネジメント業務へ活かせる支援とそのプロセス――基礎資格が介護福祉士である介護支援専門員のインタビューをもとに | 介護福祉士が介護業務からのようにケアマネジメント業務へ移行したのか, また, 介護業務の経験がどのように変容し, ケアマネジメント業務に活かされているのかを明らかにすること | 現在ケアマネジメント業務を行っている, 基礎資格が介護福祉士であり, かつ過去に介護業務を主とし, 居宅介護支援の実務経験年数が5年以上の介護支援専門員（10人）。居宅介護支援事業所の管理者からの紹介。 | 介護業務の経験が活かされた支援 | 基礎資格が介護福祉士である介護支援専門員 |

第1章　M-GTAとは何か　**13**

表1-5　『介護福祉学』掲載論文におけるM-GTAの採用理由・信憑性・結果・結論等

| | 研究方法 | M-GTAの採用理由 | 信憑性の確保 | 結果／結果図の名称 | 結論（ストーリーライン） |
|---|---|---|---|---|---|
| 1 | M-GTA | 分析の際にデータを切片化しないため，発言の文脈を分断せずに分析を行うことができる。コーディングの手順が明確化されている。 | ①現場の意見を求めて結果図を修正②結果図の妥当性を公刊資料により確認 | 概念20カテゴリー8*利用者の「持てる力を高める」プロセス | 【持てる力を高める】というコア・カテゴリーとともに，《肯定的交互作用の流れづくり》をはじめとする諸概念を生成した。 |
| 2 | 帰納的質的手法（M-GTAを参考） | 分析の厳密さは重視するが，そのために切片化は行わず，問題意識に忠実にデータを解釈し，利用者の語りの中に現れる感情などを重視。 | 明示なし | 概念8（このうち5つの概念からなるカテゴリーが1つ。さらに，カテゴリーに含まれない3つの概念の1つに，サブ概念3つが見られる）。*通所介護サービス利用時の心情 | ストーリーラインは見当たらない。本研究対象者は，介護予防効果を期待しながら通所介護を利用し，一方では，加齢に伴う心身の変化に伴い受動的態度や自己効力感の低下を感じていた。これらは相互に影響しあい，介護予防効果に負の作用をしていると考えられる。 |
| 3 | M-GTA | とくにヒューマンサービス領域に適しているとされ，分析の際にデータを切片化しないため，発言の文脈を分断せずに分析を行うことができることや，コーディングの手順が明確化されていることなど | 明示なし | 概念15カテゴリー3*析出された概念の関係図 | ストーリーラインは見当たらない。援助実践の価値における相補的な構造による困難感と葛藤，さらには無定量・無際限の性質をもつ生活支援を有限の援助構造の枠内で実施しなければならないことからもたらされる困難感と葛藤が析出された。 |
| 4 | M-GTA | "うごき"や"プロセス"を明らかにする研究方法が，本調査の分析に有効であると考えられる | 明示なし | 概念27サブ・カテゴリー11カテゴリー6*護支援専門員が虐待の判断に迷うプロセス | 介護支援専門員が虐待の有無の判断に迷うプロセスには，初期の段階の《手探りの中での虐待判断》，中核的な段階の《揺れ動く虐待判断》，最終的な段階の《足止めする虐待判断》があり，これらの要因として《判断基準の不在》と《虐待対応からの不安》が確認できた。 |
| 5 | M-GTA | 分析の際にデータを切片化しないため，発言の文脈を分断せずに分析を行うことができる。コーディングの手順が明確化されている。 | ①信憑性（解釈の適切性）の確保は，豊富なデータを得た分析焦点者と結果図，ストーリーラインについて確認し，経験に照らして違和感がないことを確認② M-GTA に習熟した福祉研究者のエキスパートレビューを受けた | 20の概念4つのカテゴリー*通所介護事業所正規介護職員の職場定着要因 | 職場定着のプロセスは，「揺らぎ・葛藤期」，「動機づけ期」，「定着期」と時系列に計られるだけではない。また，「福祉職に対する肯定感」は他のすべてのカテゴリーに影響を及ぼすカテゴリーであった。 |
| 6 | M-GTA | 人間を対象に，ある"うごき"を説明する理論を生成する方法 | 分析過程において適宜福祉研究者のエキスパートレビューを受けた | 24の概念8つのサブ・カテゴリー5つのカテゴリー*介護福祉士の介護業務経験がケアマネジメント業務へ活かされた支援とそのプロセス | 基礎資格が介護福祉士である介護支援専門員は，介護業務の経験で得た〈利用者理解〉や〈専門的介護の提供〉を，利用者や家族の〈主体性を引き出す関わり〉や家族介護者や事業所の〈実際の介護の見極め〉という実践に活かしていた。 |

ある。

## V.『介護福祉学』誌に見る M-GTA による研究例

　M-GTA への理解を深めるための一助として，M-GTA による研究例を紹介する。『介護福祉学』誌で，はじめて M-GTA を用いた論文が掲載されたのは，2005 年であった。以降，2018 年までに，M-GTA を用いた論文（M-GTA を参考にしたとする論文を含む）は計 6 本が掲載されている。その概要は，表 1-4 と表 1-5 のとおりである。

## VI.　おわりに

　多種多様な質的研究法のなかで，GTA だけでも各種のタイプがあり，研究課題に対する研究方法の選択に苦慮するところであろう。量的研究法では統計解析による客観的な科学的思考で貫かれているのに対して，質的研究法は主観的ではないかとの批判や懸念もしばしば見られる。そのため質的研究法のなかには，一部の GTA も含めてであるが，分析技法に偏重したものも見られる。だがこうした批判や懸念に対して，次章で詳述するが，M-GTA は研究方法として【研究する人間】を位置付け，深い解釈をもって答えようとしている。M-GTA は，人間行動を中心とした社会的相互作用という複雑な現象を解明し，その説明理論を生成するための質的研究法だからである。
　木下は，著作 4[10) をもって，「M-GTA の説明としてはこれでだいじょうぶ」[10) (p. 8) と述べていることから，本講座とともに同書を参照されることを望みたい。ついでながら，「個々の質的研究法は独自の解釈共同体を構成している」[12) (pp. 168-171) が，M-GTA の解釈共同体となっている M-GTA 研究会（実践的グラウンデッド・セオリー・アプローチ研究会）の HP（https://m-gta.jp/）も閲覧されたい。

第2章

# M-GTA の分析技法

小嶋章吾

## I．はじめに

　どんな研究であっても研究方法が先にありきではない。M-GTA は分析技法が明確であるがゆえに，質的研究法のなかでは一見して取り扱いやすい研究方法であると思われるかもしれない。それゆえ，「論文執筆を差し迫った課題とする大学院生に多く見られる傾向」として，「例えば，GTA と類似した分析法を用いながら単に質的データ分析と記述する論文やどのタイプの GTA であれ GTA を参考にしたといった表現の論文がみられるようになる。自分の分析に自信が持てないからである」[12]（p. 11）との警鐘も鳴らされている。

　質的研究法の場合，データの分析は，データをどのように捉えるという認識論や調査協力者との関係性と不可分であり，研究方法を分析技法に矮小化することはできないことは言うまでもない。特に M-GTA の場合，データの深い解釈を重要な要件とするため，「決して簡単に，短時間に学習できるものではない」[10]（p. 10）し，「データとの格闘」[10]（p. 10）である。だがこの点こそ M-GTA の困難さにとどまらず醍醐味があるといっても過言ではない。

　冒頭にお断りしておくが，本章は M-GTA の分析技法をできるだけ忠実に解説するために，木下康仁の著作の随所から引用している。「　」書きは通常の引用部分を示すが，一部表現を修正したうえでの引用部分は〔　〕書きで示した。また，括弧なしの文献番号は参考にした部分である。なお，本文中の太ゴチック体の用語は，その定義を示した箇所を指している[*1]。

## II．M-GTA の分析技法のイメージ

　初学者のために，M-GTA による分析のイメージは次のように説明されている。少し長くなるが，そのまま紹介しておく[10]（pp. 30-31）。

　　　　M-GTA は一方では，データを分析者に対して外在化させ，つまり，分析者と切り離した位置付けとして分析対象とします。そうすることで，分析プロセスを説明可能な形にしていきます。しかし，意味の解釈作業である分析においては，データが有している文脈性を破壊せず逆にそれを重視し，切片化してラベル化から始めるのではなく，意味の深い解釈を試みます。この両立のために【研究する人間】という視点を導入します。誰が，何のために，なぜ，その研究をするのかという問いをあいまいにせず，社会的，現実的背景も含めて明確化することを要請します。そして，理論生成を目的とし，その検証を実践への応用において行うことで，研究と現実世界との緊張関係を確保していきます。これは単に深い解釈のためだけでなく，データを用いた調査活動に内在する権力的関係の自覚化，調査者の影響力，被調査者の位置づけや配慮など今日求められる事柄への対応でもあります。

　「質的研究における分析とは意味の解釈であり，選択的判断を積み重ねる作業」[10]（p. 17）である。M-GTA では，データの意味の「深い解釈」のために，【研究する人間】（後述Ⅵ. の3）参照）の視点が設定され，分析ワークシート（後述Ⅵ. の1）の（4）参照）が用意されている。だが，【研究する人間】による「深い解釈」とは何かへの理解不足や分析ワークシートの不適切な用い方によって，かえって浅い解釈となっている場合も散見される[10]（pp. 8-9）。

## III．M-GTA に適した研究

　研究方法の選択に先行して研究課題の明確化が不可欠であることは言うま

でもない。そのうえで研究課題に即した研究方法の選択が求められる。では M-GTA はどのような研究課題に適しているのであろうか。

　第一，基礎的要件として，「人間と人間が直接的にやり取りする社会的相互作用に関わる研究であること」[9] (p. 89)。それは「分析の結果であるグラウンデッド・セオリーは社会的相互作用に関係し人間行動の説明と予測に優れた理論であることが期待される」[9] (p. 89) からである。

　第二，「領域としてはヒューマン・サービス領域が適している。…研究結果としてまとめられたグラウンデッド・セオリーを実践現場に戻し，そこでの能動的応用が検証になっていく」[9] (pp. 89-90)。特に，看護，ソーシャルワーク，介護，教育，臨床心理，リハビリテーションなどの対人援助の領域では，実態の解明とともに問題解決や課題解決が求められているからである[10] (p. 66, 90)。

　第三，M-GTA は，「研究対象とする現象がプロセス的特性をもっていることである」[9] (p. 90)。「研究対象がプロセス的特性を持っている場合」に適している。ヒューマン・サービス領域のなかで，特に対人援助の領域は，「サービスが行為として提供され，利用者の行為によって応える社会的相互作用」，「人間と人間との社会的関係性」「双方の働きかけ，やり取りによって絶えず変化していく生きた世界である」[10] (p. 67)。M-GTA は，このような「人間を対象にある"うごき"を説明する理論，すなわち動態理論を生成する方法」[10] (pp. 67-68) だからである。M-GTA ではこの"うごき"を**現象特性**と呼んでいる。

　M-GTA による論文などでは，M-GTA を採用した理由として，社会的相互作用に関わるヒューマン・サービス領域であり，プロセス的特性を持っていることとともに，どのような問題解決ないしは課題解決が求められているのか，どのような"うごき"を説明しようとしているのか，換言すればどのような現象特性に関する動態理論，すなわちグラウンデッド・セオリーを生成しようとしているのかについても言及があることが望まれる。

## IV．M-GTA が生成するグランデッド・セオリー（GT）

　GTA や M-GTA は，グラウンデッド・セオリー生成のための質的研究法

**18** 第Ⅰ部 基礎講座 M-GTA の基礎と応用

である。では，グラウンデッド・セオリーとはどのような理論であろうか。
グラウンデッド・セオリー（以下，GT）とはもともと GTA を考案したグ
レーザーとストラウスによって命名された。M-GTA では，「研究内容は…変
化する人間行動や相互作用についての説明図」[10] (p. 119) とされている。そ
の特徴は次のとおりである。

第一，「データに基づいた（grounded-on-data）理論であり，そこで用いら
れるデータは継続的比較分析法により体系的に収集されたもの」[10] (p. 70) で
ある。この点，他の GT では「データの収集と分析を同時並行の一体の形で
進める」[10] (p. 71) が，M-GTA では〔データ収集は先行し…基礎データ（ベー
スデータ）では十分ではない場合に目的を絞った追加のデータ収集を行
う〕[10] (pp. 71-72)。この違いは理論的飽和化（後述Ⅵ. の 2）の（5）参照）
の判断の違いを意味している。

第二，「データに密着した分析から独自の概念を創り，それによって統合
的に構成された説明図」[10] (p. 75) である。「独自の概念」とは，「研究者が
データの意味を解釈」[10] (p. 75) することによって概念を生成するということ
であり，「統合的に」とは，〔データを網羅的に解釈し，相互に関連づけてま
とめる〕[10] (p. 75) ことによって GT を生成するということである。

第三，〔社会的相互作用，すわなち人と人との直接的，対面的やりとり，
に関係し人間行動の説明と予測に関係しているものであること〕[10] (p. 82)，
同時に，「研究者によってその意義が明確に確認されている研究テーマに
よって限定された範囲内における説明力に優れた理論」[10] (p. 82) をいう。

前半の「説明」のみならず「予測」に関係しているということは，生成さ
れた GT という「研究結果が…似たような社会的場面に戻されたときに…あ
る程度予測できるような力も期待されている」[10] (p. 85) ということである。
これは第二の特徴にもつながる。

後半の「説明力に優れた理論」とは，GT が分析テーマと分析焦点者の視
点という限定された範囲内で徹底した解釈によって生成されるからである。
なおしばしば誤解されがちだが，この限定化は M-GTA の特徴のひとつであ
る方法論的限定（後述Ⅵ. の 1）の（3）参照）のためであって，「研究の限
界を意味するものではない」[10] (p. 83)。ゆえに，「M-GTA による論文などで
最後に限界や課題として，限定した範囲内でしから説明力をもたないといっ

た記述」[10] (p. 83) は適切ではない。一方，GT は，〔データ提供者のすべて
に当てはまる理論〕[10] (pp. 76-77) でもない。「人による多少の差異はあって
も理解と予測の導きとなる内容である」[10] (p. 78) というのが GT の特徴だか
らである。

　第四，実践的活用のための理論である。GT は実践現場で活用されるべき
理論としての明確な目的意識に基づいて生成されるということを意味してい
る。同時に「応用されることが検証にもなる」[10] (p. 85)，つまり「研究が論
文の発表で完結するのではなくて，研究結果がそこからさらに現実の場面に
引き継がれて試される」[10] (p. 85)，さらに「応用は検証であるだけでなく修
正になる」[10] (p. 86)，このように M-GTA は，「応用者によって常に修正を加
えながら使われていく」[10] (p. 86) ということを前提とした研究方法であると
いう点に特異な斬新性がある。

　M-GTA で生成する GT は，以上のような特徴を持つが，「複雑な人間行
動を説明しうる理論」[10] (p. 75) であり，「生成した概念と，概念と概念の関
係であるカテゴリー，そしてデータから引用される例示部分によって提
示」[10] (p. 113) され，GT の要約は，「ストーリーラインと結果図に基づき記
述」[10] (p. 113) されるのである。

## V．M-GTA による分析上の最重要点

　M-GTA による分析作業の前に，分析上の最重要点が 3 点ある。

　第一，「M-GTA による分析とは，データのコーディングと深い解釈とを一
体で行うことである」[9] (p. 92) ところが，コーディングと深い解釈とは相反
する作業であるため，M-GTA では「【研究する人間】の視点を導入し両者の
中心においている」[9] (p. 94) のである（図 2-1）。

　第二，「分析にあたっては理論を生成することよりも grounded on data，つ
まりデータに密着していることが優位である」[9] (p. 98) この点，三つの原則
がある。

　第 1 原則は，継続的比較分析（後述Ⅵ．の 2）の（1）参照），すなわち理
論的サンプリング（後述Ⅵ．の 2）の（2）参照）によって体系的に収集され
たデータに基づく，grounded on data の分析である[9] (p. 98)。

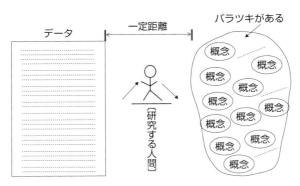

図 2-1　M-GTA のコーディング特性（著作 4[10], p.175）

　第 2 原則は,「データよりもそこから生成した概念の方が優位である」[9]（p.99）。つまり,「データから概念が創られれば, 後に論文で例示用に使うデータ部分を除けば, 捨ててもよい…」のであって, その「…意味は, そこで生成された概念はその概念が着想されるもとにあったデータの当該部分を具体例として説明できるからである」[9]（p.99）。

　第 3 原則は,「分析結果は生成した概念と, 概念間の関係であるカテゴリー, および, その相互の関係, そして, 概念の意味するところを具体的に示すためデータの例示部分だけによって表現する」[9]（p.100）。

　第三, データと概念との関係は,「データの解釈から説明概念を生成し, …概念間の関係から人間行動についてのひとつのまとまりのある説明図を理論として提示する」[9]（pp.100-101）ものである（図 2-2）。

　具体的には,「調査対象者である A, B, C, D と続く個々の人間の統合性は, データの解釈過程で分解され, そのある部分が生成される説明概念の具体例という位置付けになる。解釈作業を経て上欄に向かう矢印に対して, 上欄からデータ方向に向かう下降矢印（点線）は理論的サンプリングによるデータの確認を指している」[9]（p.101）。

　この図から,「データ提供者の個別性は分析過程には反映されない」[9]（p.102）し,「結果は度数の問題ではなく概念の関係である」[9]（p.102）ことが分かる。また,「分析結果の完成度は, …分析過程で内発的に生ずる理論的飽和化と, 集団としての対象者の設定を含めたデータの範囲などによる方

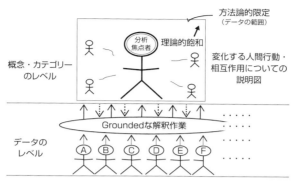

図 2-2　M-GTA におけるデータと概念の関係（著作 4[10], p. 114）

法論的限定の両方向から判断する」[9]（pp. 101-102）ことになる。

　なお，本節でコーディングという用語が用いられているが，M-GTA では「コードという用語は使わない。…データを解釈した結果はすべて概念と呼び，これを分析の対象単位とする。概念の他はカテゴリーの用語だけで十分とする」[9]（p. 150）のである。それは生成された概念の「バラツキを自然のこととして捉え，その自然さを活かしたまとめ方を考える」[9]（p. 153）ためである。したがって，層化型コーディング法，つまり「コードを層化させながらまとめていく」[9]（p. 153）ことはしない。

## VI. M-GTA の基本用語と分析技法

　前述までにも，M-GTA に固有の用語を説明なく用いてきたが，ここで M-GTA の分析技法で用いられる基本用語について，(1) 作業項目，(2) 分析の機能項目，(3)【研究する人間】のように整理されているので（表 2-1），以下，これらの基本用語の解説とあわせて，M-GTA の分析技法について説明する。

22　第Ⅰ部　基礎講座　M-GTA の基礎と応用

表2-1　**M-GTA の基本用語**（著作 4[10]．p. 43 を一部修正）

| 1.　作業項目 | 2.　分析の機能項目 |
|---|---|
| ①研究テーマ<br>②分析テーマ<br>③分析焦点者<br>④分析ワークシート：概念生成<br>⑤カテゴリーと統合関係<br>⑥結果図とストーリーライン<br>⑦グラウンデッド・セオリーの記述 | ⑧継続的比較分析<br>⑨理論的サンプリング<br>⑩理論的メモ（ワークシート内）<br>⑪理論的メモ・ノート<br>⑫理論的飽和化<br>⑬理論的センシティビティ<br>⑭感受概念 |
| 3.　【研究する人間】 | |

## 1）作業項目

### （1）研究テーマ

**研究テーマ**とは，研究の意義と目的，すなわち，何のために，何を，なぜ明らかにしようとしているのかを明示するものである。

研究テーマはすべての研究において重要不可欠であるが，特に「意味の解釈がデータの分析となる」[10]（p. 139）質的研究では，分析結果は研究テーマによって左右されると言っても過言ではない[10]（p. 133）。とりわけ M-GTA では，分析対象とするデータが〔個人の具体的な日常経験に根ざしたディテールの豊かな内容〕[10]（p. 137）であるがゆえに，分析結果（GT）には必然的に「既知のことがら」[10]（p. 137）が含まれる。そのため，GT が新たな知見として認知され難い場合もありうる。M-GTA において意義ある研究テーマの設定が鋭く問われるのは，このような消極的な理由にとどまらず，より積極的な理由による。それは，M-GTA の〔分析結果は，経験的知識の再編成に寄与しうる〕[10]（p. 138）ものだからである。

言うまでもないことだが，研究テーマの設定に先行して，その意義を見出すためには先行研究の批判的検討が不可欠であり大前提である[10]（p. 140）。

### （2）分析テーマ

M-GTA では，「多様性や複雑性をできるだけ忠実に表現したディテールに富む質的データ」[10]（p. 143）を分析対象とする。典型的には逐語化したイ

ンタビュー・データを取り扱うわけだが，初心者はそのようなデータを前に，どこからどのように分析すればよいのか戸惑うことだろう。M-GTA ではデータを分析テーマと分析焦点者という二つの視点から解釈していく。

**分析テーマ**とは，「研究テーマをデータに即して分析していけるように絞り込んだもの」[10] (p. 144) である。つまり，明らかにしたい内容を簡潔に表現したものである。〔分析テーマの設定は分析の成否を左右する最重要な作業〕[10] (p. 143) である。

分析テーマは，研究テーマと同様に研究者自らの研究関心を反映するものである (p. 145)[10]。同時に，分析がデータの内容とはかけ離れないように研究テーマを絞り込んでおくためのものである。分析テーマは，分析作業の方向性を設定するための羅針盤，あるいは明らかにしたいことがらから分析作業が逸脱しないようにするための制御装置となる[10] (p. 146)。

なお，分析テーマの設定は，データの切片化を特徴とする他の GTA とは対照的である。データの切片化は，データに内在する文脈性を考慮せず，切片化したデータを解釈しようとするものであるが，その理由は解釈にバイアスが入らないようにするためとされる。しかし，切片化するデータの単位にも既に研究者のバイアスを反映していることは忘れられがちである。一方，M-GTA では研究者の関心を重視しているため，データを切片化することなく，設定した分析テーマに立脚してデータを解釈しようとする。それはデータの解釈を徹底するためである[10] (p. 147)。

分析テーマの設定にあたって重要な要素として，次の 6 点が挙げられている[10] (pp. 148-154)。

❶分析テーマの確定には一定のプロセスがある。

❷つまり，分析テーマはデータ収集前から検討し，データ内容を全体的に見たうえで最終的に確定する。

❸分析テーマは短い表現になり，末尾を「プロセス」とするが，それは M-GTA が何らかの動きを説明できるような動態理論の生成をめざしているからである。

❹また，分析テーマは，データがもつ多様性に対応して分析できるよう，ゆるやかな表現が望ましい。

❺分析テーマの設定は解釈の準備作業でもある。

❻それは，分析テーマ重要性は，データの意味の解釈とその選択的判断の積み重ねに不可欠であることによる。

## （3）分析焦点者

**分析焦点者**とは「実在する個人」[10]（p. 118）ではなく，「抽象化した集団」[10]（p. 155），「実際の協力者を抽象的に設定した」[10]（p. 92）ところの研究者にとっての「内的他者」[10]（p. 92）であり，分析する対象となる「限定集団」[10]（p. 157）である。つまり，分析焦点者は「実在するのではなく，解釈のために設定される視点としての他者」[10]（p. 92）である。また，「データを解釈するときにその人から見れば，あるいは，その人にとってはどういう意味になるのかという視点」[10]（p. 92）でもある。M-GTA で分析焦点者を設定するのは，データの範囲の限定とともに，方法論的限定のためである。

分析焦点者を設定する効用は，第一，生成する概念の水準が一定化する，第二，分析焦点者の視点からの分析結果なので理解されやすい，第三，分析結果を実践に活用しやすい，ということにある[10]（p. 159）。

**方法論的限定**とは，分析結果として提示する GT の適用可能範囲ないしは一般化可能範囲を分析テーマと分析焦点者によって示そうとするものである[10]（p. 157）。

## （4）分析ワークシート：概念生成

M-GTA は分析ワークシートという書式（フォーム）を用いて概念生成を行なうことが特徴的である。**分析ワークシート**は，「頭の外にデータを置けるツール」[10]（p. 9）として，データの深い解釈のために考案されたものであって，単なる作業用紙ではない[10]（p. 186）。

分析ワークシートは，上から「概念」「定義」「ヴァリエーション」「理論的メモ」という四つのカラムから成る（図 2-3）。

なお，「分析ワークシートは表計算ソフトで作成しないこと」[9]（p. 187）という注意喚起がされている。その理由の一つは，表計算ソフトを用いる場合，「データを左に置き，コーディングの結果を右側においていく方式」[9]

図 2-3　分析ワークシート（著作4[10], p. 185）

(p. 188) となるが，それでは「データからの分離が不十分にしかできない」[9] (p. 188) からである．もう一つの理由は，概念を「バラバラに創り始め，関連をていねいに検討していく作業」[9] (p. 188) に馴染まないからである．

しかし実際に分析ワークシートに記入していく際には，その順序はヴァリエーションとして具体例の書き出しと理論的メモから始める．

### ①分析を始める最初のデータ提供者

複数のデータ提供者から得られた逐語化されたデータのなかでディテールに富んだデータから分析を始めるのが効果的である[10] (p. 116, 190)．

### ②着目部分の特定

分析テーマと分析焦点者という二つの視点から着目すべき部分を特定する．

### ③ヴァリエーションの書き出し

着目部分から取り上げる範囲を判断し，それを最初の具体例（ヴァリエーション）として書き出す．書き出す文章のサイズは問わないが，データを切片化することではないので，意味や文脈を損なわないことが大切である．書き出したヴァリエーションには，後で元のデータを確認できるよう，誰の

データのどの部分かが分かるよう注記しておくとよい。

#### ④理論的メモ（ワークシート内）と理論的メモ・ノート

ヴァリエーションとして書き出した着目部分について，なぜそこに着目したのか，その意味は何かといった解釈，着想，疑問点などを理論的メモとして記入しておく。

なお，特定の概念生成に限定せず，分析全体に関するさまざまな着想など，「ワークシート以外の検討内容」[10] (p. 210) については，分析ワークシート内に記入する理論的メモとは別に，「理論的メモ・ノート」として時間的順に記録しておく[10] (p. 199)。

#### ⑤定義および概念の検討

最初に書き出した着目部分について解釈を深めた時点で，その意味内容を定義として要約する。その定義を凝縮表現したものが**概念**である[10] (p. 196)。「最初の具体例について解釈を十分検討せずに，つまり定義と概念名を記入する作業を先延ばしして，…いくつか具体例が集まったところでそれらを見比べて定義と概念名を検討するというやり方」[10] (pp. 192-193) はできるだけ避けた方がよい。M-GTA の目的はデータを説明することではなく，データは素材であって説明力のある概念を生成することだからである。

「M-GTA では分析の最小単位を概念とし，すべての概念は分析ワークシートを用いた作業でデータに grounded な検討」[10] (p. 213) の結果として生成するのである。M-GTA によって生成する概念は，深い解釈によって得られる感覚的でリアリティ感のある概念である。ブルーマーが提唱した説明力のある概念を意味する**感受概念**（感覚的にわかりやすい概念）[9] (p. 81) こそ，M-GTA で生成される概念の基本特性である[10] (p. 45)。

概念に求められる要件は，次の 7 点である。

第一，包括的な概念や抽象的すぎる概念ではないこと[10] (p. 196)。だが，「概念はある程度抽象化されたもの」[10] (p. 177) となる。なぜならば，概念とデータとの関係は，「データの中のひとつの具体例の意味を考え，その解釈をもとに概念を考える」[10] (p. 176) のではなく，「他の具体例をも説明できるであろう概念を考える」[10] (pp. 176-177)，つまり，概念には「一定程度の多様な具体例が説明できる」[10] (p. 194) ことが求められるからである。

第二，分析者の「専門領域で既に確立されている概念」ではないこと。

grounded-on-data になりにくいからである[10] (p. 194)。

第三，日常的な言葉や一般的な言葉ではないこと。それは説明できる内容や範囲が曖昧になるからである[10] (p. 196)。

第四，一見，奇抜と思える[10] (p. 195)，違和感を持たせる[10] (p. 196)，なじみにくそうに思えるような概念であっても，分析結果を適切に理解してもらううえで独自性のある概念になり得ること[10] (p. 197)。

第五，「データ中の言葉や表現そのものを分析概念としたもの」[9] (p. 178) として，in-vivo 概念がある。ただし，「in-vivo 概念は，ある特徴的な現象をピンポイント的に捉えることで説明力をもつタイプの概念なので，多様性の説明には向かない」[9] (p. 178)。

第六，概念の「捉え方はできるだけ動的であった方がよい」[9] (p. 178)。それは「なんらかの動きを説明できる言葉」[9] (p. 178) が求められるからであり，筆者は，動名詞に相当する表現が相応しいと考える。

**この点について木下は，「定義を書く時の留意点は，…解釈内容は名詞的ではなく動詞的に考えた方が良い」[9] (p. 193) と述べている。これは概念についての留意点ではないが，概念についても同様のことが言えると考えて差し支えないであろう**[\*2]。

第七，概念は定義の凝縮表現なので短い表現とされ[10] (p. 200)，「単語かそれに近い程度の短い表現」[9] (p. 191) となる。筆者は，概念は一人歩きし，GT として実践現場で広く応用されることを考慮し，概念は端的な表現であるのが望ましいと考える。

補足して，私見ではあるが概念の命名にあたっての留意点を 3 点あげておく。

第一，概念は，分析テーマと分析焦点者の視点から生成するので，主語を想定し，主語が分析焦点者となっているような命名を心がけるとよいだろう。

**関連して木下は，「定義を書く時の留意点は，…主語が想定されている形となる」[9] (p. 193) と述べている。これも前項と同様のことが言えるであろう。**

第二，概念は名称なので，体言止めが基本となる。少なくとも in-vivo 概念を除いて，センテンスの表現にはならない。

ところで，分析ワークシートを用いる場合，データの「十分な意味の検討をしないままに簡単に概念生成を進め，たくさんの分析ワークシートを作ってしまうといった傾向」[10]（p. 9）が見られる。たとえ分析ワークシートを用いても，深い解釈をせずリアリティ感の伴わない概念をいくつも生成してしまうことがある[10]（p. 36）。もともと分析ワークシートは，「頭の外にデータを置けるツールなので，解釈を深めるために考案したツール」[10]（p. 9）であることを想起するならば，「数の目安としては全部が自分の頭の中で維持できる程度」[10]（p. 208）となる。

第三，概念の命名は，M-GTA による分析において，最も難しく，にもかかわらず最も醍醐味のある作業である。筆者らは，最初の概念の命名にあたって八方塞がりの状況にあったとき，木下によるスーパービジョンを受けたことがあった。具体例のひとつは，ヘルパーの見守るなかでやっと排便に至ったサービス利用者に対してヘルパーが「良かったじゃないですか」という言葉かけを行なった場面であった。これは共感の言葉ではあるが，単に共感という用語では表現しきれないヘルパーならではの言葉かけとしてどう概念化すればよいのか苦闘していた。木下はサービス利用者の気持ちとヘルパーの瞬間的な対応を組み合わせた概念が考えられないかとのヒントを投げかけた。その結果，生まれたのが「喜びへの瞬間呼応」という概念であった。その後，ヴァリエーションを追加するなかで，最終的に「喜楽の醸成と瞬間呼応」という概念とした。

往々にして分析テーマとしたプロセスを説明するための動的概念ではなく，プロセスの断片や要素を分類した表現となっているように見受けられる場合がある。

M-GTA により生成する理論（グラウンデッド・セオリー）は，「人間の行動を説明したり予測したりするもの，つまり断片的なことではなく何らかの"うごき"を説明できる…動態的理論」[10]（p. 150）であり，「整理・要約・分類型のまとめ」[10]（p. 150）とは決定的に異なる。「単に重要な要素を見出し，まとめるということではなく，分析者を中心に見てきたときに人のうごきを説明でき，予測しやすい内容になっているかどうか」[10]（p. 150）が重要なのである。

「M-GTA の目的は自分のデータを説明するだけでなく，データを超えて

説明力のある概念を生成すること」[10]（**p. 193**）であるから，「**概念の命名の仕方**」[10]（**p. 195**）や「**M-GTA における概念の特性**」[10]（**p. 196**）についての理解が求められよう。

なお，概念と具体例（ヴァリエーション）との関係については，後述 2）の（1）の❶を参照されたい。

### （5） カテゴリーと統合関係

M-GTA における**カテゴリー**とは，「概念相互の関係を検討」[10]（p. 210）し，「複数の概念の関係から形成される」[10]（p. 210），「複数の概念のまとまり」[10]（p. 213）がカテゴリーである。カテゴリーは，M-GTA によって明らかにしつつあるプロセスの中心となる部分に対応するものである[10]（p. 210）。

私見ではあるが，M-GTA を用いた研究の中には概念とカテゴリーの間にサブカテゴリーを位置づけるものも見られるが，前述（Ⅴ．の最後の段落）のように，「概念の他はカテゴリーの用語だけで十分」[9]（p. 150）とするならば，サブカテゴリーを位置づけることは理論的飽和化（後述 2）の（5）参照）の不十分さによる可能性がある。

**ただ，木下はサブ・カテゴリーについて否定しているわけではない。「M-GTA ではデータから解釈により生成する分析上の最小単位を『概念』とし，複数の概念からなるものを『カテゴリー』，さらに中心となるカテゴリーを『コア・カテゴリー』としている。『サブ・カテゴリー』は必須ではなく，比較分析の結果抽象度のレベルの関係で必要に応じて用いる」[12]（p. 139）としており，サブ・カテゴリーを必要とする場合には，「比較分析の結果抽象度のレベル」の検討を必要とすることに留意しておきたい。**

なお，カテゴリーの生成，カテゴリーと概念との関係，カテゴリー相互の関係などについては，後述 2）の（1）の❷～❺を参照されたい。

### （6） 結果図とストーリーライン

ストーリーラインと結果図は，分析結果の終了のために不可欠な作業であり，理論的飽和化の判断と不可分である[10]（p. 227）。なお，理論的飽和化については，後述 2）の（5）を参照されたい。

**結果図**は，「分析結果の全体をそれを構成する概念やカテゴリー相互の重

要な関連性とともに示す」[10] (p. 227) ものである。「とくに関係を示す矢印の使い方は十分な検討が必要」[10] (p. 227) である。結果図は分析の最後に作成するわけではない。分析の途上において概念間の関係を検討したカテゴリーを生成しながら作図していくのである。

一方，**ストーリーライン**は，「分析結果を概念とカテゴリーだけで簡潔に文章化する」[10] (p. 228) ものであるが，これは「結果図の完成を待って行う」[10] (p. 228) ことになる。

M-GTA では現在のところ，結果図やストーリーラインを記述する際の記号などを特定していない。私見ではあるが，M-GTA による結果についての共通理解を得るためには，用いる記号についての標準的な凡例が用意されてもよいかもしれない。

### (7) グラウンデッド・セオリーの記述

グラウンデッド・セオリー（GT）は，「生成した概念と，概念と概念の関係であるけテゴリー，そしてデータから引用される例示部分によって提示」[10] (p. 113) され，〔その内容は，理論の要約であるストーリーラインと結果図にもとづき記述される〕[10] (p. 113)。それゆえ〔人数であるとか，頻度といった度数での表現にはならない〕[10] (p. 113) のである。

よって，M-GTA を用いたとする論文の中には，研究上の限界として，データ提供者数の少なさに言及している場合があるが，これは誤りである。

## 2) 分析の機能項目

### (1) 継続的比較分析

**継続的比較分析**とは，データをもとに 5 つのレベルで，理論的飽和化に達するまで「同時並行で多重的に比較」[10] (p. 54) を進めていくことである。

❶生成中の概念と具体例（類似例と対極例）及び具体例と具体例の関係
❷生成中の概念と概念の関係
❸カテゴリー（複数の概念と概念の関係）と概念
❹カテゴリーとカテゴリーの関係

第2章　M-GTAの分析技法　**31**

❺コア・カテゴリー（またはコア概念）と他のカテゴリーとの関係

　比較に先行して最も重要だが困難な点は，比較自体よりもむしろ「最初の比較材料を得ること」[10]（pp. 48-49），つまり「データからの最初のヴァリエーションの選択」[10]（p. 50）である。「その作業を時間をかけてでもていねいに行うことが分析全体の緻密度と関係」[10]（p. 49）するのであり，ここにデータの切片化とは異なり，単に技法だけではなく【研究する人間】の立場から分析テーマと分析焦点者の二つの視点でデータに向き合うという研究姿勢が問われるのである[10]（p. 50）。

①**生成中の概念と具体例（類似例，対極例）及び具体例と具体例の関係について**

　「データの中の具体例（ヴァリエーション）と生成途上の概念との比較」[10]（p. 55）であるが，「定義を確定し概念の完成度を上げていくため」[10]（p. 55）に，「その過程で具体例と具体例の比較」[10]（p. 55）も行う。

　**類似例**とは，「自分で考えた概念に照らして」[10]（p. 55）みたところの他の具体例であるが，「同一例ではない」[10]（p. 55）ことに注意を要する。また，**対極例**とは，対極比較によって得られる具体例で，**対極比較**とは「データをみていくことで具体例が実際に現象としてみられる最大幅を確認する意味と，概念のレベルでの比較から自分の解釈の最大幅を確認する」[10]（p. 205）ためのものである。

②**生成中の概念と概念の関係**

　概念レベルの比較は「相方探し」ともいい，〔具体的には概念と概念の関係を図示しながら進め，この作業は理論的メモ・ノートに記録していく。〕[10]（p. 58）。これには二つの方向性があり，一つは「創り始めた概念をそれぞれ個別比較をし，何らかの関係がありそうなまとまりを考えること」[10]（p. 56），もう一つは「創り始めた概念を基点にしてそれと関係ありそうな概念が何かを想定してみること」[10]（p. 56）である。想定するとは，「ひとつの概念を生成し始めるということはそのことだけでなく，他の概念へとつながるアイデアをいくつか出していくこと」[10]（p. 56）である。

③**カテゴリー（複数の概念の関係）と概念**

　「カテゴリーの候補ができつつあるときにそれを規定にさらに関係する概

念が他にもあるかどうか，どれがそれに当たるかを検討」[10]（p. 59）する。「ひとつの概念だけでカテゴリー・レベルに位置づけられる場合もなくはない」[10]（p. 59）が，「その場合には，第2レベルでの検討を慎重に行い，かつ，分析対象としたデータが十分であったかどうかについての判断も明記すべき」[10]（p. 59）である。

## ④カテゴリーとカテゴリーの関係，及び，⑤コア・カテゴリー（またはコア概念）と他のカテゴリーとの関係

〔カテゴリー相互の関係をみるが，この段階では通常，コアになるカテゴリー（概念の場合もありえる）が着想されているか，コアに相当するカテゴリーが絞りきれなくてもカテゴリー間関係で結果をまとめられるかの判断が見通されている〕[10]（p. 59）。

### （2）理論的サンプリング

分析にあたって，「データとの関係は，『データから（from data）とデータに向かって（forward data）の2方向』で相互に関連させて」[10]（p. 51）進めて行く。

データからの方向性とはオープン化である。**オープン化**とは「新たな概念の生成や概念間の関係についての検討など分析を拡げる方向」[10]（p. 54）であり，「分析テーマに照らしてデータからヴァリエーションを抽出し，それをひとつの具体例とする概念を生成する流れ」[10]（p. 51）である。

データに向かっての方向性は収束化である。**収束化**とは「概念の確定，概念間の関係であるカテゴリーの確定，そして，分析の主要な部分の確定などの作業」であり，「自分の解釈に照らして目的的に『データに向かう』流れ」[10]（p. 51）である。これを**理論的サンプリング**と呼ぶ。

### （3）理論的メモ（ワークシート内）（前述1）の（4）の④で説明済み）

### （4）理論的メモ・ノート（前述1）の（4）の④で説明済み）

### （5）理論的飽和化

理論的飽和化[10]（p. 51）とは，収束の判断のための方法である。分析の終

了は，理論的飽和化によって判断する[10]（p. 223）。理論的飽和化の判断は，「概念の完成度と分析結果全体のまとまりについて」[10]（pp. 120–121）である。前者は「データをみていってもすでに生成した概念の確認となり，あらたな重要な概念が生成されなくなった段階」であり，後者は「継続的比較で進めてきた分析により概念やカテゴリーが相互に関連づけられ論理的にまとまった段階」[10]（p. 223）である。これらをそれぞれ小さな理論的飽和化と大きな理論的飽和化と呼んでいる。

### ①小さな理論的飽和化[10]（p. 224）

　小さな理論的飽和化とは，分析ワークシートごとに「個々の概念の完成状態の判断」を行うものである。概念の完成度の判断は次の3点で行う。

　　　第1. 生成した概念が十分なヴァリエーションに支えられているかどうか。
　　　第2. データとうまくフィットしているかどうか。
　　　第3. 対極例のチェックをしているかどうか。

### ②大きな理論的飽和化[10]（p. 225）

　大きな理論的飽和化とは，「分析結果全体に対しての理論的飽和化の判断」[10]（p. 225）である。この判断は，次の三つの「レベルで重要な部分が抜け落ちていないかどうかの確認」[10]（p. 225）をする。

　　　第1. 概念相互の関係
　　　第2. カテゴリーの関係
　　　第3. 全体としての統合性

　これらのレベルで，「網羅されているかどうかの判断は難しいので，抜け落ちている部分がないかどうかの観点から分析結果をチェックする」[10]（p. 226）ことが現実的なのである。

### （6）理論的センシティビティ

　理論的とセンシティビティとは，「分析の成否に関係する研究者の資質」[10]（p. 46）であり，「論理的意味を感覚的に納得できるという理解の水準」[10]

（p. 46）を意味している。ここに、「オリジナルな解釈を生みだす可能性」[10]（p. 46）示唆され、ここに、「それを可能とするのは解釈する人間」[10]（p. 46）、すなわち【研究する人間】の重要性がある。理論的センシティビティは「自分の思考プロセスを自覚し言語化することを徹底すること」[10]（p. 46）によってもたらされるが、これが「グラウンデッド・セオリー的思考法」[10]（p. 46）なのである。

### （7）感受概念（前述 1）の（4）の⑤で説明済み）

## 3）【研究する人間】

　M-GTA にとって最重要なのが【研究する人間】である。質的研究法においては、「分析とは意味の解釈であり、いくつか考えられる意味可能性の中からどれかを選択し、その作業を関連付けながら継続していく」[10]（pp. 35–36）のだが、M-GTA では、それを行う人間を、【研究する人間】という用語により強調しているのである。

　M-GTA では、研究者が「何を目的に、なぜその研究を行うのかと問う」[10]（p. 47）、つまり「社会的活動としての研究の意味の明確化」[10]（p. 47）のために、【研究する人間】という考え方を導入している。M-GTA の「分析結果は…記述説明となる」[10]（p. 47）のだが、「分析とはデータの意味の解釈であり、いくつか考えられる意味可能性の中からどれかを選択し、その作業を関連付けながら継続していく」[10]（pp. 35–36）という選択的判断であるがゆえに、「意味の解釈をする人間」[10]（p. 36）、「意味の選択的判断を行う人間」[10]（p. 36）のことを、【研究する人間】として重視しているのである[10]（p. 36）。

　なお、M-GTA では三つのインターラクティブ性が特徴的であるが[10]（p. 88）、そこに【研究する人間】が位置付けられているのである[10]（p. 96）（図 2-4）。

　M-GTA における三つのインターラクティブ性とは、❶データ収集段階、❷データ分析段階、❸分析結果の応用段階、のそれぞれの段階において、「【研究する人間】を他者との社会関係に位置付けるという考え方」[10]（p. 90）である。このように考えることで「研究が現実世界との関係で位置づけられる」[10]（p. 91）ことになる。

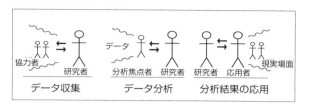

図2-4　M-GTAにおけるインタラクティブ性 (著作4[10], p. 88)

　具体的には，第一，データ収集におけるインターラクティブ性とは，研究者と調査協力者との相互関係性をいう[10] (p. 93)。
　第二，データ分析におけるインターラクティブ性とは，研究者がデータを研究者の内的他者である分析焦点者との関係で分析することをいう[10] (p. 164)。
　第三，分析結果の応用におけるインターラクティブ性とは，研究者と実践現場の応用者との関係で，GTを「現実場面に応用し実践に活かす」[10] (p. 164) ことをいう。
　もとよりインターラクティブ性を強調するとはいえ，調査や分析結果への責任は研究者自身が負うべきであり，【研究する人間】の視点はその重要性の表明でもある[10] (p. 32)。
　〔研究者は，データ収集段階では調査協力者との関係，データ分析段階では，研究者にとっての内的他者である分析焦点者との関係，分析結果の応用段階では現実場面での応用者との関係，といった社会関係に研究者を組み込む〕[10] (p. 93) ということである。この三つのインターラクティブ性は，「研究者の特権性に対する反省的態度を具体的に実践する考え方」[10] (p. 92) でもあるため，「いかなる研究法をもちいるとしても重要」[10] (p. 92) だが，M-GTAではそのような「態度の表明としてだけでなく研究において実践しやすいよう技法化」[10] (p. 93) しているのである。そもそもM-GTAは，「社会活動としての研究の視点を強調」[10] (p. 90) し，「研究活動をそれだけで成立するという立場はとらないので現実との関係で考えること」[10] (p. 92) である。それは，M-GTAは，「問題解決型，課題解決型に適している研究法であり，同時に，研究結果の実践的活用を重視する研究法」[10] (p. 90) だからである。「研究方法に関する議論」[10] (p. 90) は，「データ収集と分析の段階に偏る

*36* 第Ⅰ部 基礎講座 M-GTA の基礎と応用

傾向があり，分析結果の応用段階についてはほとんど議論」[10]（p. 90）がない
ことに対して，M-GTA は「新しい研究活動のあり方を提示」[10]（p. 91）して
いるのである。

## Ⅶ. M-GTA におけるインタビュー

前述（Ⅳ. の第一）のように，M-GTA では「データ収集は先行」[10]（pp. 71-
72）するため，M-GTA による分析に足るデータの収集が決定的に重要であ
る。

M-GTA におけるデータ収集には，個別のインタビューやグループ・イン
タビューとともに，参与観察法やフィールドワークによる観察[10]（p. 166），
さらにビデオデータ[10]（p. 215），実務の記録[12]（p. 123）など多様なデータが
想定されるが，インタビュー調査が最適である[10]（p. 64）。

それは，「M-GTA を用いる研究では通常，日常的実践や日常的経験につい
て話してもらうことになるので，内容的にはかなり具体的なものになる。」[10]
（p. 116），「つまり，自分が日常的に行っていることを本人に整理してもらっ
たうえで語ってもらうのではなく，実際に行っていることや感じていること
をできるだけそのまま話してもらう」[10]（p. 116）ためである。

インタビューガイドによる半構成的面接法は有力なデータ収集法である。
インタビューガイドは，分析テーマに即したおおまかな問いでよいが，
ヒューマン・サービス領域においては自らの経験を語り難い場合も少なくな
い。そこで，研究者には調査協力者の自己表現を促す役割，つまり挿入質問
が重要となる。つまり，インタビューによる質的データは，研究者と調査協
力者との共同生成的な性格を帯びることになる[12]（p. 153）。これがデータ収
集におけるインターラクティブ性を意味している。

なお，「すでに収集したインタビュー・データが手元にある場合，M-GTA
を使って分析できないかどうか」[10]（p. 172）という点については，分析テー
マに沿ったデータとして十分かどうかが判断基準になる[10]（p. 173）。

## VIII. おわりに

　第2章は，M-GTAの分析技法をコンパクトに紹介することを意図した。そのため，M-GTAの体系をすべてカヴァーしきれているわけではないので，読者にはM-GTAの提唱者である木下康仁の著作に立ち返って理解を深めてほしい。

　本稿では，一部私見を挿入したが，この点，M-GTAの基本をふまえつつも「この研究法を活用する人は独自の修正や工夫を加えつつ目的によりフィットする方法にしていけばよい」[10] (p. 24) という指摘により容認されていると捉えておきたい。

　第2章のテーマは，M-GTAの分析技法としたが，留意いただきたいことがある。それは，「データの分析方法だけを用いる研究も増加している」[9] (p. 167) が，もとよりどんな研究方法であっても分析方法に矮小化されるものではない。だが，「質的研究においても方法の評価が重きをなすようになってきた…分析方法の精緻化はその傾向に拍車をかける」[12] (p. 168) 傾向がある。〔分析の手順に厳密に従ったとしても，その結果は内容的評価を保障するわけではない〕[12] (p. 168)。研究の「社会的意義からではなく，研究方法によって研究内容が規定されるという転倒現象」は避けなければならないだろう。そのためにはM-GTAで強調されている〔【研究する人間】を問う姿勢が，研究の内容と方法のバランスのためには不可欠である〕[12] (p. 168)。

　**いかなる研究も限界があることはいうまでもない。だが，研究の限界に関する記述のなかには，M-GTAの特徴のひとつである方法論的限定の否定につながりかねないような記述が散見される。**

　**一つには，最も多くみられることだが，調査対象者の人数の少なさを研究の限界とする場合である。「M-GTAによる論文などで最後に限界を課題として，限定した範囲内でしか説明力をもたないといった記述」[10] (p. 100) が一例である。分析結果には理論的飽和化の判断ができていることが重要であって，調査対象者の「人数であるとか，頻度といった度数での表現は…分析結果に対しては必要」[10] (p. 113) となるわけではない。**

　もっとも，事例研究ではないので一人の調査対象者だけで概念を生成する

ことは難しい。類似例や対極例によって継続的比較分析をするためには一定数の具体例（ヴァリエーション）を必要とするからである。

　二つには，分析結果であるグラウンデッド・セオリーが全てのデータ提供者に当てはまらないことを挙げて，研究の限界を理論的飽和化が不十分だったこととする場合である。M-GTA では分析テーマと分析焦点者の観点からデータを分析していくのであるから，その結果は全ての場合を説明できないし，また，それを目的ともしていない」[10]（p. 77）のである。

　三つには，「限定した範囲内でしか説明力を持たないといった記述」が見られることである。M-GTA では方法論的限定（データの範囲）を導入しており，「調査と分析における限定化がその研究の限界を意味するのではない…限定化は分析を徹底して行うために必要な判断と作業であって，分析結果の水準を担保するためのもの」[10]（p. 83）だからである。

　**M-GTA による研究の本質的な限界は，［論文の発表で完結できるのではない]**[10]**（p. 85）ことにある。これは限界というよりも，「研究結果がそこからさらに現実の場面に引き継がれて試される，つまり応用されることが検証にもなる」**[10]**（p. 85）という M-GTA の特性なのである。**

　M-GTA に限らず，個々の質的研究法の習得は決して容易ではない。M-GTA では実践しやすい分析技法が体系化されているが，それとて決して安易に活用できるわけではない。「質的研究法として体系化されたもの（解釈共同体）に立脚して分析を行う」[12]（p. 167）ためには，M-GTA 研究会などに参加しスーパービジョンを受けることが有益だろう。

　第 3 章は，M-GTA が重視する三つめのインターラクティブ性，すなわち分析結果の応用段階について，具体的な研究例をもとに解説する。

## 注
＊1　木下は，M-GTA における基本用語をグロッサリー的に説明しているので参照されたい（木下，2020，pp. 54-60）。
＊2　文中の太字の部分は，もともと第 3 章の補遺または補論として執筆していた内容であるが，本書に収録するうえで，本章に組み入れたものである。

第3章

# M-GTA による研究成果の応用例

小嶋章吾・嶌末憲子

## I．はじめに

あらゆる研究は，社会的活動の一環であるから研究結果は社会に還元され，また応用されてこそ社会的意義があることはいくら強調してもしすぎることはない。

とりわけ M-GTA は，「研究結果の実践的活用を重視する研究法」[10] (p. 90) であることを明言し，研究のプロセスに応用という位相が組み込まれているところに特徴がある。

M-GTA の最大とも言ってよいこのような特徴は，M-GTA 研究会の正式名称が実践的グラウンデッド・セオリー・アプローチ研究会であることにも象徴されている。「実践的グラウンデッド・セオリー」，つまりグラウンデッド・セオリーをいかに実践するかを追求することを視野にいれていることを意味している。

その根底には，研究方法としての GTA が育まれてきた背景が，「さまざまな困難を抱えつつ生きる人々の日々の営みを支えるヒューマン・サービス領域であった」[12] (あとがき) ことによる。そこから，M-GTA はヒューマン・サービス領域への理論的な貢献を使命としていること，換言すれば，M-GTA は実践の理論化とともに，対人支援という「実践を支える理論の力」[12] (あとがき) を発揮することに存在意義があるのである。

だが，M-GTA による研究成果が実践現場で検証され応用されることは，決して容易なことではない。少なくとも自然発生的にはなしえるものではなく，第一義的に当該研究者自身の責任と努力が求められるのではないか[16]。

**40** 第Ⅰ部 基礎講座 M-GTA の基礎と応用

　本章では，M-GTA による研究成果の応用例として，筆者らによる研究を
もとに紹介する。また，補論として M-GTA の否定的見解について若干のコ
メントをする。なお今回紹介する応用例は共同研究の成果であることから，
共同研究者の連名で執筆した。

## Ⅱ．M-GTA による生活場面面接研究の概要

　筆者らは，科学研究費補助金により生活場面面接の研究に取り組み，研究
成果についての論文発表[32] の後，M-GTA 研究会の助成を得てモノグラフと
して実を結んだ[18]。その出発点は，ホームヘルパー（以下，ヘルパーと呼
ぶ。）の専門性向上と地位向上が喫緊の課題となっているとの問題意識から
であった。当初，ヘルパーの専門性を抽出するために KJ 法等を用いたが，
既成の概念にとらわれがちであった[17]。そこで出会ったのが M-GTA であっ
た。

　従来，ヘルパーの業務は身体介護，家事援助，相談援助が三つの柱とさ
れ，熟練したヘルパーはこれら三つの業務を統合的に展開し，サービス利用
者のエンパワメントを図ってきた。だが，2000 年の介護保険法施行により，
訪問介護員（通称ホームヘルパー。以下，ヘルパー）の業務のうち，身体介
護と生活援助（従来の家事援助と呼ばれていた）のみが介護報酬の対象とな
り，相談援助は介護報酬上のみならずヘルパーの業務として評価されがたく
なった。そこで筆者らは，ヘルパーによる相談援助は，たとえ介護報酬の対
象外とされたとしても，ヘルパーの専門性の一環として不可欠な業務であ
り，利用者の居宅を訪問して行なうヘルパーならではの相談援助の意義や形
態があるとの認識から，生活場面面接の用語を援用して解明したいというの
が筆者らの問題意識であった。

　研究テーマは，「高齢者ホームヘルプ実践における生活場面面接の研究
── M-GTA（修正版グラウンデッド・セオリー・アプローチ）を用いた利
用者の『持てる力を高めるプロセス』の検討」である。研究目的は，ホーム
ヘルプにおける生活場面面接のプロセスの明確化であり，調査対象者は，高
齢者を対象とした現任のヘルパー 10 人で，相談援助を意図的に実践してい
ると認識していると思われる熟練のヘルパーを調査協力者（M-GTA では，

データ提供者とも呼ぶ）としてリクルートした。分析テーマは，「ホームヘルパーによる生活場面面接が利用者の『持てる力を高める』プロセス」とし，分析焦点者は高齢者を対象としたヘルパーとした。インタビューガイドは，ホームヘルプにおける言葉かけやコミュニケーションが，利用者の身体面・精神面・生活面によい変化をもたらしたと考えられる場面について語ってもらうこととした。分析の結果，当初7のカテゴリーと16の概念を生成し，後に分析結果に修正を加え，最終的に8のカテゴリーと20の概念を生成した（図3-1）。

　研究成果は，ヘルパーの職能団体である全国ホームヘルパー協議会や日本ホームヘルパー協会の機関誌でいち早く取り上げられた。図3-1は，研究発表後10年余を経過し，ヘルパーの現任者研修のための教材として機関誌に掲載したいとの申し出を受け，作成されたものである。これも研究成果の応用の一例である。

## III．M-GTA による生活場面面接研究の応用

### 1）M-GTA における応用

　ここであらためて，M-GTA では，分析結果の応用をどのように捉えているのかを確認しておこう。M-GTA には主要な特性が二つある。第一に，第2章の図2-4で示したように，研究をデータ収集，データ分析，分析結果の応用という3段階に分けていること，第二に，それぞれの段階で【研究する人間】を他者との社会関係に位置づけている，すなわち，それぞれ協力者（調査協力者の略。データ提供者ともいう），分析焦点者，応用者とのインターラクティブ性を重視していることである[10]（p. 89）。

　M-GTA では，応用には二つの側面があるとされる。一つは，研究面での応用であり，もう一つは，木下の言う現実場面への応用，すなわち実践面での応用である。研究面での応用には，①分析結果の活用と，②分析結果をもとにした新たな研究への展開，という二つの側面とされる[10]（p. 98）。筆者らはこれに，③分析結果そのものの応用ではないが，引用や参考文献としての活用（以下，引用等の活用とする）を加えた。引用等の活用は，厳密にはM-GTA でいう応用とは異なり，一般的な研究成果の被引用等といえるが，

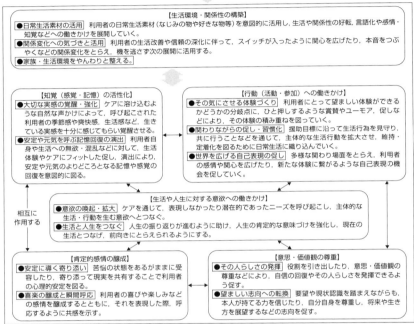

**図 3-1 利用者の持てる力を高める生活場面面接のプロセス**（日本ホームヘルパー協会『ホームヘルパー』480，2016 年 12 月号）

図 3-1 は，以下のテキスト（発行：一般財団法人長寿社会開発センター）を日本ホームヘルパー協会事務局が改編したものである。
・「介護職員初任者研修テキスト」第 2 巻「人間と社会・介護 2」第 1 章「介護におけるコミュニケーション」
・「介護職員初任者研修テキスト」第 3 巻「こころとからだのしくみ」第 2 章「介護に関するこころのしくみの基本的理解」
・「介護福祉士養成実務者研修テキスト」第 3 巻「コミュニケーション技術」

M-GTA による研究成果の影響例としてあえて付け加えたものである．また，実践面で応用については，①現場実践，②教育実践，③政策実践，④国際発信という四つの側面への応用に分類した．以上により，筆者らは M-GTA による応用の方向性を図 3-2 のように考えた．

以下に紹介する応用例は，いずれも筆者ら【研究する人間】とそれぞれの応用者とのインターラクティブ性は乏しく，むしろ研究結果の影響の広がりを示唆するにとどまることをお断りしておく．なお，筆者らが M-GTA を用いて生成したグラウンデッド・セオリーを生活場面面接プロセス理論と呼び，生成した概念を生活場面面接プロセス概念と呼ぶ．

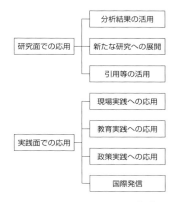

図 3-2　M-GTA による研究結果の応用の方向性

## 2）研究面での応用

### （1）分析結果の応用

ヘルパーの実務経験を持つ石田好子は修士論文[6]で，筆者らが生成した生活場面面接プロセス概念に忠実に従い，「生活場面面接の枠組み」を作成した．これは調査対象者のヘルパーにより理解しやすいような説明文を加えたものである．石田は 3 人のヘルパーに「生活場面面接の枠組み」を示し，これに沿って意識的なホームヘルプ実践を行なってもらった．その結果，ヘルパーは利用者の表出されないニーズにも気づくことができ，利用者とのパートナーシップが築かれていると考察している．

石田による研究は，生活場面面接プロセス理論をもとにしたアクションリサーチと言えるが，同時に筆者らにとっては，生活場面面接プロセス理論の検証ともなっており，筆者らが概念化できていなかった，表出されないニーズへの気づきやパートナーシップの構築といった新たな知見が追加されたという点に応用性がある．筆者らは石田によるその後の研究の展開を把握できていないものの，調査対象者となったヘルパーが，その後も「生活場面面接

44　第Ⅰ部　基礎講座 M-GTA の基礎と応用

の枠組み」に沿って意識的なホームヘルプ実践を継続し発展させていること
を期待したい。

### （2）新たな研究への展開

一つは，社会福祉協議会職員の佐藤遼は修士論文[29] で，筆者らが生成した
8 のカテゴリーと 20 の概念を参考に，10 の「生活場面面接のスキル」を作
成し，9 施設のケアワーカー 320 人を対象に，288 人の有効回答を得て，生
活場面面接の知識の有無とともに，これら 10 のスキルの意識と実践の程度
について調査した。その結果，全体の約 9 割が常にあるいは時々意識してい
ること，約 8 割が常にあるいは時々できていることが分かり，生活場面面接
の知識の有無が「生活場面面接のスキル」の意識と実践に影響を及ぼしてい
ることが明らかになったとしている。佐藤による研究は，生活場面面接プロ
セス理論を参考に，より実践的な「生活場面面接のスキル」を作成した点に
応用性がある。

二つには，筆者ら自身によるあらたな研究への展開である。M-GTA によ
る生活場面面接研究の過程で，M-GTA による結果図と概念を中心とした生
活場面面接研修時，生活場面面接をどのように記録化するかという課題に直
面した。その結果，教材用の記録様式として「生活場面面接ワークシート」
を開発した。これはソーシャルワーク教育における研修教材[19]，ソーシャル
ワーク研究におけるデータ収集方法[20]，社会福祉士養成課程における実習指
導用の教材[21] としての活用が確認できる。その後，筆者らは「生活場面面接
ワークシート」を，対人支援のあらゆる場面のリフレクションでの活用に供
することを意図し，「リフレクティブ・プロセスレコード」と改称した（図
3-3）[19]。また，保健，医療，福祉，介護，保育，心理，教育，司法等におけ
るあらゆる対人支援の経過記録に共用できる記録法として生活支援記録法
（F-SOAIP：エフソ・アイピー）の開発につなげた（図 3-4）[33]。生活場面面
接プロセス理論が，現場実践や教育実践に反映されたという意味での応用例
である。

### （3）引用等の活用例

引用等の活用例としては，M-GTA の研究例としての活用，分析焦点者に

第 3 章　M-GTA による研究成果の応用例　　**45**

| タイトル (F) | 利用者にやや自信をもってもらえる場面 |
|---|---|
| 利用者の概要 | S さん，80 歳の女性，一人暮らし。生活保護世帯。要介護 2．自営業の経験あり。 |
| 場面の概要 | ・援助目標は，利用者にできるだけ自信をもってもらうこと。<br>・サービス内容は，①生活保護費の受け取り，②公共料金の支払い，③介護保険，その他の福祉サービスに関する相談・助言。<br>・経過は，利用者が保護費の銀行口座振込を強く拒否し，現金での受け取りにこだわっているため，その月の生活保護費を市役所から現金で預かって利用者に届けるためには，利用者本人の印鑑が必要である。そこで，社協のヘルパーが前日に本人からの印鑑を預かり，社協事務所に補完している。生活支援員は，訪問の前日または当日に自宅から社協に印鑑を取りに行っている。とりあげた場面は，生活費を渡し，金額を確認してもらった後，受取書に記入を勧めたところである。 |

| まわりの状況 (O)<br>(話し言葉は「　」書き) | 利用者の言動 (S)<br>又は (O)<br>(話し言葉は「　」書き) | 実践中のリフレクション (A)<br>当面の計画 (P) | 援助者の言動 (I)<br>(話し言葉は「　」書き) | 実践後のリフレクション（個人・チーム） |
|---|---|---|---|---|
| S さんがいつも座っている座卓のペン立てに，筆ペンがあった。 | ①「(字を書くのが)下手だから，あんまり書きたくないねえ。」<br>④（渋々の様子で）「これでいいかね」 | ②どうやって勧めようか…<br>⑤やっと書いてくれてよかった。 | ③「大丈夫，その筆ペン，いつも使っていらっしゃるのね。それで書いてみて…」<br>⑥「あら，上手じゃないの。80 歳で，こんなに立派に書ける人，なかなかいないわよ。」 | その気にさせる体験づくり |

**チームによるリフレクション**

|  |
|---|
|  |

注 1 ) 表中の (F) (S) (O) (A) (I) (P) は，生活支援記録法（F-SOAIP）で用いる 6 項目に相当する。

注 2 ) 5 列のカラム中「実践後のリフレクション」欄には，本例では「生活場面面接プロセス概念」が例示されている。

図 3-3　リフレクティブ・プロセスレコード（例示）

関連した先行研究としての活用，生活場面面接研究への活用，という三つの場合が見られた。筆者らが把握している範囲で代表的だと思われる活用例について，それぞれどのように引用等がなされているかを例示するために代表

46 第Ⅰ部 基礎講座 M-GTA の基礎と応用

F-SOAIP とは，多職種協働によるミクロ・メゾ・マクロレベルの実践過程において，生活モデルの観点から，当事者ニーズや観察，支援の根拠，働きかけと当事者の反応等を，F-SOAIP の項目で可視化し，PDCA サイクルに多面的効果を生むリフレクティブな経過記録の方法である。
（Ver.4，2019 年 11 月）

| F | Focus　着眼点 | ニーズ，気がかり等<br>※その場面を簡潔にタイトルとする。<br>※ケアプランや個別化緯度計画の目標・課題との連動も可能 |
| S | Subjective Data 主観的情報 | 当事者（キーパーソンを含む）の言葉<br>※キーパーソンの場合，S（関係や続柄）と表記 |
| O | Objective Data 客観的情報 | 観察・状態や他職種から得られた情報，環境・経過等 |
| A | Assessment アセスメント | 援助者（記録者本人）の判断・解釈 |
| I | Intervention/ Implementation<br>介入・実施したこと | 援助者（記録者本人）の対応<br>※支援，声かけ，連絡調整，介護等 |
| P | Plan 計画 | 当面の対応予定 |

注）経過記録において，項目 F は冒頭に，P は末尾に記す。SOAI の 4 項目はこのままの順で使用（要約的用法）することもできるし，順不同で複数回使用（経時的用法）することもできる。

**図 3-4　生活支援記録法（F-SOAIP）で用いる 6 項目**

例を紹介する。

　第一に，M-GTA の研究例として取り扱われている例としては，建築学分野の論文[1]で，「居宅における高齢者の自立生活支援のためのホームヘルパーに対する生活場面面接に基づくプロセスを明確化することで相談援助の有効性と効率性の両立を目指す研究」とされている。もう一つは，心理学分野の論文[27]で，「社会福祉施設における生活場面面接の技法を KJ 法により分析したところ，その結果は既成の概念を言い換える程度に留まり，利用者と支援者との交互作用や生活場面における力動性などの M-GTA が重要視するプロセス性を表現するには不十分であったことを指摘している」と紹介されている。前者は M-GTA による研究例そのものとして取り上げたもので，後者は KJ 法との比較において M-GTA の特徴を指摘するために取り上げられている。

　第二に，分析焦点者に関連した先行研究として取り扱われている例では，教育学関連の論文[7]で，「ヘルパーの利用者との会話はエンパワメントの機

能を持ちながらも専門的な機能として正当に評価されてこなかったことを指摘し…高齢者ホームヘルプサービスのヘルパーが利用者と交わす日常会話は，生活場面面接として利用者をエンパワーする機能を持つ。ヘルパーは生活の場で活動するため，利用者の状況に合わせた即時対応が可能であり，効果的・効率的に利用者のエンパワメントを促進することができる」としている。もう一つは，介護福祉学関連の論文[22]で，「訪問介護員の援助活動の特徴については，戦略的な側面も指摘されている。…訪問介護員が行う生活場面面接のプロセスを明らかにしたものからも読みとることができる」としている。いずれもヘルパーの専門性の解明につながる論文だが，前者はヘルパーが生活場面面接によりエンパワメントを促進していること，後者はヘルパーが生活場面面接を担っていることの戦略性を指摘するために取り上げられている。

　第三に，生活場面面接研究の先行研究として取り扱われている例では，心理学関連の研究報告[25]のなかで，「日本における生活場面面接の2つの動向」の一つとして取り上げている。これは筆者らの研究を生活場面面接研究の系譜の一つとして位置づけたものとなっている。

## 3）実践面での応用

### （1）現場実践の例

　訪問介護事業所のサービス提供責任者であり，山口県ホームヘルパー連絡協議会の入江幸子によるもので[5]，「利用者との会話を専門職としてどう留意すべきか。責任者の指導技術向上とヘルパーの面接技術向上を図る。」という問題意識のもとで，生活場面面接プロセス理論を参考に，独自の「連絡票」を作成し，それをもとに研修を実施したという実践報告である。本研究には，ヘルパー自身が生活場面面接プロセス理論に触発されて，実践ツールの開発やそれを用いた研修を企画・実施した点に応用性が見られる。M-GTAによる研究成果が直接的に現場実践に応用された貴重な例である。

### （2）教育実践の例

　教育実践への応用には，一つは，テキスト類への反映，もう一つは研修講

**48** 第Ⅰ部 基礎講座 M-GTA の基礎と応用

師としての招聘を挙げることができる。

　テキスト類への反映では，筆者ら自身による執筆とともに，引用例も見られる。社会福祉士養成課程におけるテキストの一つ[31] に，介護実践についての解説のなかで，「こうした実践（利用者理解の重要性と関係性としての介護：筆者ら註）のためには，…介護者との関係性の中で利用者の持てる力（ストレングズ）を発見し，その力を高めていくプロセスの研究…などは示唆に富む」とされている。

　研修講師としての招聘では，特筆すべきは東京都民生委員児童委員連合会による研修を挙げることができる。筆者らの論文[32] の公表直後，同連合会事務局からの訪問を受け，生活場面面接プロセス概念や結果図はまさに民生委員等の実践そのものであるとの評価を受け，10 年余にわたり生活場面面接に関する研修を担当した。民生委員や児童委員を対象とする研修はその後も断続的な依頼を受けている。その他[18] (p. 107)，日本介護福祉士会によるファーストステップ研修，全国社会福祉協議会によるヘルパーや生活支援員（福祉サービス利用援助事業）を対象とした全国研修，県レベルの介護支援専門員の研修が代表例である。

　このように教育実践への応用では，ヘルパーにとどまらず，社会福祉士，介護福祉士，介護支援専門員，民生委員や児童委員，生活支援員等にも及んでいることに見られるように，ヘルパーを分析焦点者としていた生活場面面接プロセス理論であるが，対人支援の専門職の養成教育や現任者研修にとってもその有用性が期待されていると言えるだろう。生活場面面接それ自体が対人支援の多領域で活用しうる側面をもちながらも，M-GTA で生成された概念や結果図が，分析焦点者であるヘルパーにとどまらず多領域で応用しうる側面を持ち合わせていることは特筆すべきことである。

## （3）政策実践の例

　（2）研究面での応用の②新たな研究への展開のうち，筆者ら自身によるあらたな研究への展開で紹介した生活支援記録法（F-SOAIP）は，厚生労働省の老人保健健康推進等事業において，2019 年度及び 2020 年度介護記録法の標準化に向けた調査研究の中で，有力な候補として取り上げられるに至った[24]。

また，政策実践そのものの例ではないが，政策への影響と見られる例として紹介する。厚生労働省老健局による『地域包括支援センター業務マニュアル』（2006年）に，生活場面面接の定義が提示されている。生活場面面接の学術的な定義すら定まっていないにもかかわらず，公的な定義が提示されているのは極めて異例なことである。ここには生活場面面接とは，「当事者の日常生活の出来事とその環境や関係性に焦点をあて，日常生活にかかわる場で行われる面接」と定義されている。同マニュアルには引用または参考とする文献の提示はされていない。既に筆者らは「生活場面面接とは，利用者の日常生活場面において，援助目標に沿い利用者の多様な側面と必要に応じて環境（生活環境，出来事，他者との関係）を活用した意図的なコミュニケーション，すなわち面接である。」と定義していたが，これら二つの定義に見られる，①出来事，②環境，③関係という三つのキーワードは筆者らの定義に固有のものである。よって同マニュアルの定義は，筆者らの定義そのものではないものの，筆者らによる定義が援用されたものと類推できる。

## (4) 国際発信の例

筆者らは，生活場面面接研究の成果についてこれまで国際学会への発表や海外の介護事業所への提案を行なってきた。未だ具体的に実を結んでいるわけではないが，オーストラリアのACAT（Aged Care Assessment Team）を訪問し，日本でいう訪問介護のサービス提供席二者にあたる介護職のリーダーに結果図を提示したところ，「私達も実践しているが，それを多職種になかなか分かってもらえない。この図はたいへんわかりやすい。」との反応であった[18]（pp. 108-109）。このことは決して社交辞令と受けとめるべきではなく，M-GTAによる分析結果の本質を意味しているととらえるべきである。

木下は「分析結果であるグラウンデッド・セオリー…に対して『そんなことはすでに知られていることではないか。…』等々，といった批判的反応がでやすい」[10]（p. 133）ことについて，M-GTAは「データを素材として説明力のある概念を生成していく…から，概念やカテゴリー，分析結果をみたとき，すでに知られていることがらがたくさん含まれているのは当然」[10]（p. 137）であり，「読み手は自分の経験を参照しながら多くの"既知のことがら"を思い出すことができ…分析結果の有効性の証左となっている」[10]

（p. 138）と述べている。このことから，先述のような現場実践者の反応は，「個々人の経験的知識であったものが共有できる形になったといった反応」[10]（p. 138）であると言えるだろう。同時に「研究である以上，オリジナルな知見，結果の提示が求められ…分析の結果が経験的知識の再編成に寄与できるかどうか」[10]（p. 138）も重要であることは言うまでもない。

また，近年の介護人材不足を背景に，外国人介護士の受け入れにあたって作成された研修用のテキストに，結果図とともにカテゴリーや概念の一覧表がそのまま英訳され紹介されている[23]。外国人介護士が後に母国に帰国後，生活場面面接プロセス理論が介護実践に直接応用されていく可能性につながるという意味で画期的と言える。

## IV．おわりに

ここで，M-GTA の提唱者である木下康仁の言葉を借りて閉じることにしたい。

木下は言う。「応用が検証になるというこのプロセスは，現状ではまだ実現しているとは言い難い。…研究結果が論文として発表されるところでとまっている。…ひとつの研究結果が実践現場に引き継がれていく，言わば"結果から始まるプロセス"がこの研究法には組み込まれているが，未開拓の状態である。しかし，そこまで展開しないと途半ばでしかない。M-GTAを用いた理由として多くの論文が実践との関係を重視したとか，研究結果の実践への活用を可能とする研究法であることなどを挙げているが，…そうした記述はむしろ当該研究者による実践への活用に向けた責任表明と理解されるべきだろう。そこまで広がらないと，M-GTA は存在価値がないと言っても過言ではない。…研究者と実務者が協働してこの課題に取り組んでいってもらいたい…」[10]（pp. 86-87）と。

M-GTA による研究成果は，論文発表で終わりではない。M-GTA を採用した介護福祉研究において生成されたグラウンデッド・セオリーがその後，どのように検証され，応用され続けているかは，M-GTA にとって試金石といっても過言ではない。

今日，研究課題が山積する一方，科学的介護が求められるなかにあって，

M-GTA はこのような課題に真正面から応えることのできる研究方法である。本講座が M-GTA についての入門編として幾許かでも資することができることを期待する。

今般，M-GTA の開発者である木下康仁による待望の定本が刊行された[14]。大著だが，本書の読者には，M-GTA のさらに深い理解と習得のために読破されることを期待したい。

## Ⅴ．補論——M-GTA の否定的見解への反論

M-GTA に関心をお持ちの諸氏のなかには，M-GTA に対する否定的な見解に戸惑うことがあるのではないだろうか。ここでは2者の見解をとりあげてみたい。

戈木クレイグヒル滋子は，M-GTA が「…本来の GTA とは異なる方法であるにもかかわらず，似た名前を標榜している…」とし，その理由として，「M-GTA では，ストラウス版 GTA の核となる『切片化』『プロパティ，ディメンション，ラベル』『軸索コーディング』を使用しないことによって作業の簡略化がなされている上に，GTA の特徴である『データ収集と分析とを交互に同時並行しておこなう』という方法を用いず，データをまとめて収集し，それらを分析した後で必要があれば随時取集するという方法が使われている。…従って，GTA と M-GTA はまったく似て非なるものである…」[28]としている。

前者の指摘については，たしかに［M-GTA 以外の GTA はどれもデータの切片化を基本的な分析技法としている］[10] (p. 39)。だが M-GTA で切片化等をしないのは，もとより作業の簡略化のためではない。第2章のⅥの1）の（2）で説明したとおりであるが，補足するならば，木下は切片化の弊害を2点指摘している。第一に，「データの文脈性を破壊する」[10] (p. 40)，第二に，研究する人間の「自明部分（研究者の関心[10] (p. 38)）…つまり解釈に対しても一定の文脈性をもちうる…影響に無自覚である」[10] (p. 40) ことになり，データの切片化は，「解釈のむずかしさをバイパスする方法」[10] (p. 49) だからである。

また後者の指摘については，そのとおりであるが，それは「オリジナル版

が人を比較単位としてフィールドワークを前提に考案されていたところをインタビュー調査の実際に適用しやすいように修正した結果」[10] (p. 163) だからであり,「これは単に現実的,便宜的理由によるだけでなく,対象者の選定を含め最初に行なうデータの範囲の限定がすでに分析の一歩となるからである。」[12] (p. 124)。

なお,戈木版 GTA のコーディング法については,木下の論を参照されたい[9] (pp. 109-116)。

大谷尚は,「M-GTA は非現実的で,私は院生には絶対にやらせません。最近の M-GTA は論理的には破綻しています。研究する人間が登場するし,これをやると良い研究者になれるというような,効能効果から不当表示という,薬事法違反のような…(笑)」と述べている[26]。本稿で引用するのは躊躇する内容だが,日本介護福祉学会企画の講演での発言でもあり,M-GTAにとって最も重要な点でもあるので看過できないと考え,あえてとりあげておく。

M-GTA が【研究する人間】を登場させていることにより論理的に破綻しており非現実的であるとの趣旨だが,賢明な読者はこれに反論できることだろう。第2章のⅥ.の3)をはじめ随所で言及していることだが,M-GTA が【研究する人間】を位置づけているのは,深い解釈とインターラクティブ性を重視しているからである。

## 文献（第1〜第3章）

1) 赤木徹也・鯵坂誠之（2012）「認知言語学的アプローチに基づく都市空間の概念化に関する基礎的研究」『日本建築学会計画系論文集』**77**, 2043-2052.
2) Blumer, H.（1969）Symbolic Interaction, Prentice-Hall. ／後藤将之訳（1991）『シンボリック相互作用論』勁草書房.
3) グレッグ美鈴,横山美江,麻原きよみ（2007）『よくわかる質的研究の進め方・まとめ方——看護研究のエキスパートをめざしてめざして』医歯薬出版.
4) 一般社団法人 F-SOAIP 実践・教育研究所 HP.　https://seikatsu.care
5) 入江幸子（2011）「生活場面面接の向上——連絡票の活用」（研究報告）.山口県介護保険研究大会.
6) 石田好子（2010）『ストレングズ視点にもとづいた在宅要支援・要介護高齢者への支援——ホームヘルパーによる生活場面面接の活用』（上智大学修士論文,2009年度）

7) 岩川奈津・都築繁幸（2017）「相談援助・介護・看護の専門職のエンパワメント理解の比較」『障害者教育・福祉学研究』**13**, 67-78.

8) 木下康仁（1999）『グラウンデッド・セオリー・アプローチ——質的実証研究の再生』弘文堂.

9) 木下康仁（2003）『グラウンデッド・セオリー・アプローチの実践——質的研究への誘い』弘文堂.

10) 木下康仁（2007）『ライブ講義M-GTA ——実践的質的研究法　修正版グラウンデッド・セオリー・アプローチのすべて』弘文堂.

11) 木下康仁（2012）「質的研究の基本的理解と研究計画」『介護福祉学』**19**（1），108-114.

12) 木下康仁（2014）『グラウンデッド・セオリー論』（現代社会学ライブラリー17），弘文堂.

13) 木下康仁（2016）「M-GTAの基本特性と分析方法——質的研究の可能性を確認する」『順天堂大学医療看護学部　医療看護研究』**13**（1），1-11.

14) 木下康仁（2020）『定本M-GTA ——実践の理論化をめざす質的研究方法論』医学書院.

15) 小嶋章吾（2015）「生活場面面接における観察と記録の方法」『ソーシャルワーク研究』**41**（1），25-33.

16) 小嶋章吾（2017）「M-GTAの基本と実践応用力」（基調講演），中部M-GTA研究会 第3回研究会，浜松医科大学.（2017年12月9日）

17) 小嶋章吾・嶌末憲子（2005）「居宅高齢者の生活支援——生活場面面接のプロセスと技法の明確化のために」，木下康仁編『分野別実践編グラウンデッド・セオリー・アプローチ』弘文堂.

18) 小嶋章吾・嶌末憲子（2015）『M-GTAによる生活場面面接研究の応用——実践・研究・教育をつなぐ理論』（M-GTAモノグラフシリーズ1），ハーベスト社.

19) 小嶋章吾・嶌末憲子（2017）「『生活支援記録法』を活用した『書く力（現象を再構成する力）』を養うソーシャルワーク教育」平成29年度ソーシャルワーク教育全国研修大会. 一般社団法人日本ソーシャルワーク教育学校連盟，武蔵野大学（2017年6月25日）

20) 小島好子（2020）「電子カルテシステム（SOAP）下のもと活用できる経過記録の見える化をめざして——経過記録の工夫による実践過程の可視化とその取り組み」『医療と福祉』**54**（1），9-14.

21) 南出裕美子（2017）「『プロセスレコード』を活用した実習スーパービジョン——通信教育課程の事例から」『佛教大学 福祉教育開発センター紀要』**14**, 151-161.

22) 中矢亜紀子・藤原るか（2020）「訪問介護員が生活援助のなかで行う戦略的な思考と行為」『昭和女子大学 学苑・人間社会学部紀要』**952**, 47-58.

23) NICHIIGAKKAN CO., LTD.『Highly Skilled Professionals Training（Caregiving）

54　第Ⅰ部　基礎講座　M-GTA の基礎と応用

Text1 Humans and Society』NICHIIGAKKAN CO., LTD.

24）㈱ NTT データ経営研究所（2020）『介護記録法の標準化に向けた調査研究事業 報告書』（令和元年度老人保健事業推進費等補助金（老人保健健康増進等事業分）），及び，㈱日本能率協会総合研究所（2021）『介護記録法の標準化調査研究事業 報告書』（令和 2 年度老人保健事業推進費等補助金（老人保健健康増進等事業分））

25）大原天青（2015）『行動化問題のある子どもへの支援モデルの作成と職員研修の効果測定』（平成 27 年度地域保健福祉研究助成）．公益財団法人大同生命厚生事業団.

26）大谷尚（2014）質的研究方法論──その理論的で実践的な理解をめざして（学会企画講演），第 23 回日本介護福祉学会大会.

27）阪無勇士・石村郁夫（2017）「一時保護所職員が認知する児童の外在的な問題と背景要因および援助意図に関する研究」『東京成徳大学臨床心理学研究』**17**，173-183.

28）戈木クレイグヒル滋子（2014）「グラウンデッド・セオリー・アプローチ概論」『Keio SFC』**14**（1），30-43.

29）佐藤遼（2010）『特別養護老人ホームのケアワーカーが生活場面面接を行なえる条件』（花園大学修士論文，2009 年度）

30）サトウタツヤ・春日秀朗・神崎真実編（2019）『質的研究法マッピング──特徴をつかみ，活用するために』新曜社.
　＊本書で，山崎浩司が M-GTA を紹介している。

31）『社会福祉学習双書』編集委員会編（2009）『老人福祉論 高齢者に対する支援と介護保険制度』（社会福祉学習双書 3）．社会福祉法人全国社会福祉協議会.

32）嶌末憲子・小嶋章吾（2005）「高齢者ホームヘルプ実践における生活場面面接の研究── M-GTA（修正版グラウンデッド・セオリー・アプローチ）を用いた利用者の『持てる力を高める』プロセスの検討」『介護福祉学』**12**（1），105-116.

33）嶌末憲子・小嶋章吾（2020）『医療・福祉の質が高まる生活支援記録法［F-SOAIP］多職種の実践を可視化する新しい経過記録』中央法規出版.

34）谷口敏代（2017）「基礎講座　質的分析──第 1 回　介護福祉に関する質的研究の取り組みと留意点」『介護福祉学』**24**（1），49-57.

## 木下康仁による M-GTA の主要著作一覧

1  木下康仁（1999）『グラウンデッド・セオリー・アプローチ——質的実証研究の再生』弘文堂.

2  木下康仁（2003）『グラウンデッド・セオリー・アプローチの実践——質的研究への誘い』弘文堂.

3  木下康仁編（2005）『分野別実践編 グランデッド・セオリー・アプローチ』弘文堂.

4  木下康仁（2007）『ライブ講義 M-GTA ——実践的質的研究法 修正版グラウンデッド・セオリー・アプローチのすべて』弘文堂.

5  木下康仁（2009）『質的研究と記述の厚み—— M-GTA・事例・エスノグラフィー』弘文堂.

6  木下康仁（2014）『グラウンデッド・セオリー論』弘文堂.

7  木下康仁（2016）「M-GTA の基本特性と分析方法——質的研究の可能性を確認する」『順天堂大学医療看護学部 医療看護研究』**13**（1），1–11.

8  木下康仁（2020）『定本 M-GTA ——実践の理論化をめざす質的研究方法論』医学書院.

第 II 部
# 臨床実践への応用

第4章

# 心理学×少年院経験者

藤原佑貴

## 第1節　非行少年が犯罪から離れた新たな生き方を見出していくプロセス

### Ⅰ．研究の背景

　非行少年の再犯防止は，現在日本において喫緊の課題とされている。非行とは，20歳未満の者の行為であり，犯罪，触法行為（行為内容は犯罪と同じだが，行為者の年齢が14歳未満であり，それゆえ刑罰の対象とならない），そして虞犯（一種の危険未然防止措置の対象となる状態）の3つを包摂する概念である[1]。一般刑法犯により検挙された少年のうち，再非行少年の占める割合（少年による一般刑法犯検挙人員に占める再非行少年の人員の比率）は，1998年から毎年上昇を続け，2011年には，少年の検挙人員の31.5％を占めるまでになっている[4]。このように再非行が深刻になりつつある中で，いかに再非行を防ぐかが重要であり，それが非行少年支援における中心課題となっている。

　非行と呼ばれる行動を考えるためには，単純に社会規範の視点から逸脱とみなすのではなく，少年が生きていく中での非行が持つ意味を探る必要がある。藤原と辻河[2]によると，非行という形での行動化は，自分に注目を集めたり，親や社会への不満を示したりするための行動，すなわち，生きていくうえで必要な行動であると考えられる。また，同じ事実に対しても，受け止め方や感じ方がそれぞれ個々に違っているため，その主観的な事実を把握することが必要であるという指摘もある[3]。ところが，これまでの非行研究の

大半は，矯正施設内における質問紙を中心とした量的研究であり，非行少年が審判や処遇を有利にするため，研究調査に対して反応の歪曲をするという問題が指摘されている[7]。

また，非行をせずに立ち直りに至る過程や効果的な要因について，他者との相互作用や，それに伴う認知の変容などに焦点を当てていくことの必要性が指摘されている[6]。しかし，立ち直りに焦点を当てたこれまでの研究の多くは，矯正施設内での変化を扱うに留まり，日本の非行少年が矯正施設を出た後に社会の中で実際にどういったプロセスで立ち直っていくのかを捉えられていない。

このことを踏まえ，修士論文では，少年院に入った経験があり，その後非行・犯罪から離れて社会で生活している成人前期の男性を対象に，面接調査を行った。ところがこの時には，さまざまな制約等により十分な分析ができなかったため，貴重なデータが消化不良のまま残っている。以上の経緯から，現在はこのデータの犯罪から離れていく段階に焦点を当てて再分析に取り組んでおり，今回はその結果の一部を報告する*。

## II．M-GTA に適した研究であるかどうか

### 1）理論生成

前に述べたように，非行少年が社会の中で実際に犯罪から離れていく段階に焦点を当てた研究は見られていない。したがって，この現象を分析し，モデルを生成することが，今後の再非行防止のために必要である。

### 2）プロセス性

少年院に入った非行少年が犯罪ではない新たな生き方を見出していく現象は，限定された範囲の集団の動的なプロセスを含んでいる。

### 3）社会的相互作用

非行に関する著名な理論の1つに社会的絆理論があることからも分かるように，犯罪から離れていく上で，社会的相互作用は極めて大きな役割を果たす。犯罪ではない新たな生き方を見出していくプロセスは，非行少年が家族

60　第Ⅱ部　臨床実践への応用

や友人，教師や職場の人々等，複数のソーシャルサポートと関わりながら，変容していくプロセスである。

## 4) 現場での活用

　(3) で挙げたような非行少年の周囲の人々が，非行少年に対して行う支援の方策に，つながる可能性がある。

## Ⅲ．研究テーマ

　本研究は，既にあるデータの再分析であり，研究テーマと分析テーマが同一であるため，次項で説明する。

## Ⅳ．分析テーマへの絞り込み

　まず，データを読み込む中で，非行少年は犯罪を止めようという後ろ向きの理由から犯罪をしなくなるというよりは，新たな生き方を見出していく中で，犯罪をしなくなっていくように感じられた。また，彼らは犯罪を中心とした生活を送りながらも，仕事等によって少しずつ自信をつけていく様子が読み取れ，「犯罪中心の生活から新たな生き方を見出していくプロセス」という分析テーマを設定した。

　しかし，この分析テーマで分析を進めていくと，犯罪中心の生活がかなり注目されることとなり，新たな生き方を見出していくプロセスを十分に明確にできていなかった。また，物理的に犯罪中心の生活を送ることと，心理的に犯罪中心であることが必ずしも同じではないことが明らかになってきた。

　そこで，新たな生き方を見出していくプロセスをより綿密に描き出すため，分析テーマは，「犯罪から離れた新たな生き方を見出していくプロセス」とした。

## V．データの範囲と収集法

### 1）データの範囲

　少年院に入った経験があり，現在は非行・犯罪から離れて社会で生活している，成人前期の男性 8 名であった。参加者の年齢は 22 〜 35 歳（平均27. 63 歳），未婚と既婚が 4 名ずつで，全員が何らかの職業に就いていた。最後に少年院を出院してからの年数は，4 年〜 15 年（平均 9. 25 年）であった。なお，全参加者が「非行エスカレート型」（非行キャリアを重ねていくタイプ）であり，「いきなり型」（非行歴がなく突然悪質な事件を起こすタイプ）のケースは含まれていなかった。

　「非行経験のある成人」を，「少年院に入った経験のある成人」に限定した理由は，非行の深度の幅をある程度限定するため，及び少年院の中での他者との関わりについても扱うことを可能とするためである。参加者は，過去を振り返って語るという面接内容の性質上，記憶に古すぎず，かつある程度時間が経っており客観的に語ることが可能であると考えられる，成人前期に限定した。「成人前期」については，白井[8] の「20 代から 40 代前後の頃」という定義に従った。また，法務総合研究所[4] によると，2010 年の少年による一般刑法犯検挙人員は，女子が 20, 889 名に対して男子が 83, 286 名と，全体の約 8 割を男子が占めており，この傾向は長年変わっていない。したがってこの研究の参加者は，非行少年の大半を占める男性とした。

　なお，本発表においては，8 名のうち 3 名の分析結果を報告する。

### 2）データの収集法

　半構造化面接法による個別面接調査を実施した。1 人あたりの面接時間は1 回につき平均 1 時間 55 分，面接は 1 人につき 1 〜 3 回であった。実施時期は，2011 年 9 月〜 11 月であった。

## VI．分析焦点者の設定

　「少年院を経験した後に新たな生き方を見出した成人前期の男性」

## VII. 分析ワークシート

概念生成例を挙げる（表 4-1）。

**表 4-1　分析ワークシート例**

| 概念名 | 等身大の自分での生き直し　→　新たに始める決心 |
|---|---|
| 定義 | 過去を 0 にして，等身大の自分で，1 から新たな人生を始めようとする<br>→それまでとは違う自分で，向社会的な生活を新たに始めようとする |
| 具体例 | ・違うところに行って誰も知らないところでいて，その自分の元暴走族ってことなしで 1 からやった時に，何かそれまでは社長社長とか言われたけど，その何もない更のとこに行った時に，1 からやってどこまでやっていけるんかなっていうのを，こう何か挑戦してみたいっていうのがあって，で●っていうのが色々考えて決めました。<br>・その 1 か月間の間に，もう止めようと思って，髪の毛もストレートパーマとかかけたり，あと定時制の高校に願書とか出してたんですよ。<br>・で絶対卒業しなきゃいけねえなって思って。そしたらまた行こうって決めて，同じ学校に入学して。試験受けて入学して。<br>・でまぁ頭の中では 1 回どっかで買って，最後に 1 発やったら終わりにしようっていうのが，自分が出した答えなんだけど。うん。地元だと，まぁまた繋がりが出来るから。絶対知り合いはいるんで。だから地元じゃないとこでどっか覚醒剤買って，ちょろっと遊んだら止めて，普通に仕事やろうと。うん。思ってた。その時は。 |
| 理論的メモ | 対極：新たに始めようと思わない場合は？→「無為な犯罪の繰り返し」を続ける。反社会的に生き続ける場合もそうかもしれないが，データで確認できない。<br>類似：「不良としてのプライドの断念」→新たに始めるということは，不良としてこれまでやってきた自分とは違う自分になるということであり，プライドを断念せざるを得ない。<br>「表社会で生活していく自信の獲得」があったから，決心が出来た？<br>→そういう場合とそうでない場合があるので，そうとは限らない。<br>非行仲間との距離が開いたところで生じる。<br>親になることで，新たに始める決心をせざるを得なくなる。 |

## Ⅷ. カテゴリー生成：カテゴリーグループ【内面の変化】の生成過程

　カテゴリーグループ【内面の変化】において，概念の比較をどのように進めたかを，具体例をあげて説明する。なお，【　】はカテゴリーグループ，〈　〉はカテゴリー，「　」は概念を表す。

　データを読む込む中で，犯罪をしながらも，気持ちが犯罪ではない生き方の方向にどのように向いていくのかが重要であると感じた。そこで，「表社会で生活していく自信の獲得」「伸し上がり願望」が抽出された。「伸し上がり願望」の背景には「できないもどかしさ」がバネのように存在していた。そして，これらの概念が変化へのエネルギーとして心の中に積もっていることを表す，〈エネルギー蓄積〉が生成された。そのような状況の中で，どのような変化が生じたかに着目すると，「新たに始める決心」「不良としてのプライドの断念」が抽出された。両者は表裏一体の関係にあったことから，〈転機〉としてまとめた。〈転機〉を迎えた後，新たな生き方を見出していくまでの間には，「どん底からの基礎固め」「自分を悔い改める」「世界を広げる」「ハンディの克服」という概念が抽出された。これらは，新たな生き方をしていこうとする中で，自分で自分を変えていく作業であり，〈自分改革〉と表現した。そして，〈自分改革〉をしながらも，「やりたいこと探し」や「夢の実現を目指す」ことを行っており，更に必要があれば〈自分改革〉を行うことを繰り返していた。そこで，「やりたいこと探し」「夢の実現を目指す」を，過去や現在の自分を変化させる〈自分改革〉と対比させ，〈未来志向化〉と表現した。以上のように生成された4つのカテゴリー〈エネルギー蓄積〉〈転機〉〈自分改革〉〈未来志向化〉から成るプロセスは，分析焦点者自身の内面が変化していくプロセスとして，【内面の変化】と表現した。

## IX. 結果図（図 4-1）

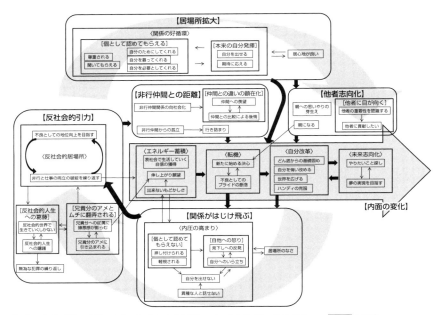

【 】：カテゴリーグループ，〈 〉：カテゴリー［ ］：サブ・カテゴリー，☐：概念

図 4-1　結果図（途中経過）

## X. ストーリーライン

　今後さらにデータ数を増やして分析し，検討していく。

## XI. 理論的メモ・ノートをどのようにつけたか

### 1）理論的メモ

　分析シートを作成し，新たな概念を生成する際に，対極例，類似例がどのような例であるかを考え，分析シート上の理論的メモに記載した。また，他

の概念との関連性や，その概念に関するアイデアも同時に記した。

## 2）理論的ノート

　分析の当初から，生成した概念間の関係性を考え，図で表した。図として目で見える形にし，それを眺めることで，新たに気付くこともあった。ふとした瞬間にアイデアが浮かぶこともあるため，疑問やアイデアをいつでもノートに書き留められるようにした。理論的ノートは，カテゴリー生成や結果図の生成の際に，大いに役立った。

# XII. 分析を振り返っての疑問点

## 1）分析テーマが広すぎるのではないか

　「犯罪から離れた新たな生き方を見出していくプロセス」という分析テーマに迷いがある。この分析テーマで語りを検討していくと，対極例として，犯罪中心の生き方に関わる語りが多く出てくるように感じられた。犯罪から離れた新たな生き方を見出していこうとして失敗し，犯罪中心の生き方に戻ることは実際にあるが，犯罪中心の生き方に至るプロセスは，今回の分析テーマと一致するものではない。分析テーマに照らして，どこまでが今回の分析に含まれるべきなのか，その線引きが難しく感じられた。このことは，分析テーマが広すぎるためではないかと考えた。

## 2）ダイナミックな動きを十分に捉えられていないのではないか

　概念からカテゴリーを生成する中で，ダイナミックな動きを捉えているというよりは，単に類似のものを集め，抽象化しているだけのように感じられた。それに加え，個人差が大きいためなのか，直接関係性が繋がらない概念も多く，結果図がダイナミックな動きを表現できていないように思われる。

## 3）概念名の集約度合が不十分ではないか

　概念名が長く，十分にその内容を集約できていないように感じられる。類義語や連想語を呟いてみるが，なかなか短い言葉にまとまらない。結果として，概念名が説明的になってしまっている。

## XIII. 発表を終えての感想

　発表を通して分かった最大のことは，いかに概念を生成するかということだ。それまでは，データに忠実に，そのダイナミックさを表現したいと思うあまりに，個人の違いが気になってしまい，類似例や対極例を一つの概念としてまとめられずにいた。しかし発表によって，類似例と対極例を検討し，概念の飽和化を図っていくという基本を，改めてしっかりと確認することができた。今後は，まずコアになりそうな部分に着目して概念を生成し，その関連から一つのカテゴリーを生成していくというように，再度一から着実に分析を行いたいと思う。またその際には，専門が心理学であるがゆえに心理的なものに注目してしまいがちな研究者としての自分を自覚し，「どうしてそうなったのか」を常に考え，プロセスをまとめていきたい。

## XIV. SVer コメント

小嶋章吾

### 1）はじめに

　発表者は，すでに修士論文において，同じインタビューデータをもとにM-GTA を用いた研究をまとめているが，今回の発表は分析テーマを変更して再分析を試みようとするものである。ただ，データ提供者 8 人から得られたインタビューデータのうち，3 人分についての分析を終えた段階での中間発表である。

### 2）研究テーマの意義と M-GTA の適合性

　再非行少年率の高まりとともに，非行少年に対する矯正施設退院後の支援のあり方への示唆を得たいという今日的，実践的な研究である。発表にもあるように，研究テーマの意義や M-GTA への適合性については十分に理解できる。

## 3）分析テーマへの絞り込みとデータ収集法・範囲

　分析テーマは修士論文では，「犯罪中心の生活から新たな生き方を見出していくプロセス」であったが，今回は「犯罪から離れた新たな生き方を見出していくプロセス」と変更されている。発表レジュメによれば，修士論文における分析テーマでは犯罪中心の生活に重点が置かれることになり，新たな生き方を見出していくプロセスについての分析の不十分性が指摘されている。すなわち分析テーマの絞り込みについては，インタビューデータのなかで新たな生き方を見出していくことに失敗し，犯罪中心の生き方に戻るという語りが多く出てくるとして，発表レジュメの中では「分析テーマが広すぎるのではないか」との疑問を呈しておられる。だが，あらたな生き方を見出していくプロセスは必ずしも直線的に進行するものとは限らないであろうという現実をふまえるならば，分析テーマの絞り込みの問題というよりもむしろ，新たな生き方を見出していくという現象特性の一側面としてとらえてよいであろう。

　なお，データ収集・範囲については，もともと今回とは異なる分析テーマのもとで設定したインタビューガイドにもとづいて収集したデータが用いられており，今回の分析テーマに沿ったデータ提供者とのインタラクティブ性を確保することや，追加データを収集することはできないという限界があることも前提としておく必要があろう。

## 4）分析焦点者の設定

　少年院の退院後一定の期間を経て社会生活を営んでいるデータ提供者へのインタビューにより収集した希少なデータを用いておられるが，分析焦点者として「少年院を経験した後に新たな生き方を見出した成人前期の男性」を設定されているのは妥当であろう。

## 5）概念およびカテゴリー生成

　中間発表であるため，スーパービジョンの対象範囲はここまでとなるが，発表者自身，発表レジュメでは，概念については，「概念名が長く，十分にその内容を集約できていない」「結果として，概念名が説明的になっている」

**68** 第Ⅱ部　臨床実践への応用

とされ，カテゴリーについては，「単に類似のものを集め，抽象化している
だけのように感じられる」とされている。提示されている概念やカテゴリー
について，そのため，事前のメールでのやりとりや当日のやりとりにおいて
は，コアになりそうな概念やカテゴリーについて限定して検討することとし
たが，次のような点が気になった。

### （1）概念名
発表者自身の指摘のように概念名が概して長く，センテンスとなっている
ものが多い。概念名は in-vivo 概念を除き，名詞句であることが望ましい。

### （2）概念の多産性
8 人のデータ提供者のうち，3 人のデータを分析した時点で既に，40 を超
えるワークシートが作成されている。概念の生成にあたっては，継続的比較
分析が十分であったかどうかを確認するとよいだろう。

### （3）概念の多重性
M-GTA においては基本的に，概念とカテゴリーが生成されるが，本発表
においては，概念，サブ・カテゴリー，カテゴリー，カテゴリーグループと
いう 4 段階で設定されている。M-GTA では，データをもとに概念とカテゴ
リーの生成が基本となる。

## 6）おわりに
これらの諸点をふまえてデータを検討してみると，例えば，サブ・カテゴ
リーとされている中に位置付けられている概念が現象の幅を示しており，む
しろサブ・カテゴリーが示す内容が M-GTA でいう概念に相当するのではな
いかと思われるものも見られた。概念を多産するのではなく，一つひとつの
ワークシートを丁寧に作成していく，つまり類似例や対極例を十分に検討す
ることによって理論的飽和化に至る感触を得ることができた。分析の途上で
あることは幸いであった。既に生成されている 40 余の概念にこだわらず，
M-GTA において中核的な作業であるワークシートの作成を丁寧にし直され
ることも選択の一つではないかと思われた。研究テーマの意義とデータの希

少性に鑑み，なおかつ修士論文の反省点をふまえての再分析であるという問題意識をふまえ，ぜひとも完遂していただきたい研究である。今後，研究発表の機会があることを強く期待したい。

## 第2節　分析焦点者の視点に立つ意味

2013年にM-GTA研究会で分析の途中経過を発表した後，SVerやフロアの皆様方からいただいたコメントをもとに再分析に取り組み，翌年その結果を学会にて発表した。分析データは修士論文作成の目的で大学院在学中に収集したもので，就職後は研究を中心に取り組んでおり，臨床からは離れているため，分析の結果を直接臨床実践へ応用する機会はない。

M-GTAでは分析焦点者の視点から，徹底的にデータと向き合い，深い解釈を重ねることでプロセスを明らかにし，そのプロセスを実践の中で応用するとともに必要に応じて修正していく[5]。この一連の過程は，心理臨床の営みと重なる部分が非常に多い。臨床心理学の研究は，事例や実践に根ざした質的研究と，自然科学的な客観性を重視する量的研究に分類されることが多いが，M-GTAは臨床心理学の領域で質的研究を行う際の有用な選択肢の一つである。

他方で，筆者はこれまで主に調査や実験を中心とする量的研究に携わってきた。その中で，必要に応じて予備的に面接調査を行い，事例単位で起こっている現象を把握して仮説を生成し，調査等を実施してきた。残念ながら，主に量的な研究手法を用いているため，面接調査の分析にかけられる時間は限定的で，M-GTAを用いて徹底的にデータと向き合うことは難しい状況が続いてきた。

しかし，過去にM-GTAを用いて研究を行った経験は，今も筆者の研究の基盤の一部となっているように思う。M-GTAでは研究する人間の外に分析焦点者を抽象的に設定し，この分析焦点者を介してデータを解釈する[1]。M-GTAを用いてデータを分析するため，分析焦点者の視点に立って徹底的にデータと向き合い，分析焦点者にとっての意味を考え続けていた時，それまでと同じはずの地球，同じはずの日本が，全く別の世界であるかのように

感じる体験をした。人間には，自分自身の意見や行動，考えが多数派であると思い込む認知的なバイアスがある。ところが，M-GTA を用いて，集団としての分析焦点者の視点に立ち続けることで，自分の方が明らかに少数派であることが意識化され，自分の世界の狭さを思い知らされたのである。振り返って冷静に考えてみれば，研究者は日本全体で見れば圧倒的に少数派であり，自分にとっての当たり前が当たり前でないということは，それ自体至極当たり前のことである。筆者は M-GTA を用いる中で，そのことを言葉では表しきれないほど痛烈に実感させられた。

　M-GTA では，研究する人間が感じるリアリティを重視するが[1]，普段量的研究を中心に行っていると，どうしても現実場面との距離は遠くなり，リアリティを感じる機会は少なくなる。筆者のような存在はむしろ稀で，臨床心理学の研究者の多くは心理臨床の実践にも携わっていると思われるが，M-GTA を用いて研究を行った過去の経験は，筆者にそこにいる人たちの存在やその人たちの視点の存在を常に意識させてくれるのである。一方，心理臨床の場で専門職として個別具体的な事例に寄り添う際には，その人にとっての意味を考えることはあっても，より抽象的かつ外在的である分析焦点者の視点に立って考えることは少ないかもしれない。しかし，集団としての分析焦点者の視点に立ち続けることで，個別の事例に着目するだけでは見えなかったものが見えてくる可能性がある。M-GTA を用いて研究を行う経験は，単にその研究の範囲だけに留まらず，その後の幅広い研究や実践に活かされることが期待される。

## 注

\*　本発表は，発表者が前年度提出した修士論文のデータを再分析したものであり，分析データは修士論文作成の目的で大学院在学中に収集したものである。

## 文献

1) 安香宏（2008）.『犯罪心理学への招待——犯罪・非行を通して人間を考える（新心理学ライブラリ 20）』サイエンス社.

2) 藤原綾子・辻河昌登（2009）.「我が子の非行と向き合った親の心理的プロセスに関する心理臨床学的研究——関係性から非行の積極的な意味を探る」『発達心理臨床研究』**15**, 121-131.

3) 橋本和明（2011）.『非行臨床の技術——実践としての面接・ケース理解・報告』金剛出版.

4) 法務総合研究所（2011）.「平成 23 年度版 犯罪白書——少年・若年犯罪者の実態と再犯防止」

5) 木下康仁（2007）『ライブ講義 M-GTA ——実践的質的研究法　修正版グラウンデッド・セオリー・アプローチのすべて』弘文堂.

6) 近藤淳哉・岡本英生・白井利明・栃尾順子・河野荘子・柏尾眞津子・小玉彰二（2008）.「非行からの立ち直りにおける抑うつに耐える力とソーシャル・ネットワークとの関連」『犯罪心理学研究』**46**, 1-13.

7) 那須昭洋・菅野純（2007）.「非行少年の立ち直り過程に関する研究（1）——"自立援助ホーム"に暮らす少年の「日常生活」と語り（Narrative）」から」『日本教育心理学会総会発表論文集』**49**, 620.

8) 白井利明（2011）.「成人前期と中年期のアイデンティティ発達に関する研究課題」『大阪教育大学紀要 第Ⅳ部門』**59**, 123-138.

第5章

# こども学×障害児家族

古城恵子

## 第1節 二分脊椎症児の父親のソーシャル・キャピタル醸成プロセス

### Ⅰ. 研究概要

#### 1) 研究背景

　私は，長年保育所看護師として勤務するなか，インクルーシブの効果として，障害児と健常児が保育所で共に生活することにより，互いに認め合う姿を目にしてきた。さらに，障害の有無にかかわらず親同士が会話を重ねていくことで，コミュニケーションを深める姿を見てきた。一方で，新生児医療技術の向上に伴い急増する医療的ケア児は，地域の保育所や幼稚園，小学校の入園・入学に課題があり，インクルーシブ保育・教育実現の難しさが指摘されている。

　医療的ケア児とは，「日常的に医療的ケアが必要となる児童」を示し，「自宅や保育所・幼稚園，学校などの医療機関以外の場所で，家族もしくは研修を受けた教員や職員などが日常的に行う医療的生活援助行為のこと」である。主なものとして喀痰吸引や経管栄養，導尿，在宅酸素療法，インスリン注射などがあげられる。医療的ケア児の親の多くに一日中気が休まらない負担があり，障害の程度によっては働くことができず，経済的な課題が生じていることも指摘される。

　看護学修士課程において質的研究の初学者であった私は，医療的ケア（導尿）を要する二分脊椎症児の母親と出会う。二分脊椎症は先天性中枢神経系

疾患であり，下肢の変形麻痺や膀胱直腸障害による排泄障害のため，生涯にわたって医療的ケアといわれる導尿など健康管理を要することが多い。二分脊椎症児の母親の支援策について質的記述的研究方法を用いて検討するなか，レスパイトケアの拡充など多くの「支えてほしい思い」があり，【普通に生活が送れる環境を得たい】思いが認められた。

　私はその後，子ども学博士課程において，地域で生活する障害児とその親にとって「普通の生活が送れる」ということはどういうことか，「安心・信頼できる地域社会」とはどういうことかについて探求すべく研究を拡げることにした。二分脊椎症児の父母各々に思いを聞き取り学びを深めていくなか，安心・信頼できる地域社会を考察するうえでソーシャル・キャピタルの概念に基づき検討することが重要であると考えるようになった。

　ソーシャル・キャピタル（以下，SC）とは「社会的な繋がりとそこから生まれる互酬性の規範・信頼」と定義される[5]。SC が形成・蓄積される過程においてプロセス性を有し，個人がどのように SC を形成するのか，個人のネットワーク，個人の集団への信頼，規範について，数量的研究では説明がつかない点を質的研究により理解を深めることは意義深いといわれる[1]。

　二分脊椎症児の父親に地域に対する思いを聞き取るなか，SC に該当する語りが認められ，どのような研究手法を用いて分析したらよいか試行錯誤をしていた。そのときに出会ったのが M-GTA である。データの解釈から概念の生成を行い，概念の関連性を高め，理論を創る方法であり，M-GTA を用いて分析を進めたい気持ちが高まる。M-GTA に関連する著作を手に取り読み深めながら，M-GTA 研究会に参加した。自身の研究についてスーパービジョンを受ける機会が得られ，M-GTA の概念生成といった基本的なことがらの確認や，理論的メモの活用法など，新たな気づきや知識を得ることができた。さらに M-GTA 研究会・修士論文発表会で発表する機会を得る，スーパーバイザーの先生方や参加者よりアドバイスをいただき，研究への後押しとなった。

## 2）研究目的・研究意義

　障害児支援に関する調査当時の先行研究は，母親を対象にした論文が多く，父親対象の研究は実に少なかった。特に二分脊椎症児の父親の研究は見

当たらなかった。また，SC に関する研究も同様に少なく，SC が形成される過程を示す質的研究は見当たらなかった。そこで，障害児の父親として二分脊椎症児の父親に着目し，SC がどのように醸成されるのか，そのプロセスを明らかにすることを本研究の目的とした。

地域で生活する二分脊椎症児の父親の SC の醸成プロセスを明らかにすることは，二分脊椎および類似性のある障害児の親において，実践的応用の可能性があると考える。さらに，障害児に関わるすべての人々——医療者，幼稚園や保育所，学校の教職員等においても，父親等の家族支援に活用できるものと考える。

## 3) 分析テーマ・分析焦点者・研究協力者

### (1) 分析テーマの設定

分析テーマの設定は，grounded-on-data の分析がしやすいところまで絞り込んだものであり，「二分脊椎症児の父親の SC 醸成プロセス」とした。SC の「信頼」は，複雑化した現代社会において，知らない人同士を含む薄い信頼・安心が重視される。「規範」は，「〜べきである」と表現するものであり，特に自発的協力である「互酬性の規範」を重視している。さらに，直接顔を合わせる多様な人々を含む「ネットワーク」が重要であり，「ネットワーク」が「信頼」や「互酬性の規範」を生み，「互酬性の規範」や「ネットワーク」から社会的な「信頼」が生まれるというように，互いに他者を増加・強化させる関係にあることが強調される[5]。そこで，二分脊椎症児の父親の SC として，父親のネットワーク，ネットワークに基づき醸成される信頼，互酬性の規範に着目し，明らかにしたいと考えた。

なお，研究前半期の分析テーマは，「二分脊椎症児の父親のネットワークに基づき醸成されるポジティブな思い」であり，地域生活に対する安心感に着目し，ポジティブな思いがどのように醸成されるのか検討した。インタビューを続けるなかで，地域に対する信頼や安心感のみならず，互酬性の規範に該当する語りが認められた。分析テーマを随時修正しながら継続的に，地域社会に対する思いを注意深く調査・分析した。研究後半期に，分析テーマを最終決定することとなった。

## （2）分析焦点者の絞り込み

　二分脊椎症児の父親については，戸籍上の父親か不明なため父親または母親のパートナーとした。また，子どもの導尿の有無によって父親の考えや思いに違いが生じることが推察される。導尿の開始時期については，年齢や膀胱の大きさ等によって変わり，幼児期の同年齢でもオムツ対応している場合もあれば導尿を開始しているケースもある。そこで，研究協力者の子どもについて「導尿を要する，あるいは（現在はオムツ対応だが）今後，導尿を要すると思われる」とした。さらに，子どもの年齢，発達状況によって，父親の地域生活に対する思いに違いが生じることが推察される。子どもの年齢を焦点化するにあたり，親との関わりが強い時期とした。継続的な親の世話を要する乳幼児期から，親の価値観や規範意識に影響を受ける学童期である。

　以上の視点より，分析焦点者を「地域で生活する，導尿を要する（または今後要すると思われる）0 〜 12 歳の二分脊椎症児の父親」とした。

## （3）研究協力者の概要

　研究協力者は，0 歳〜小学生の二分脊椎症児の父親 11 名である。筆者の知り合いである二分脊椎症児の父親および，患者家族会より協力を得て募った。

# Ⅱ．結果図とストーリーライン

　二分脊椎症児の父親のソーシャル・キャピタル醸成プロセスは，図 5-1 の通り 17 概念 6 カテゴリーが生成された。二分脊椎症児の父親は，わが子にハンディを有するがゆえの【家族を守り支える決意】が根底にあり，『1. 妻と子を守り支える思い』とともに『2. 強くあるべきという信条』を有していた。【家族を守り支える決意】は，【妻への寄り添い】の心情に変化する。父親にとって最も身近なネットワークである妻を守り支えようと『3. 妻の要望への応答』に努め，それゆえの『4. 妻のストレスに対する苦悩』がある一方，『5. 妻の満足感に対する安心』が認められた。

　主に仕事を担う父親にとって，わが子が退院して間もない時期は，『6.　地

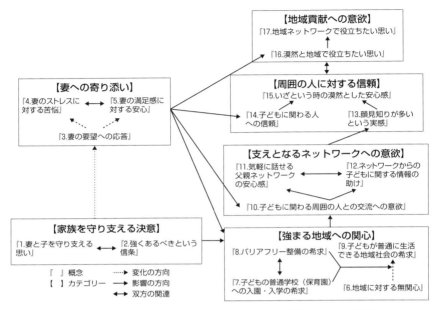

図5-1　二分脊椎症児の父親のソーシャルキャピタル醸成プロセス（結果図）

域に対する無関心』な心情であった。しかし，子どもの入園・入学拒否に対し，『7. 子どもの普通学校（保育園）への入園・入学の希求』や『8. バリアフリー整備の希求』という強い要望が芽生える。これらは，『6. 地域に対する無関心』の心情から『9. 子どもが普通に生活できる地域社会の希求』に進展し，【強まる地域への関心】が生成された。

【強まる地域への関心】は，【妻への寄り添い】を介した『10. 子どもに関わる周囲の人との交流への意欲』に影響し，［パパ友（PTA）］［同じ障害児をもつ親（患者家族会）］［近隣（地域行事）］というネットワークが形成された。父親のネットワークにより，『11. 気軽に話せる父親同士のネットワークの安心感』および『12. ネットワークからの子どもに関する情報の助け』という効果が認められ，【支えとなるネットワークへの意欲】が醸成された。

【支えとなるネットワークへの意欲】に伴い，父親自身の『13. 顔見知りが多いという実感』が生まれる。また，『5. 妻の満足感に対する安心』によ

り子どもの集団生活の場や医療機関，近隣に対する『14．子どもに関わる人への信頼』が認められた。こうしたポジティブな思いは『15．いざという時の漠然とした安心感』に影響し，【周囲の人に対する信頼】が生成された。

　地域において【周囲の人に対する信頼】があるからこそ，【地域貢献への意欲】につながっていた。【妻への寄り添い】を介した『16．漠然と地域で役立ちたい思い』であったが，【支えとなるネットワークへの意欲】に伴い，父親自身のネットワークにおける前向きで実践的な『17．地域ネットワークで役立ちたい思い』が醸成された。

　なお，【妻への寄り添い】はすべてのカテゴリーと関連しており，コア（中核）なカテゴリーであると考える。

　また，SC の「ネットワーク」として【支えとなるネットワークへの意欲】が生成され，フォーマルなネットワークの［パパ友（PTA）］，インフォーマルなネットワークの［同じ障害児をもつ親（患者家族会）］［近隣（地域行事）］が認められた。SC の「信頼」は【周囲の人に対する信頼】および構成する 3 概念が該当する。「互酬性の規範」は【地域貢献への意欲】および構成する 2 概念が該当し，『17．地域ネットワークで役立ちたい思い』が醸成された。障害児をもつ父親が，子どもに関わる活動や行事（PTA や地域行事等）に携わっていくことは，障害の有無に関わらず，父親同士のネットワーク形成や SC の醸成・蓄積に効果があるものと考えられる。

## Ⅲ．論文投稿および反応

　「二分脊椎症児の父親の地域生活に対する思い――ソーシャル・キャピタルに着目して」をテーマに，学会誌に論文を投稿し採択された[4]。論文投稿後の査読では，2 人の査読者より 15 余りのコメントを頂いたが，分析方法や分析手順，結果に関するものはなく，SC の定義や考察内容，表記に関する指摘であった。論文投稿に際し，研究方法や結果の表記に戸惑ったが，M-GTA の手法を使用した論文が 2015 年以降多く見られるようになり，それらを参考にすることができた。また，スーパーバイザーでもある共同研究者に相談し確認できたことは何よりも心強かった。論文投稿を通し結果・考察を書きあげていくことは，grounded-on-data の見直しにつながり，M-GTA の

78　第Ⅱ部　臨床実践への応用

理解を一層深めることができた。

　なお，論文掲載後，読者より連絡をいただいた。保育者として，二分脊椎症である園児の導尿実施に携わり，医療的ケアの自立支援をテーマに研究を進められているということであった。論文投稿を通し意見交換ができたことにより，研究の社会的意義を実感することができた。


# 第2節　二分脊椎症児の母親のソーシャル・キャピタル醸成プロセス

## Ⅰ．研究概要

### 1）研究背景

　公衆衛生学の分野では，人と人とのつながりがもたらす力に対する期待が高まり，主観的幸福感や精神的健康とソーシャル・キャピタル（以下，SC）との関連を検討する研究が行われている。SC が低いことは，主観的健康不良および抑うつを促進する方向に働くことが示唆されている。二分脊椎症児の母親においても SC の低下は，抑うつを促進する傾向が認められた[3]。

　また，SC に関連する研究において，量的研究では説明がつかない点を質的研究により理解を深めることは意義深いといわれるなか，第1節に示した通り，二分脊椎症児の父親の SC 醸成プロセスをたどることができた。さらに，SC の要素である「ネットワーク」「信頼」「互酬性の規範」を確認することができ，【研究する人間】として満足できるものであった。

　二分脊椎症児の父親の調査・分析を先行させながら，母親対象の調査も実施した。先行する父親の調査・分析は，思考錯誤しながら大変苦慮したが，母親については，M-GTA を活用することに迷いは一切なく，むしろ手応えを感じながらの調査・分析であった。研究初期の段階において，二分脊椎症児の父親と同様に，M-GTA 研究会に参加しスーパービジョンの機会が得られた。概念生成の段階から，概念名にフィット感が得られずにいたが，概念名に関連する語りについてスーパーバイザーと共に読み込むことで，理解を深めることができた。また，データからフィット感ある概念名を生成するに

あたり類語辞典の活用など，実践的なスキルを学ぶことができた。

## 2）研究目的・研究意義

　障害児支援に関する調査当時の先行研究は，二分脊椎症児に関する研究や SC に関する研究は少なく，SC の質的研究は見当たらなかった。そこで，地域で生活する二分脊椎症児の母親に着目し，SC がどのように形成されるのか，その醸成プロセスを明らかにすることを本研究の目的とした。

　また，地域で生活する二分脊椎症児の母親の SC 醸成プロセスを明らかにすることは，二分脊椎および類似性のある障害児の親をはじめ，障害児に関わるすべての人々——医療者，幼稚園や保育所，学校の教職員等においても，母親等の家族支援に活用できるものと考える。

## 3）分析テーマ・分析焦点者・研究協力者

　分析テーマは，「二分脊椎症児の母親のソーシャル・キャピタル醸成プロセス」とした。分析焦点者については，二分脊椎症児の母親が戸籍上の母親か不明なため，母親または父親のパートナーとした。また，子どもの導尿の有無や年齢，発達状況については，父親の研究と同様に絞り込み，分析焦点者を「地域で生活する，導尿を要する（または今後要すると思われる）0 ～ 12 歳の二分脊椎症児の母親」とした。

　また，研究協力者は，0 歳～小学生の二分脊椎症児の母親 12 名である。

# Ⅱ．結果図とストーリーライン

　二分脊椎症児の母親のソーシャル・キャピタル醸成プロセスは，図 5-2 の通り 21 概念 8 カテゴリーが生成された。

　主に育児を担う二分脊椎症児の母親は，わが子にハンディを有するがゆえの【地域生活における障壁の実感】が認められた。障害告知後の病気・障害に対する漠然とした不安や，『1. 見通しの持てない子どものハンディに対する不安』が繰り返し生じていた。また，子どもの成長とともに，車いすや装具を使用するがゆえの『2. 健常児とは異なる身体移動に対する心労』や，導尿や排便ケアを有するがゆえの『3. 健常児にない排泄ケアに対する心労』が

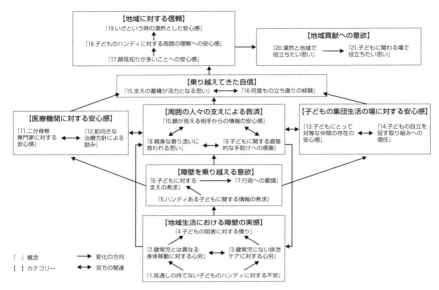

**図 5-2　二分脊椎をもつ子どもの母親のソーシャルキャピタル醸成プロセス（結果図）**

認められた。さらに，周囲の人の心無い言葉や，入園・入学拒否に対し，『4.子どもの疎外に対する憤り』の心情であった。

このような心情に対し，【障壁を乗り越える意欲】として，〔医療機関職員〕や〔同じ障害児をもつ親（患者家族会）〕等への『5. ハンディある子どもに関する情報の希求』や，集団生活の場への『6. 子どもに対する支えの希求』，バリアフリーの整備や普通学校への入学等を希望し『7. 行政への要請』の行動が認められた。

【障壁を乗り越える意欲】に基づいた母親の行動に伴い，［夫］［実父母］や［ママ友（子どもの友達の母親）］［同じ障害児をもつ親（患者家族会）］［学校教員］等，周囲の人々からの『8. 親身な寄り添いに救われる思い』『9. 子どもに対する直接的な手助けへの感謝』『10. 顔が見える相手からの情報の安心感』が生成され，【周囲の人々の支えによる救済】を経験する。子どもの成長とともに，たびたび【地域生活における障壁の実感】を有し，その都度【周囲の人々の支えによる救済】を得ており，循環する様態であった。

第5章　こども学×障害児家族　*81*

　また，膀胱直腸障害や下肢障害を有するわが子に対し，【医療機関に対する安心感】は二分脊椎症児の母親にとって不可欠であり，『11. 二分脊椎専門家に対する安心感』および『12. 前向きな治療方針による励み』が生成された。

　子どもの生活の場が家庭内から集団生活の場へと広がると，『13.　子どもにとって対等な仲間の存在の安心感』とともに『14.　子どもの自立を促す取り組みへの信任』である【子どもの集団生活の場に対する安心感】もまた，重要な要因であった。

　【周囲の人々の支えによる救済】【医療機関に対する安心感】【子どもの集団生活の場に対する安心感】に基づき，『15.　支えの蓄積が活力となる思い』および『16.　何度もの立ち直りの経験』を意味する【乗り越えてきた自信】が形成された。

　母親の【乗り越えてきた自信】を通し，【地域に対する信頼】が生成された。地域におけるネットワークを通し，母子ともに『17.　顔見知りが多いことへの安心感』および『18.　子どものハンディに対する周囲の理解への安心感』が生成され，地域とのつながりを実感し安心する思いであった。さらに，親が子どもに関われない災害時などの非常事態に対し，『19.　いざという時の漠然とした安心感』が認められた。

　【乗り越えてきた自信】や【地域に対する信頼】に基づき【地域貢献への意欲】が認められた。『20.　漠然と地域で役立ちたい思い』であったが，【子どもの集団生活の場に対する安心感】に伴う具体的で実践的な『21.　子どもに関わる場で役立ちたい思い』が生成された。

　なお，二分脊椎症児の母親は【障壁を乗り越える意欲】を持ち，主体的に行動していることが認められた。【障壁を乗り越える意欲】はネットワークへのアクセスに該当し，SC醸成プロセスにおけるコア（中核）なカテゴリーであると考える。

　また，SCの「ネットワーク」として，母親と直接関わる医療機関や子どもの集団生活の場の教職員といったフォーマルなネットワーク形成が認められた。また，身近な家族や近隣，［ママ友（子どもの友達の母親）］［同じ障害児をもつ親（患者家族会）］といったインフォームなネットワーク形成も認められた。SCの「信頼」は，【地域に対する信頼】および構成する3概

念，【医療機関に対する安心感】と構成する 2 概念，【子どもの集団生活の場に対する安心感】と構成する 2 概念が該当していた。SC の「規範」は，【地域貢献への意欲】および構成する 2 概念が該当し，具体的な『21．子どもに関わる場で役立ちたい思い』が醸成された。障害の有無にかかわらず，すべての子どもが地域の幼稚園や保育所，通常の小学校で共に生活し学ぶことにより，多くの障害児の母親を巻き込み，母親の向社会的活動にも波及し，SC の蓄積に伴う効果が期待できると考える。

## Ⅲ．今後の展望

　本研究は，「二分脊椎症児の母親のソーシャル・キャピタル醸成プロセス」をテーマに，学会誌に論文を投稿し採択された[2]。2 名の査読者より 10 項目ほどの修正を求められたが，主に表記に関する内容であった。一方で，家族支援において意義ある研究結果であることの評価をいただくことができた。

　また，今後の研究における展望として，健常児の親や外国にルーツのある子どもの親など，障害の有無にかかわらず，さまざまな親子の特性における SC の醸成プロセスを把握したいと考えている。

### 文献

1)　カワチ，イチロー・スブラマニアン，S. V.・キム，D. 編／藤澤由和・高尾総司・濱野強監訳（2008）『ソーシャル・キャピタルと健康』日本評論社.
2)　古城恵子（2021）「二分脊椎症児の母親のソーシャル・キャピタル醸成プロセス」『障害者問題研究』48（4），311-318.
3)　古城恵子・福丸由佳（2015）「二分脊椎症児の父母の抑うつと関連要因——父母の違いに着目して」『小児保健研究』74（5），638-645.
4)　古城恵子・小嶋章吾・福丸由佳（2018）「二分脊椎症児の父親の地域生活に対する思い——ソーシャル・キャピタルに着目して」『家族心理学研究』31（2），119-131.
5)　Putnam, R, D.（2000）Altruism, Volunteering, and Philanthropy. Edith Fowler. Bowling Alone, The collapse and Revival of American Community. Simon & Schuster.

第6章

# 看護学×触法精神障害者

小池純子

## 第1節　重大な他害行為を行った精神障害者の入院中の回復プロセスの解明と看護支援 —— M-GTA を用いた前向きさを取り戻した経験に基づく分析

### Ⅰ. 研究概要

#### 1) 研究背景

　1970年代の黒人や女性の公民権運動に影響を受けた，精神疾患を持つ人の活動に生まれたリカバリー概念は[22]，わが国でも，支援の前提となる概念として定着しつつあるように思われる。リカバリーの四つの側面のうち，現在は自己実現を目指したパーソナル・リカバリー[4],[23] が注目されている。構成要素には，①他者とのつながり，②将来への希望と楽観，③アイデンティティ，④生活の意義・人生の意味，⑤エンパワメントがある[13]。またリカバリーはプロセスとして捉えられ，原則は当事者や個別性，独自性が高く，評価指標も多岐にわたる。今後，プロセスの解明や定量的なアウトカムに関する研究の発展が求められている[24]。

　このようなリカバリー概念は，司法の領域においても重要な概念となっている[1],[14],[16],[19],[21]。英国では，法に触れる行為を行った触法精神障害者に対する回復プロセスの質的な解明が探求されており，触法精神障害者のパーソナル・リカバリーにおいては[20] ①リカバリープロセスの基盤となる安心と安全，②希望を支えるソーシャル・ネットワーク，③主要な変化としてのアイデンティティの獲得の三つが，主要な構成要素であることが明らかになって

84    第Ⅱ部　臨床実践への応用

いる。

　わが国の司法精神医療は，重大な他害行為を行った精神障害者の医療を担
う医療観察制度に基づき提供されている。同医療法は，リカバリーを考慮し
た MDT（Multi-Disciplinary Team：多職種チーム）による支援の重要性が指
摘されている[7),8),9),10)]。一方で現時点では，回復のプロセスの解明には至って
いない。同時に看護においては，看護支援そのものがプロセスであり，個別
性が高い性質を持つゆえに，MDT における主たる役割も明確とは言い難
い。さらに回復という個別性の高いプロセスの中では，看護の強みを生かし
た統一的な支援の知見が得られにくく，これから積み重ねていく必要があ
る。

## 2）研究目的

　本研究は，入院中の重大な他害行為を行った精神障害者が，前向きさを取
り戻す一プロセスを解明しつつ，その過程で，看護の主要となる支援の示唆
を得ることを目的とする。

## 3）分析テーマ・分析焦点者・研究協力者

　分析テーマは「重大な他害行為を行った精神障害者が入院後に前向きさを
もつことができるようになったプロセス」としたうえで，「入院後に，前向
きさを取り戻した経験」について，半構造化面接法を用いて尋ねた。

　分析焦点者は「重大な他害行為を行った入院中の精神障害者」と設定し
た。これは，インタビュー者である研究者とインタビューを受ける患者の相
互関係そのものに焦点を置く研究ではないためである。一公立病院の一医療
観察法病棟入院対象者のうち，研究に同意の得られた 5 名を対象とした。同
意が得られること以外の対象者の選定基準は，①医療観察法入院処遇の回復
期から社会復帰期の段階にある者，②医療観察法病棟の治療経過に対し肯定
的な経験を言語化し，③他害行為に関する失意から前向きさを取り戻してい
る発言のある者，これらすべてに該当する者とした。

　研究協力者は，調査対象病棟の医師と看護師である。あらかじめ対象の選
定基準を病棟と看護師に伝えておき，研究者と病棟医，看護師で選定基準
に適う対象を相談して決定した。

また，対象者のうち2名とともに，概念や結果図の一部を検討した。

## II．結果とストーリーライン

### 1）研究対象者の概要
対象者は，男性4名，女性1名，平均年齢は40.8歳であった。平均面接時間は63（30～85）分であった。

### 2）結果図とストーリーライン（図6-1）
結果図を図6-1に示した。ストーリーラインは，以下のとおりである。

重大な他害行為を行った精神障害者は，他害行為を契機とした入院の経過の中で，【過去の自分から送られる願いの受諾】は，自分の人生を意味のあ

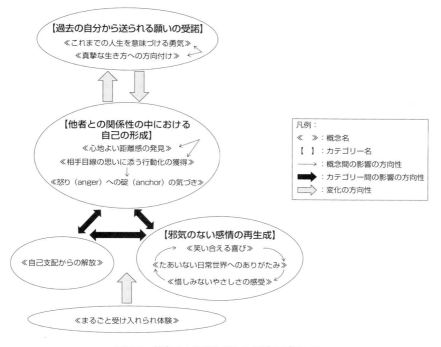

図6-1　前向きさを取り戻した経験とプロセス

るものに書き換えていた。その背景には，次のようなカテゴリー間の関係性から成る礎が見られた。

　さまざまな葛藤を抱える中で重大な他害行為を行い，絶望に満ちた入院治療の環境下で，《まるごと受け入れられ体験》を覚えながら，入院治療を継続していく。その過程では，人の優しさに触れ【邪気のない感情の再生成】がなされるとともに，治療（主に薬物療法）による精神症状の回復や，個室で否応なく一人で考える時間の影響により《自己支配からの解放》がなされていく。これらの相互作用の積み重ねと各種プログラム（心理社会的治療）によって，これまで視野に入れることのなかった角度からの見方，考え方に戸惑い，抗い，葛藤を繰り返しながら【他者との関係性の中における自己の再構築】を図っていく。

　一連の中で，これまで叶わなかったが，潜在的に持ち合わせていた自分らしさと，自分らしい生き方を探し当てる。それが【過去の自分から送られる願いの受諾】であり，気付きを何度も振り返りながら，自分の描きたかった人生を，主体的に歩いていく端緒になっていた。

## 3) 概念とカテゴリー

　10個の概念が生成され，そこから五つのカテゴリーを生成した。概念と定義およびカテゴリーを，表 6-1 にまとめ，生成過程における分析とインタビュー内容の例を示し，冒頭に掲載したリカバリーの構成要素の中で，主となる構成要素を併記した。

## Ⅲ．結論

　入院中の重大な他害行為を行った精神障害者の前向きさを取り戻したプロセスを解明し，有効な看護支援の示唆を得る目的で，医療観察法入院処遇中の対象者に対し，インタビュー調査を行った。その結果，10個の概念と五つのカテゴリーが生成された。【過去の自分から送られる願いの受諾】の意味する，自分の描きたかった人生を，主体的に歩いていく端緒を得るまでに，【邪気のない感情の再生成】《自己支配からの解放》【他者との関係性の中における自己の再構築】の相互作用を経験していた。その全過程は，《ま

第6章　看護学×触法精神障害者　**87**

表6-1　入院中に前向きさを取り戻した経験の概念とカテゴリー

| カテゴリー | 概念名 | 定義 | リカバリーの構成要素 |
|---|---|---|---|
| 1 | まるごと受け入れられ体験 | 精神障害者であり，触法行為者であっても，1人の人間として大事にしている礎を受け止められ，普遍的な安心感を得る体験 | 安心と安全<br>エンパワメント<br>ソーシャル・ネットワーク |
| 2 | 自己支配からの解放 | 自分とダイアローグすることによって，心の平静さとともに我を取り戻すこと | アイデンティティ |
| 3　邪気のない感情の再生成 | 惜しみないやさしさの感受 | これまで経験したことのないようなやさしさを受けることによって，凍てついていた心が解きほぐされていくこと | エンパワメント |
| | 笑い合える喜び | 自分の内的外敵に向かった淀んだ空気を吹き飛ばしてもらい，場に笑顔の花を咲かせる喜びを味わうこと | |
| | 他愛ない日常へのありがたみ | 忘れていた些細な日常世界に感謝を覚えたこと | |
| 4　他者との関係性の中における自己の再構築 | 心地よい距離感の発見 | 人との関係性に悩まされてきた，これまでの経験と異なり，自分に合った，人との付き合い方を見つけたこと | 他者とのつながり<br>将来への希望と楽観<br>アイデンティティ<br>ソーシャル・ネットワーク |
| | 相手目線の思いに添う行動化の獲得 | 相手には相手の思いがあることに気付き，それを理解して行動すること | |
| | 怒り（anger）への碇（anchor）の気づき | 治療プログラムから，人との関係性を壊さないで生きられる術，すなわち他害行為の碇となる術に気付くこと | |
| 5　過去の自分から送られる願いの受諾 | これまでの人生を意味づける勇気 | 他害行為を行うまでの出来事や，入院中の辛い経験を，これからの人生において役立つ経験になると信じること | 将来への希望と楽観<br>生活の意義・人生の意味<br>アイデンティティ<br>責任 |
| | 真摯な生き方への方向付け | 重大な他害行為に意味づけを行い，他者との関係性の中で，自分が真摯に生きていくことを決めたこと | |

88 第Ⅱ部 臨床実践への応用

るごと受け入れられ体験》が基盤になっていた。

　リカバリーの構成要素をプロセスとしてたどることは，対象者に前向きさをもたらしていると思慮された。このような経験は，再他害行為の予防の一助になると考えられ，入院中に経験できることが望まれた。その際に，看護に主要なことは，人として安心感を基盤とした関係性を形成し，支えとなり続けること，病と苦難の中に生きる意味を見出せるように添うことであると示唆された。

## 第2節　触法精神障害者支援への概念活用と再現性検証の試み

### Ⅰ．はじめに

　質的研究方法は，臨床の文脈において，理論と実践の乖離や経験・思考理解などに役立つため，臨床の質の向上には必須な方法である[6]。それは修正版グラウンデッド・セオリー・アプローチ（Modified Grounded Theory Approach; M-GTA）においても例外ではない。実際に，筆者の論文も，学術雑誌の査読者からの好意的な評価を得て，学術論文に掲載された。一方で，M-GTAを含む質的研究には，実践応用に向けた多様な課題が指摘されている[3,15,18]。本稿の目的は，M-GTAのみではなく，質的研究における実践応用の課題[5]の解決に資する挑戦になると考えられる。

　本稿では，M-GTAの研究成果をもとに，M-GTAの発展に寄与する実践応用に向けた経験と，それを踏まえて気づいた今後の課題を報告することを目的とした。

第6章　看護学×触法精神障害者　**89**

## Ⅱ．実際の取り組み

## 1）病棟内・関係諸機関で生成された概念を活用して実践につなげる
### ——臨床への実践応用

### （1）取り組み

　研究成果のフィードバックや研究会等の機会において，当該病棟内や，省庁をまたぐ公的関係機関の実務家等に対し，M-GTA を用いた研究成果を共有した。その結果，一部の臨床家には，概ね実践上のグッド・プラクティスとして理解された。

### （2）成果と評価できたこと

　①多くの医療者や司法関係者にほとんど知られていない，触法精神障害者の回復プロセスの一モデルを示すことができ，一定の理解を得た。
　②実務者と触法精神障害者当事者との間で，回復に関する対話を行う契機になった。

### （3）困難であったこと

　①概念に対し，どのような実践を行うかは，個々の実務家の技量に任された。
　②スタッフの理解の定着がなされなかった。医療観察法対象者の入院プロセスに携わる実務家の多くは，公的機関の職員であり，異動が伴う影響が少なからずあった。
　③M-GTA により導かれた成果（回復プロセス）に応じた臨床アプローチ方法を実施するためには，別の研究を積み重ねて実践を組み立て，効果の検証研究を必要とすると考えられた。M-GTA の評価を行うには，相当な時間を要すと思われた。

## 2）比較による再現性の検証の試み──研究実践への応用

### （1）取り組み

触法精神障害者は複数のシステム下で治療の提供がなされている。このため，医療観察法以外の触法精神障害者処遇システムの下で治療を受けている者を対象として，結果の再現性を試みる調査を計画した。

### （2）成果と評価できたこと

①研究成果として，中長期・短期的に何を目指すのかを振り返る機会になった。
②研究成果と実践の乖離が予測された。

### （3）困難であったこと

①医療観察法における対象者とマッチング可能な特性の患者の抽出が困難であった。
②システムの相違によって提供されている治療や医療提供体制の相違があることの影響を，どのように評価できるかが悩ましかった。
③成果報告頃から，コロナ禍で，実際の調査が困難であった。

## Ⅲ．取り組みを行って気づいたこと

本稿では，M-GTA の成果の実践応用について，臨床実践上の応用と，研究実践上の応用の 2 通りの試みを報告したうえで，今後の課題を報告することを目的とした。質的分析は，従来，リサーチ・クエスチョンが立てられない領域の課題の整理や概念生成の意味合いが強かったであろうが，M-GTAでは概念生成そのものを目的とした固有の特性がある[11]。科学的実践が対応できない解決困難な問題を，「研究する人間」を置き，分析プロセスを明確化することによって実在のものとした[12]。その功績は大きい一方で，データ収集と分析において研究者の相互作用に大きく依存するところに，実践応用の困難さを残していると考えられる。これまでの研究成果を元手に，さらな

る展開を図る方法としては，ギャップ分析やパイロットスタディなどによって研究手法の検証がなされている例もあり[2]，エビデンスに基づいて研究手法の精度を高めることは，求められることの一つであろう。

　筆者らが行った応用の試みの一つとしての臨床実践上の応用は，M-GTAの概念化やストーリーライン化がされたことによって，臨床の実務者に馴染みやすかった。他方で，科学的実践に向けた検証を，継続的に行う必要があった。継続的研究の実践には，筆者の実践方法の不十分さがあったが，それだけでなく，臨床のシステムも阻害要因になることが示唆された。これに対しては，M-GTAに取り組む以前から，実務家の所属の流動性を考慮した研究チームの構成が必要であると思われた。

　研究実践応用に取り組む上では，①研究方法の応用とは何を指すのか，②望まれる実践応用とは何か，に迷った。この背景には，実装における質的分析の位置づけの不明瞭さ[17]が関連すると思われた。M-GTAの成果をどのように生かすことが「実践応用」になるのかは，研究テーマをどのように発展させたいかに関する，個々の研究者の意向と連動するのではないかと考えるとすると，いくつかの長期的なゴールのモデル化が必要かもしれない。また，そのための科学的実践手法を整理できることが望まれた。

　多様な課題はあるが，これまでの研究成果をもとに研究方法を改良し発展へと導くプロセスを経験できることは，非常に尊いことである。長期的な展望のうちの短期的なゴールをいくつも積み重ね，M-GTAを育てていくことが重要であると思われる。M-GTAの発展の道筋が抽象的な問題であればあるほど，この問題に挑めるのは，M-GTAの研究者しかいないのではないかと思われる。今後も，M-GTAの発展に貢献できれば幸いである。

## IV. 結論

　M-GTAの臨床応用の発展のためには，M-GTA固有の特徴を生かしつつ，科学的実践につなげる多様な発展形と，科学的実践方法を整理する必要があるのではないかと考えられた。

## 文献

1) Adams, J., Thomas, S. D. M., Mackinnon, T., & Eggleton, D.（2018）The risks, needs and stages of recovery of a complete forensic patient cohort in an Australian state. *BMC Psychiatry,* **18**（1）, 1584-1588.

2) Alnsour, M. A.（2022）Using modified grounded theory for conducting systematic research study on sustainable project management field. *MethodsX.* 2022; 9: 101897. doi: 10. 1016/j.mex.2022. 101897.

3) An open letter to The BMJ editors on qualitative research. BMJ 2016; 352. doi: https:// doi.org/10. 1136/bmj.i563

4) Cavelti, M., Kvrgic, S., Beck, EM, Kossowsky, J., & Vauth, R.（2011）Assessing recovery from schizophrenia as an individual process. A review of self-report instruments. *Eur Psychiatry.* **27**（1）, 19-32.

5) Hagaman A, et al.（2021）How are qualitative methods used in implementation science research? A scoping review protocol. JBI Evid Synth. 2021 Jun;**19**（6）:1344-1353. doi: 10. 11124/JBIES-20-00120.

6) Hamilton, A.B. & Finley, E. P.,（2019）Qualitative Methods in Implementation Research: An Introduction. *Psychiatry Res.* 2019 Oct; 280: 112516. doi: 10. 1016/j. psychres.2019. 112516.

7) 今村扶美（2014）「犯罪加害者に対する精神医学的アプローチ　医療観察法指定入院医療機関における「加害者」へのアプローチ――「内省プログラム」を通してのかかわり」『司法精神医学』**9**（1）, 114-118.

8) 今村扶美・松本俊彦・朝波千尋・出村綾子・川地拓・山田美紗子・網干舞・平林直次（2013）「医療観察法における「内省プログラム」の開発と効果――待機期間を対照群とした介入前後の効果測定」『精神科治療学』**28**（10）, 1369-1378.

9) 今村扶美・松本俊彦・藤岡淳子・森田展彰・岩崎さやか・朝波千尋他（2010）「重大な他害行為に及んだ精神障害者に対する「内省プログラム」の開発と効果測定」『司法精神医学』**5**（1）, 2-15.

10) 菊池安希子（2017）「精神障がい者のリカバリー」『精神保健研究』64, 21-26.

11) 木下康仁（2013）『M-GTA の分析技法，ライブ講義 M-GTA ――実践的質的研究法　修正版グラウンデッド・セオリー・アプローチのすべて』弘文堂，pp. 28-34.

12) 木下康仁（2020）『定本 M-GTA ――実践の理論化をめざす質的研究方法論』医学書院.

13) Leamy, M., Bird, V., Le Boutillier, C., Williams, J., & Slade, M.（2011）Conceptual framework for personal recovery in mental health: Systematic review and narrative synthesis. *e British Journal of Psychiatry,* **199**（6）, 445-452.

14) Mann, B., Matias, E., & Allen, J.（2014）Recovery in forensic services: Facing the challenge. *Advances in Psychiatric Treatment,* **20**, 125-131.

15）Mazzucca, S., Tabak, R. G., Pilar, M., Ramsey, A. T., Baumann, A. A., Kryzer, E., Lewis, E. M., Padek, M., Powel,l B. J., & Brownson, R. C.（2018）Variation in research designs used to test the effectiveness of dissemination and implementation strategies: A review. *Front Public Health*. doi: 10. 3389

16）Olsson, H., & Schön, U. K.（2016）Reducing violence in forensic carehow does it resemble the domains of a recovery oriented care? *Journal of Mental Health*, **25**（6）, 506−511.

17）QualRIS（2019）*Qualitative methods in implementation science*. Division of Cancer Control and Population Sciences, National Cancer Institute. https://cancercontrol. cancer.gov/IS/docs/NCI-DCCPS-ImplementationScience-WhitePaper.pdf（2023 年 12 月 31 日確認）.

18）Raskind, I. G., Shelton, R. C., Comeau, D. L., Cooper, H. L. F., Griffith, D. M., & Kegler, M. C.（2019）A review of qualitative data analysis practices in health education and health behavior research. *Health Educ Behav*. 2019 Feb; **46**（1）: 32−39. doi: 10. 1177/1090198118795019.

19）Schaufenbil, R. J., Kornbluh, R., Stahl, S. M., & Warburton, K. D.（2015）Forensic focused treatment planning: A new standard for forensic mental health systems. *CNS Spectrums*, **20**（3）, 250−253.

20）Shepherd, A., Doyle, M., Sanders, C., & Shaw, J.（2016）. Personal recovery within forensic settings: Systematic review and meta-synthesis of qualitative methods studies. *Criminal Behaviour and Mental Health*, **26**（1）, 59−75.

21）Shinkfield, G., & Ogloff, J.（2014）A review and analysis of routine outcome measures for forensic mental health services. *International Journal of Forensic Mental Health*, **13**（3）, 252−271.

22）Simpson, A. I., & Penney, S. R.（2011）. The recovery paradigm in forensic mental health services. *Criminal Behaviour and Mental Health*, **21**（5）, 299−306.

23）Slade, M., Amering, M., & Oades, L.（2008）Recovery: An international perspective. *Social Psychiatry and Psychiatric Epidemiology*, **17**（2）, 128−137.

24）山口創生・松長麻美・堀尾奈都記（2016）「重度精神疾患におけるパーソナル・リカバリーに関連する長期アウトカムとは何か？」『精神保健研究』**62**, 15−20.

第7章

# 医学×中途障害者支援者

和田真一

## 第1節　脳損傷による中途障害者の長期的な主体性回復のプロセス

### I．研究概要

### 1）研究背景とモチベーション

　一般に脳卒中や脳外傷などで障害が残ると，当初は医療者主導の治療やリハビリテーションで患者は依存的な立場に置かれることが多い。退院後は，受傷前と現在を比較し，いつまでも「よくなっていない」と考え，自信を失ったり閉じこもったりする傾向がある。しかし，発症から数年経っていても，できないと思っていた楽しみや役割を果たせた体験などで少しずつ主体的な姿勢へ転換したことにより，生活を自分らしく構築できていくケースを経験することがある。「主体性」を持って新たな生活の構築ができてくると，能力面でも回復がみられることもあり，発症以前にも増して活動的に生活している中途障害者もいる。そして，本人の主体性を促すように適切に関わっている支援者も多くいる。新たな生活を構築するうえでは「主体性」が重要な役割を果たすと考えられた。しかし，患者が主体性を持ち，生活の長期的な改善が見られるケースは，特殊事例として扱われがちで，十分な検討ができていなかった。

　英語では"autonomy"が「主体性」と近い概念と思われ，看護・介護場面や患者中心のリハビリテーションを論じる際に"autonomy"の重要性を強調した報告がある。しかし，私たちはそれらが「主体性」の一部分しか表して

第7章　医学×中途障害者支援者　**95**

おらず，その全体像を明確化する必要があると考えた。

## 2) 研究目的・研究意義

　障害のある人が主体性を回復し，活動的に自分らしい人生を歩むようになる過程は人それぞれで多様だが，一定の傾向がないわけではない。これらは決して特殊なチャンピオンケースではなく，言語化や体系化ができていないだけであるという思いで研究をはじめた。

　本研究の目的は，脳損傷による中途障害者の長期的な改善につながる「主体性回復のプロセス」と，その回復を促す「周囲の関わり方」を理解しやすい形にしたモデルを作成し，明らかにすることである。

　研究は良い取り組みを一般化し，臨床応用することで，障害者を支援する人の根拠となり，より多くの中途障害者が自分らしい人生を構築できることを目指している。

## 3) 分析テーマ・分析焦点者・研究協力者

### (1) 分析テーマ：脳損傷による中途障害者の改善にかかわる主体性の回復と周囲のかかわり方のプロセスを明らかにする

　本来ならば「主体性回復のプロセス」「周囲のかかわり方のプロセス」の二つに分析テーマを分けるべきという指摘があった。しかし，主体性回復プロセスのみを明らかにしたところで「それが何になるのか？」と研究の臨床的意義に疑念を抱かれかねない。私たちは最初から臨床応用を見据えて，「適切な支援につながる理論」を明らかにするという目標があり，「主体性回復のプロセス」に合わせた適切な「周囲の関わり方」を切り離して研究することができないと考えた。そのため，二つのプロセスを一緒に生成した。

### (2) 分析焦点者：脳損傷者に携わる周囲の人々（医療職，専門職，家族など）

　分析焦点者について方法論的限定の原則からは「もっと限定すべき」という指摘があった。医師か，理学療法士か，配偶者かによって「見せる顔」や「かかわり方」が異なるからである。これは，個性学でいうところの「コン

96　第Ⅱ部　臨床実践への応用

テクストの原理」である[1]。多職種による会議などで「あの人は，専門職それぞれに違う顔を見せるよね」となった場合，「どれが本当の本人か？」の議論になることがある。しかし，私たちは「本人が見せる多様な顔のいずれもが『本当の本人』である」と捉えて支援している。医師，理学療法士，配偶者のみに限定した本人のプロセスやかかわり方を明らかにしたところで，チームでかかわる臨床では役に立たない理論になると考えた。私たちは，「本人を支える家族を含めた多職種チームとしての根底の共通点を明らかにする」という既成の概念や理論では説明がつかなかった現象を説明する理論やモデルをつくるという目標を持ち，この分析焦点者の範囲での一般化可能性を探った。

### （3）研究協力者

　進行性疾患ではない脳損傷が原因で，中途障害がありながら長期にわたり生活の回復が得られた症例。

## Ⅱ．結果図とストーリーライン

### 1）結果図（図7-1）

　「周囲から見た本人の経過」「周囲の関わり方」の観点から図示した。なお，図中の回転軸①〜④毎にこれらの関係性を別途作図したが，本稿では省略した。

### 2）ストーリーライン

#### （1）周囲から見た本人の経過

　脳損傷による中途障害者の改善にかかわる主体性の回復プロセスにおいて，病状の安定と経済的・社会的安定が回復のベースとなる。プロセスの第0段階は「実際にできないことを認識できない」状態から始まり，「自身の障害像を認識する」と「行動を起こしづらい状態」の第1段階となる。そこから，「自分でやろう・変わろうとする」「できることがある」と考える第2段階の「行動を起こす準備段階」に進んでいく。さらに「自分を客観的にみられる」「自ら行動を起こす」「行動をうまく行えると信じる」となる行動を

第7章　医学×中途障害者支援者　97

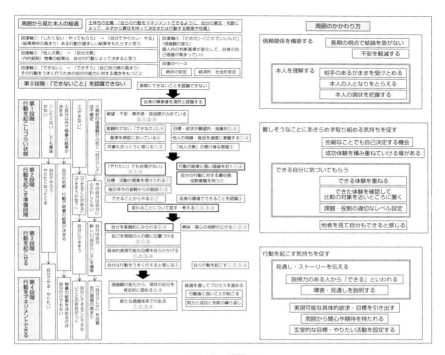

図7-1　結果図

起こせる第3段階になり，価値観の変化から，現状の自分を肯定的に認め，新たな価値体系での生活を送る第4段階へと至る。

　プロセスに含まれる回復軸として四つ，「①：結果期待の高まり」「②：自分以外で物事の結果が決まる→自分次第」「③：自己効力感の高まり」「④：価値観の変化」を想定した。

### (2) 周囲の関わり方

　脳損傷による中途障害者の改善にかかわる主体性を促す周囲のかかわり方では，かかわりのベースとして「信頼関係を構築」し，「①：難しそうなことにあきらめず取り組める気持ちを促す」「②：行動を起こす気持ちを促す」ことが重要である。四つの回復軸のプロセスの段階に合わせた適切なかかわり方を配置した。

98　第Ⅱ部　臨床実践への応用

# 第 2 節　主体性回復プロセスの階段評価

## Ⅰ．はじめに

　「モデルはたたき台になればいい」を支えにやってきた。M-GTA を用いて「障害のある人の長期的な改善を促す主体性」の質的研究を開始して，最初の論文投稿まで 2 年，そこから査読・revise・reject を繰り返して 2 年，実に 4 年間をかけて三つの論文とした。この過程で何度も「本質が見えた気がする」と思いきや，「現実を表せていない，だめだ」と再び悩むことを繰り返した。中途障害者の主体性の研究という注目されてこなかった視点での論文は，投稿しても理解されずに reject された。行きづまると周囲の人との議論や研究会議が研究を進めてくれた。そんななか，どこへ向かうのかわからなくなったときの支えは，当時在籍していた帝京大学大学院公衆衛生学研究科の中田善規先生からの言葉だった。「モデルは現実を分かりやすくデフォルメした地図のようなもの。細かく言えば現実と合わないことがあるのは当然で，分かりやすさとのトレードオフ。モデルが今後の議論のたたき台になればいい」。そうして完成し，論文化された「主体性回復モデル」だが，発表当初は確固たる自信を持てず，半信半疑だった。

　しかし，論文として公開されたからこそ，モデルを見てくれた幅広い専門職から好意的な感想や評価をいただけた。まさにモデルが議論のたたき台となり，「思っていたことが言語化されていて，整理されました」「職場での共通認識としています」などの言葉をいただいたことが何より嬉しかった。

　そして，質的研究の成果を実践応用している臨床現場では，モデルが共通認識としてあることで多職種での議論がしやすくなった。現在，質的研究をベースにした主体性回復段階の評価を目指した量的研究を進行中である。

## Ⅱ．主体性回復モデル──サマリー

　研究開始当初，三つのリサーチクエスチョンを挙げた。①障害のある人が主体性を「どのように」回復（再獲得）していくのか，②主体性を回復する

と「何が」改善するのか，③周囲が「どのように」関われば主体性を回復していけるのか．

完成した「主体性回復モデル」（図7-2）において，脳損傷による中途障害者がその人らしい生活を構築していくための「主体性」は，「意欲」「自分次第という考え」「自信」の3要素で構成され，「認知」が下支えするとしている．主体的になったのちには「新しい価値観」へ転換していく方もいると想定しており，これが「障害受容」に相当すると考えられる．プロセスは5段階を想定しており，第0段階「できない事を認識できていない」，第1段階「行動を起こしづらい状態」，第2段階「行動を起こす準備段階」，第3段階「行動を起こせる」，第4段階「行動（生活全体）をマネジメントできる」としている．

## III．M-GTA 後の実践

質的研究により中途障害者の主体性回復プロセスをモデル化し，「主体的な人」＝「客観的に自分と環境を理解できていて『意欲』『自分次第という考え』『自信』の三つが揃っている人」までは説明できた（図7-2）．これを用いて実臨床の考え方の助けとしている（図7-3，図7-4）．

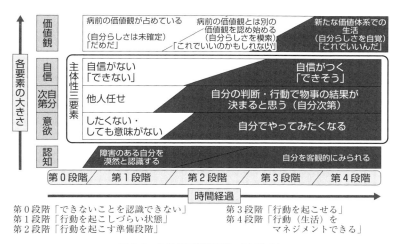

図7-2　**主体性回復モデル**（文献2）

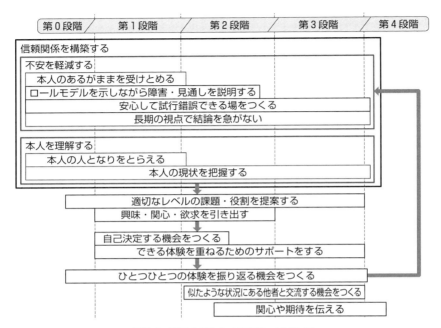

図7-3 周囲の関わり方モデル（文献3）

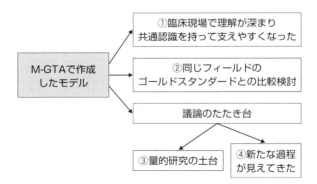

図7-4 M-GTAを用いて作成したモデルの実践応用のイメージ

## 1）主体性回復モデルがあることで，臨床現場でケースの現状理解が深まり，共通認識を持って支えやすくなったことが実感できた

　中途障害者にかかわるスタッフ間のケースカンファレンスでは，モデルを念頭にして「私はこのケースの現状を第○段階と考えます」などの議論から，お互いの評価とアセスメントを共通の土台で比較検討でき，ケースへの理解が深まった。今後の方針についても主体性の回復段階（第0段階〜第4段階）に合わせた「適切なかかわり方」を念頭にすると，今後のリハビリテーション方針を共有しやすくなった。これは施設間のカンファレンスでも有効である。私は常勤先のリハビリテーションクリニックで外来・入院・訪問・通所の生活期リハビリテーションのマネジメントをしているだけでなく，地域の地区ケア会議への参加，福祉の自立訓練のケースマネジメントの相談なども行っている。生活期リハビリテーションはひとつの施設だけで問題が解決することはなく，多施設の多職種が現状の評価・アセスメントを共有し，目標や方針を統一する必要がある。しかし，複雑な事例では，患者が各職種の前で見せる態度や能力が異なることも多く，カンファレンスでの方針統一が困難なこともある。そこで，このケースの主体性は「何段階なのか？」という問いでカンファレンスを進めると，バラバラに思えたいろいろ側面が整理しやすくなり，それぞれの職種の理解も深まり，今後の方針統一がしやすくなるという経験を重ねている。

## 2）同じフィールドのゴールドスタンダードな理論との比較検討

　脳損傷後の長期にわたる生活期リハビリテーションというフィールドにおいて，従来からリハビリテーションの教科書に必ず載っている障害受容論と質的研究で作成した「主体性回復モデル」との比較も考察して発表した。

　「障害受容論」と「主体性回復モデル」は時間経過に沿ったモデルで，最終形は価値観の変化による適応段階（障害受容）を想定している点や，行きつ戻りつの道のりを想定している点，複雑な過程をよりよく理解して周囲の人が適切な態度を取るためのものである点で類似している。一方，相違点は，「主体性回復モデル」では，「障害受容論」の「解決への努力期」に相当する段階を比較的詳細に扱っている点であり，どのようにして病初期の混乱

102　第Ⅱ部　臨床実践への応用

している状態から自分らしい行動を起こせる状態になるのかを五つの要素について段階分けして考えることができる。加えて，適応段階（障害受容）に至る前の第3段階で「主体性」3要素は揃い，最終的な価値観の転換である「障害受容」に至らなくても積極的な生活態度から活動・参加の拡大を目指すことができると考えている。

　この「障害のある人の主体性を支えていく」という考え方での支援は障害受容を促すという支援よりも対応方法やアプローチが考えやすいとも考えられる。たとえば，支持物を用いないと立位保持ができない身体能力で在宅生活をしている脳卒中の片麻痺患者が「自分はゴルフがしたい」と言った場合を想定する。障害受容論を誤って用いてしまうと「この人は障害受容ができていない」と考え「ゴルフではなくまずは立位の練習からですよ」と本人に自分の身体能力を理解させるべく，基本練習の必要性を強調することが予想される。これを「主体性回復モデル」で考えると「主体的にやりたいと言っているゴルフをなんとかやれる方法はないか」と考えて，転倒しないように他者が腰を支えながら本人にゴルフクラブを振ってボールを打ってもらうという支援も考えに入る。実際に，最初は介助されながらでも楽しくゴルフボールを打っているうちに，立位練習へのモチベーションも上がり，立位バランスが改善し，歩行能力も改善したケースがある。

## 3）モデルがたたき台となって，量的研究が進んでいる

　主体性量的研究会議を1〜3カ月に1回ペースで開催し，議事録などの一部は Web で公開している（https://shutaisei.blog.jp/）。医師，セラピスト，福祉職で，主体性回復段階評価の質問票やフロー図などを試作・試用し，ディスカッションしている。現場で使うため，複雑で細かいものではなく，分かりやすく大まかに捉えられる一定の評価を想定している。ICF の構成要素を念頭に本人を把握し，本人の「言葉・態度（≠考え）と行動」「目標の重要性」「目標と行動の関連性」「本人と周囲の評価者の考えのギャップ」などから「主体性回復段階評価表」を用いて評価を試みている。

　主体性回復モデルと同様に，主体性回復段階評価表の下位項目は五つの要素：認知，意欲，自分次第という考え，自信，価値観で構成している。それぞれ第0〜4段階の段階ごとに特徴を表にしている。試作の表を使った主体

第7章 医学×中途障害者支援者 **103**

性回復段階の量的評価のパイロット研究を多施設でおこない，結果は2023年のAnnual Assembly of AAPMR（American Academy of Physical Medicine and Rehabilitation）で発表した（ポスターは次のURLでダウンロード可能：https://researchmap.jp/swada-8/presentations/44104341）。パイロット研究を踏まえ，研究会議で議論を重ね，2023年3月に評価表のフルモデルチェンジを行った。2024年1月現在のバージョンを表7-1に示す。

## 4）モデルがたたき台となって，主体性の新たな回復過程が見えてきた

　モデルを多職種で臨床場面で使用することにより，モデルがたたき台となった議論がなされ，主体性の支え方の一般化・体系化の理解がさらに深まってきた。評価を重ねるうちに，モデルと異なる経過をたどるケースシリーズが抽出され，評価表の改訂にいたった。

　もともとのモデルは第1段階で自信がなく，行動が出ない人がベースになっていた。自信がなくて動けない状態から，徐々に自信がついて動き出すパターンだった。しかし，これにあてはまらず，障害に全く気づいていないまま行動する→障害を認識してきたが行き当たりばったりの行動をしている→気づきが進んだ試行錯誤の行動になる，と進むパターンが一定頻度あり，モデルでの評価をしようとする者の頭を悩ませた。この新たなパターンを設定し，自信の第1段階の「できそうなことにも自信がない」に加えて，「行動の難易度の評価が適切でなく，過小評価と過大評価が混在している」を追加したため，自信が同じ第1段階でも二つの臨床像が混在することになっている。今後は，適切なかかわり方を体系化・一般化するために妥当性を検討していく。

## Ⅳ．まとめ

　M-GTAを使用した研究結果は自信を持って有用性を臨床現場へ伝えていくべきだとあらためて感じている。M-GTAを用いて作成したモデルが複雑な臨床ケースの理解を助け，支援者間の共通認識を生み出せる有用性を確認でき，当初考えていた「議論のたたき台」となれた。研究結果を臨床現場に

**104** 第Ⅱ部　臨床実践への応用

## 表7-1　障害のある人の主体性回復段階評価表

・各要素ごとに段階の特徴やできることが箇条書きになっています。あてはまる段階を選んでください
・枠内に相反する記載もあるため，枠内にあてはまる項目とあてはまらない項目があっても，あてはまる特徴があるならその段階としてください。
・あてはまる要素が複数の段階にまたがった場合は，「できること」が進んでいるなら上の段階，どちらの特徴も存在するなら中間の段階としてください。
　　　例：1段階のことも「できる」，2段階のことも「できる」なら「2段階」。1段階と2段階の特徴が混在しているなら「1.5段階」
・判定に迷う場合は，下段の「参考となる言動・状態」で臨床像のイメージをつかんで，判定の参考にしてください
・各要素の段階の一番低い段階が「総合段階」になります

| 要素 | 第0段階<br>自身の障害像が認識できない | 第1段階<br>適切な行動を起こしづらい | 第2段階<br>主体的な行動を起こす準備段階 | 第3段階<br>主体的な行動を起こせる | 第4段階<br>行動（生活）をマネジメントできる |
|---|---|---|---|---|---|
| 認知 | ・現状の自分の障害像が認識できない | ・自分の障害像を漠然と認識する<br>・部分的に障害を認識し，自分の障害について一般的な説明はできる（知的気づき） | ・自分の障害と実際の生活の具体的な問題を結び付けて考えることができる（体験的気づき）<br>・自分の障害と環境でできそうな生活イメージがついてくる | ・自分の障害と環境で起こりそうな問題を予測できている（予測的気づき） | |
| | | (自分の障害や環境因子を客観的に理解できていないため)<br>・「できないこと」と「できること」の認識ができない<br>・依頼すべきことと自力でやるべきことの区別ができない<br>(0：自分の障害が認識でいていない<br>→1：障害の生活への影響が認識できていない) | ・発症後の改善したことに目が向いてくる<br>・障害の現実的な予後を理解し始める（機能的に元に戻りたいと考えていても） | ・自分の障害を環境因子も含めて客観的に理解できている<br>・依頼すべきことと自力でやるべきことの区別ができる | |
| 意欲 | | ・「やりたい活動・参加」が特にない<br>・機能回復以外の「活動・参加」への意欲が乏しい<br>・受け身での行動はある<br>・今の身体機能・高次脳機能・環境で「できそうな活動・参加」を提案されても拒否的 | ・今の身体機能・高次脳機能・環境で「やりたい活動・参加」をやってみようという気持ちになる（行動の有無は問わない）<br>・今の生活をより良くするための行動をしている（試行錯誤含む） | ・実現可能な目標を自ら掲げる<br>・興味・関心の視野が広がる<br>・実現可能な範囲で「活動・参加」している | |

第 7 章　医学×中途障害者支援者　**105**

表 7-1　（つづき 1）

| 要素 | 第 0 段階 自身の障害像が認識できない | 第 1 段階 適切な行動を起こしづらい | 第 2 段階 主体的な行動を起こす準備段階 | 第 3 段階 主体的な行動を起こせる | 第 4 段階 行動（生活）をマネジメントできる |
|---|---|---|---|---|---|
| 自分次第という考え（責任感） | | ・自分の意思決定・行動次第でどうにかしようと思っていないor どにかできると思えない<br>・他人任せ・受け身である | ・自分の意思決定・行動でどうにかしようと思っている（どうにかしたい気持ちがあれば行動の有無は問わない）<br>・指示待ちの姿勢から脱却し，行動が伴う | ・決定したことによる結果は人のせいにせず，自らが責任を負う考え | |
| 自信 | ・過剰な自信がある（行動の難易度を過小評価していることが多い） | ・できそうなことにも自信がない（行動の難易度を課題に評価していることが多い）<br>・行動の難易度の評価が適切でなく，過小評価と課題評価が混在している | ・行動の難易度を適切に評価し始める（自信は揺れ動く） | ・行動の難易度を適切に評価している（できそうなことを「できる」，できないことを「できない」と適切に判断できる） | |
| 価値観 | ・病前の価値観が占めている（障害の認識はできていない） | ・病前の価値観が占めている（障害の認識は（漠然とでも）できている）<br>・いまの自分はだめだ<br>・新たな自分らしさの探索に踏み出さない | ・病前の価値観とは別の価値観を認め始める<br>・これでいいのかもしれない<br>・新たな自分らしさを模索する | ・新たな価値観を認めつつも価値観は揺れ動く | ・新たな自分らしさを自覚している<br>・自尊感情が高まる<br>・これでいいと思える |

実践応用したことで，実際に現場のより良いプロセスとアウトカムに貢献できると実感している。

　ならば，この共通認識を定量的に評価できるはずと考えてモデルを元にした量的評価方法を検討している。モデルがあることで，モデルにあてはまらない経過をたどるケースの検討もできるようになってきている。主体性回復段階評価表のパイロット研究からさらなる評価表の改善を検討している段階である。

## 文献

1) トッド・ローズ著／小坂恵理訳（2019）『ハーバードの個性学入門——平均思考は捨てなさい』早川書房.

2) Wada, S. & Hasegawa, M.（2019a）The long-term process of recovering self-leadership in patients with disabilities due to acquired brain injury. *Japanese Journal of Comprehensive Rehabilitation Science*, **10**, 29-36.　https://square.umin.ac.jp/jjcrs/2019_29-36j.pdf

3) Wada, S. & Hasegawa, M.（2019b）The long-term process of recovering self-leadership in patients with disability due to acquired brain injury: II. Interactions with surrounding people that promote recovery of self-leadership. *Japanese Journal of Comprehensive Rehabilitation Science*, **10**, 50-59.　https://square.umin.ac.jp/jjcrs/2019_50-59j.pdf

第 III 部

# 教育実践への応用

第8章

# 教育学×養護教諭

平川俊功

## 第1節 高等学校における養護教諭の行う生徒への発達支援に関する考察

## I. 研究概要

### 1) 研究背景

　養護教諭の職務は，学校教育法によって「養護をつかさどる」と規定されており，児童・生徒の健康を保持増進するための活動を行っている[3-5),9-10)]。さらに，近年急激に増加した学校現場での児童・生徒の心の健康問題の深刻化に伴って，養護教諭の健康相談活動の役割の重要性が指摘され[8)]，養護教諭の資質の向上や研修の充実などが議論され，養護教諭の複数配置などが実現している。

　養護教諭は，日常的には学校保健に関する情報の把握，集団及び個人を対象とした保健指導，心身及び健康生活に問題を有する児童・生徒への個別指導，救急処置・体制整備，健康診断，学校環境衛生活動，健康相談，保健室運営などを通して児童・生徒の健康を保持増進するための多岐にわたる活動を実践している。筆者らは養護教諭の専門性は，学校において「看護・医学」や「健康に関する知識・技能」を基盤に教育活動を行うことであると考えている。特に，養護教諭の実践活動を通して行われる「発達」支援は，生徒の一人ひとりがその生徒なりの「発達」を遂げて自己実現に向かうプロセスに，保健室での養護教諭の対応（支援）とその影響を及ぼすことであり，養護教諭固有の教育活動であると考えている。

しかし，養護教諭の職務としての「発達」支援については，教育活動として評価されているとはいいがたい現実があるのではないか。このことは，養護教諭が自らの実践を評価し，専門性を自覚し，キャリア発達につなげにくい一因にもなっている。小倉[8]，後藤[1]は「養護教諭の専門性を明らかにするために養護教諭の職務内容や専門的機能を明らかにする必要がある」と指摘し，山道らは，「養護教諭が自らの実践活動に価値を見出しにくいこと」が養護教諭のキャリア発達に影響しているのではないかと指摘している[6-7),11-12)]。これらは，養護教諭の専門性の自覚とキャリア発達のためには，実践の具体的内容の意味や意義を提示することが必要であることを示唆している[2)]。

## 2) 研究目的・研究意義

本研究では養護教諭の生徒への「発達」支援の教育活動について明らかにし，養護教諭の行う「発達」支援の意味や意義について検討することを目的とする。養護教諭が行う教育活動として「発達」支援の内容を提示することができれば，教育実践評価を可能にし，養護教諭自身が専門性とその意味や意義を自覚した「発達」支援を実践することを促すと思われる。

## 3) 分析テーマ

### (1) 研究協力者

インタビュー調査にはA県内公立高等学校に勤務する養護教諭9名に協力をお願いした。インタビューに協力をしてくださった養護教諭の年齢は27歳から60歳で平均年齢は46.3歳であった。勤務経験年数は4年から39年であり養護教諭の実務経験年数は平均22.7年であった。

対象は，養護教員会で知りえた学校の情報および勤務年数の情報を通じて，研究の主旨に賛同し，了解の得られた協力者である。高等学校勤務の養護教諭を選択したのは，義務教育後の学校では，生徒が進路選択に直面する場面が多く心身の変化に対する不安等も多いと予測し，社会への自立を目前にした生徒への養護教諭の「発達」支援には，一社会人としての自立に向けての意図的な支援があると考えたからである。

## 110　第Ⅲ部　教育実践への応用

### (2) 分析テーマおよび分析焦点者

　分析テーマは「養護教諭が生徒に行っている"発達"支援のプロセス」とし，分析焦点者を「養護教諭」とした。分析の手順として，研究者自身の問題認識，分析テーマ，分析対象者に照らして，インタビューにおいて最も内容が充実していたという実感がもてたC氏の逐語録から分析を始めた。一事例目のC氏のデータ全体にざっと目を通した後にA4判1枚ずつ分析テーマに基づき，データの中で関連のありそうな箇所に着目し，それをバリエーションとして解釈し，定義，概念名，理論的メモの順で分析を行った。分析には分析ワークシートを用い，2事例目から最後の事例まで同様に分析した。生成した概念と他の概念との関係を個々の概念ごとに比較検討しながら，関係を検討した。複数の概念の比較検討を通してカテゴリーを生成し，カテゴリー相互の関係からストーリーラインとして分析結果をまとめた。

## Ⅱ．結果図とストーリーライン

### 1) 結果図について

　M-GTAにおいて，結果図の作成は分析の結論として最も重要とされる。本論文執筆時，初学者であった筆者にとってその作成は困難と思われた。本論文には結果図を付していない。その理由として，筆者が初学者であったことから，前述のとおり結果図の作成は困難を極めたことが第一の理由である。しかし，分析の結果を二次元の図に落とし込む作業は幾度も行い検討した。図の作成に用いる○（マル）などの記号やその大きさ，動きや時系列を示す矢印の線の太さや種類などがほんの少しデザインが異なったり，大きさや角度が違ったりしても，結果やプロセスは十分に表現しきれないのではないかとの危惧を抱いた。そこで，過去のM-GTAの質的研究を用いた論文を検索し，論文中に結果図を示していない論文を見出したこともあり，誤解を与えかねない不十分な結果図を示すことを断念した経緯がある。

### 2) ストーリーライン

　養護教諭は，他の教室と異なる静かさや家庭的雰囲気を有する保健室に毎

日居て，保健室の静かさや秩序を保つことによって『「人心地つく場所」の提供』をしている。それは，心身の平静を揺るがすことや傷病が発生することがあればいつでも対応する，という暗黙の安心と，平静を取り戻す場を確保・提供することであり，何かあっても心配ないという，生徒への『「大丈夫という安心」の提供』となる。さらに，生徒が保健室に来室したとき，その場で生徒一人ひとりの存在そのものを言葉や視線で確認するという『「承認」のやりとり』をすることで，さまざまな理由で来室する生徒の状態の『ありのままの受容』をする。また，養護教諭は救急処置の一連の手順の中で苦痛の軽減や励ましの手段としてのタッチングを行う。その身体接触は生徒にとって安心をもたらす快感でもあり，苦痛が軽減されるという意味合いを持つと同時に他者との間に形成される愛情・信頼の絆の形成に影響している。

　これらによって，生徒は養護教諭との人間関係（かかわりの事実）から，信頼関係を結ぶ心地よさ，快さ，人間関係における成功体験，時にはぶつかり合いやその人間関係の修復などの感覚を体得している。これが養護教諭の行っている【安心・安全・安定の提供と保障】である。また，養護教諭は来室した生徒の『「成長過程における課題」のアセスメント』を行い，並行して「心身の危機状況のアセスメント」も行う。日々の観察も加えて心と身体の両面の発達の過程における【成長発達への気づき】から，さまざまな分析をしている。

　さらには，保健室を学びの場として『自己コントロールすることの場の提供』を行い，保健室でも生徒が学校や社会のルールを守ることの学びを促している。救急処置や相談等の場面を活用しながら，心身にかかわる専門的な知識・技能を通して，『「心と身体」を統合させる支援』を行っており，これらのことは生徒一人ひとりが生きていくために必要な知識の獲得となり，よりよい行動選択，課題解決においてアサーティブな方法を実践していくことができるように【自己コントロールする力をつけるための手助け】となっている。ともすると，さまざまなことから逸脱しやすい思春期・青年期において，直面する課題に関して自己統制しながら対峙し，引き受けたり，挫折したり，乗り越えたり解決していくことは，人間の成長の前提として必要な学習の場と知識や技術を提供していると考えられた。

養護教諭は必要に応じて心と身体に関する科学的知識を教授し，人として
よりよく生きていくための行動化につなげる教育活動を行うことによって発
達を支援していた。

## 3）まとめ

本研究では，高等学校に勤務する養護教諭 9 名に半構造化面接を行い，
M-GTA を用いて《養護教諭の行う「発達」支援》を分析テーマとして分析
した。その結果，養護教諭は『「人心地つく場所」の提供』『「大丈夫という
安心」の提供』『「承認」のやりとり』『ありのままの受容』を包含する【安
心・安全・安定の提供と保障】カテゴリーと，『「成長過程における課題」の
アセスメント』『「心身の危機状態」のアセスメント』を含む【成長発達への
気づき】カテゴリー，『自己コントロールする場の提供』『「心と身体」を統
合させる支援』を含む【自己コントロールする力をつけるための手助け】カ
テゴリーを生成した。

養護教諭は職務の特性や保健室の機能の特性を生かして，生徒本人が発達
段階におけるさまざまな課題解決に必要な準備状態をつくることを支援す
る。と同時に心と身体に関する専門的知識や職務の特性を活用して個々の生
徒の心身の変化や課題に気づいて，傷病であれ，心の悩みであれ，成長過程
における課題に直面している生徒に対して「どのような手当」や「どのよう
な養護」が必要であるか判断し，救急処置や相談等の場面を通してタイミン
グよく指導している。

学校において，保健室を拠点として，「看護・医学」や「健康に関する知
識・技術」を基盤に教育活動に生かすという，養護教諭の実践活動を通して
行われる「発達」支援は，生徒の一人ひとりがその生徒なりの「発達」を遂
げて自己実現に向かうプロセスに働きかけるものであり，保健室での養護教
諭の対応（支援）の姿とその影響によって養護教諭固有の教育活動であると
考察する。

## 第2節　養護教諭活動の意味と意義の根拠を明らかにしたこと

### Ⅰ．実務家自身の「問」に対する「解」の足掛かりとすることができた

#### 1)「養護教諭」という実務家の背景

　学校教育職員の職務内容は，「校長」「副校長」「教頭」「主幹教諭」「指導教諭」「教諭」「養護教諭」「栄養教諭」「事務職員」「助教諭」「講師」「養護助教諭」については学校教育法第37条に，学校教育法第60条に「実習助手」「技術職員」，学校図書館法第5条に「司書教諭」，学校保健安全法第23条に「学校医・学校歯科医・学校薬剤師」が規定されている*。

　学校教育法に規定されている各職の職務内容について，特に「教諭」と「養護教諭」とを比較してみる。「教諭」の職務は『教諭は，児童の教育をつかさどる』と定められており，「教育をつかさどる」とは，教科指導だけに限定するものではない。特に，学校教育の目的や目標を達成するために，教育の内容を子供の心身の発達に応じ，授業時数との関連において総合的に編成した学校の教育計画である教育課程が作成され，おおもとには全国どの学校で教育を受けても一定の水準が保てるよう，文部科学省が定めている「学習指導要領」がある。一方「養護教諭」の職務は，「養護教諭は児童（生徒）の養護をつかさどる」と規定されており，2008年中央教育審議会答申において，「現在の養護教諭の役割は，①保健管理，②保健教育，③健康相談活動（学校保健安全法第8条の健康相談に含む），④保健室経営，⑤保健組織活動である」と例示され，同教育審議会答申で養護教諭は学校保健活動推進の「中核的役割」と明言されたところである。

　法で規定されている養護教諭の職務「児童（生徒）の養護をつかさどる」とは「児童生徒の健康を保持増進するすべての活動」と解される。養護教諭にとっても他者（養護教諭とは異なる他の教職員等）にとっても，養護教諭の役割として示された前述の5項目のうち「保健管理」については健康診断や救急処置，学校環境衛生活動といった活動には，法的根拠があり，その目

的や意義やプロセスは容易に理解できよう。「保健教育」についても関連教科や保健室等で養護教諭が行う個別の指導といった枠組みや方法・内容の意義は理解しやすいのではないかと思う。しかし，「保健室経営」やさまざまな訴えで保健室に来室する児童生徒への対応，即ち心と体の両面への対応「健康相談活動（学校保健第8条「健康相談」）」については，保健室で養護教諭がかかわることで傷病の回復だけでなく精神的にも生徒がより健康になる助けとなっている，と養護教諭自身も養護教諭以外の教職員等も認識しつつも養護教諭独自の教育活動として明確な根拠に基づく意味や教育的な意義について言語化されてこなかった。それは，現状の養護教諭養成段階におけるコア・カリキュラムや教授内容に関係することも否定できないとも考察できる。筆者がそうであったように養護教諭自身が，保健室における児童生徒への行為や日々行っている活動が学校における教育活動において，どのような意味や意義を持つのか，そのプロセスや方法，目指すところについても言葉や概念として明確に表現することができていない状況があったと思う。そうしたことは，実務家である養護教諭自身の自己肯定感や自己有用感そして養護教諭の資質能力向上にかかわることではないかと筆者は考えていた。

## 2) 実務家「養護教諭」の自分自身への「問」の「解」を求める作業

　筆者が本論文を執筆した時は「養護教諭」という実務家としての経験年数は20年を超えていた。筆者は養護教諭として着任以来，「養護教諭が保健室で児童生徒に対して行う活動は，学校教育においてどのような意味や意義があるのか。それは，他職種とどのような相違があるのか」という「問」を持っていた。保健室で養護教諭が果たすべき役割において救急処置をはじめとする種々の具体的な活動を通して，担任等の生徒および保護者等へのアプローチとは異なる対応をしていくうちに，生徒たちが課題を解決する行動を起こしたり，心身の健康を取り戻したりしていく（あるはさらに健康になる）という変容が起こる実感は持っていた。しかし，そうした生徒への関わりのプロセスやその行為がもたらす意味や意義について，言葉や明確な根拠に基づく概念として自覚したり他者に説明したりすることのできない自分にもどかしさを感じていた。

　筆者は実務家としての日々の職務と並行して修士課程で研究に取り組み，

その機会に初めて「質的研究」を研究方法として用いて研究を進めたものである。当時，筆者は学校教育現場や養護教諭が構成する研究団体で実施する研究においても量的研究を用いることがほとんどであり，量的データの分析を用いたわずかな研究の経験を持っていた程度であった。修士課程での指導教官（当時，自治医科大学，水戸美津子教授）から本研究の分析方法として，M-GTA を用いてはどうかとの提案を受け，取り組んだものである。

　本研究では，インタビュー対象者は高等学校の養護教諭のみであったが，インタビューに応じてくれた各養護教諭の語りから，養護教諭が生徒に対応するときの意図を「ことば」で表現し「概念化」する作業と，従来の人の障涯発達心理学の研究成果および教諭が担う職務とを照合しながら検討を進めた。この検討から，教諭とは異なる方法とプロセスで生徒の発達支援をしていることを明らかにすることができた。このことは，長く抱えていた実務家「養護教諭」の自分の「問」に対する「解」を得たように感じるものであった。加えて，学校における養護教諭固有の教育活動の在り様を自覚し，日々の養護教諭の生徒への対応が生徒の自己実現を希求することを支援しているという意義を明らかにできたことは，筆者の自己肯定感や自己有用感を高め，アイデンティティの確立に寄与した。

## II．実務家の活動（行為）の「意味」や「意義」について根拠をもって伝える資料として活用

　研究例で示した論文は，筆者が養護教諭という職を経て A 県立総合教育センターで養護教諭の研修を担当していたときに執筆したものである。筆者は，養護教諭という「実務家」としての経験を経て養護教諭の研修に携わる役目につき，その後大学に転任し教職担当として養護教諭を養成することになった。

### 1）養護教諭の「自己肯定感」「自己有用感」を育み，養護教諭としての熟達を促進できる

　筆者は，本論文執筆後に実務家「養護教諭」の仕事に戻り，学校での職務遂行と並行して中堅教員として新規採用養護教諭・養護教諭 5 年経験者・中

堅養護教諭研修といった研修に携わる機会をいただくことが多くあった。その研修会の参加者には，各学校での教育活動における自分の仕事の位置づけや価値に悩んで職を辞すべきか否かと悩んでいる人や，自分の仕事に誇りを持てないと感じている人が少なくない現状があった（研修後に実施した調査結果による）。そうした養護教諭たちに養護教諭が行う健康相談（学校保健法第8条）の講義をするときに，本研究で明らかにすることができた養護教諭の生徒への対応の意味や意義，そのプロセスを示して，養護教諭が生徒に対して行っていることは発達の支援であり，生徒たちが自己実現を希求することへの支援，人格の形成を目指す教育活動であることを伝える研修の方法や資料作成の工夫をした。そうした研修の実践は，養護教諭たちの「自己肯定感」「自己有用感」を高める一助となっていたことや，日々の職務遂行への意欲が高まったという感想が，研修後の評価シートに多く記されていた。しかも，研修終了1～5年後にこの研修の受講生を対象として，養護教諭としての「自己肯定感」や「自己有用感」に関する調査を実施したところ，意欲や行動が研修受講直後とほぼ変化しておらず，日々の職務遂行へのモチベーションを保っているという示唆を得た。

## 2）学生や後進の育成のために根拠ある「ことば」や「概念」を用いて解説することができる

　養護教諭を養成する立場では，現在の養護教諭が担っている五つの役割「保健管理」「保健教育」「健康相談」「保健室経営」「学校保健組織活動」（中央教育審議会答申 2008 年）について教授する側が理解しているだけでなく，この役割一つひとつについて具体的な活動や様相を示し，学生がイメージできるような授業を構築することが求められる。さらに，学生が養護教諭として学校に採用されたときには，職務を支障なく進めることができるように養成することが責務である。学校経営および教育活動において養護教諭は何を担うのか，そしてそれは教育活動においてどのような意味や意義があるのかを自覚し具体的な活動を進めていくことが，教育職員である養護教諭の重要な資質だと思う。

　教育職員免許法で定められている養護教諭養成カリキュラムの中でも「養護概説」「健康相談活動の理論・健康相談活動の実践」という科目は，教諭

とは異なる養護教諭固有の科目である。だからこそ重要な科目だと思っている。この科目で，執筆した研究論文をもとに，他者からは見えにくい保健室での養護教諭の生徒への対応について，学校における養護教諭の具体的な活動や実務経験でのエピソード，そして生涯発達心理学で示されている人の発達の理論とを照合して作成した教材は，養護教諭固有の教育活動の様相と，人の生涯発達におけるその「意味」や「意義」ついて理解を深める授業の根拠資料として活用できたと思う。学校教育現場において，生徒の発達支援という行為が養護教諭の具体的な行動や言動としてどのように表出されているか，実務家である養護教諭がどのような意図で対応しているのか，学生がイメージしやすい授業実践に結び付ける資料として活用できた。

## III.「実践知」の獲得と継承への応用

　筆者は本研究論文執筆後，「養護教諭の資質能力向上」に関する研究に取り組んだ。同時期に教員の質保証という観点から，公立の小学校等の校長および教員としての資質の向上に関する指標として，各自治体で教員の「育成指標」の策定が法で義務付けられ，（公立の小学校等の校長及び教員としての資質の向上に関する指標の策定に関する指針（2022年8月31日改正））各自治体で育成指標を作成し，現在はそれを教員が確認しながら実務経験年数と研修を重ねて熟達化を果たす努力をするという状況である。育成指標は，教員という職がどのように成長していくべきかを示した指針であるが，教員個々には役目の違いや得手不得手もあり，勤務する学校や地域の状況，個人的な健康状態や家族の環境も異なる。各教員に適した育成のあり方は，そうした役割の違いや個人差，個性にも関係するものであろうと思う。職の資質能力は一様に右肩上がりに成長していくとは限らないし，数値で測定できるものではない側面があると考える。そのような考えを持ちつつも，個々の教職員が職務を遂行していくうえで必要な実践力を向上させていくことは，学校教育の質の向上に直接結びついていくものなので重要であることは間違いない。その基盤に「キャリア・アンカー」が確かにあることは重要である。本研究は，養護教諭が資質能力を向上していくうえで必要な「キャリア・アンカー」の部分を示すことができたのではないかと思っている。

第Ⅲ部　教育実践への応用

　実務家は日々の実践という実務を重ねていくなかで「実践知」を獲得していく。「実践知」とは，熟達者がもつ実践に関する知性であるという（ある領域の長い経験を通して，高いレベルのパフォーマンスを発揮できる段階に達した人を「熟達者」とよぶ場合もある）。実務家は実践知をいかし，活動一つひとつについて根拠を基に新しい知見を導入しつつ，それらをさらに実務に生かすことを継続している。養護教諭の職務は，他職種から見るとベールに包まれているようにさえ感じることがあるのではないだろうか。学校教育をチームとして進めるとき，チームの中で担う役割を相互理解することは極めて重要である。そして，その営みについて，同職にも他職種にも「ことば」と「概念」を用いて意味や意義を根拠をもって，わかりやすく伝えることができることも重要であると考えた。

　M-GTA という質的研究手法を用いて「高等学校における養護教諭の行う生徒への発達支援に関する考察」を行ったことは，実務家である自分自身の自己肯定感や自己有用感を高めただけでなく，インタビューにこたえてくださった養護教諭の方に，分析結果を確認していただいたところ，「なるほど，そのとおりだよね」「日々，当たり前の生徒への対応していたことは，『生徒の自己実現の支援を担っていた』という意味をことばで理解したことで養護教諭自身が仕事の大切さを改めて感じた」など，現職養護教諭の方々から賛同のご意見をたくさんいただいた。

　筆者は，量的研究手法だけでも質的研究手法だけでも，その両方を合わせても物事や事象，人の行動や心理などについて完全に表現しきれるものでもないと考えている。しかし，わかりにくいことこそ「ことば」や「概念」として示さなければ，意味を見出すことができないし，どのような価値のあるものかもわからないままである，と本研究に取り組んだことで強く感じた。

　また，ここに記するまでもなく，筆者が大学で学生に研究指導をする際に，研究テーマや目的によって研究手法を選ぶことの重要性や研究の結果から得るものを明確に示す，という営みに応用することができたと思う。

　同時に，実務家「養護教諭」が実践を研究し，分析し，論文にして示すという研究活動の拙い一モデルとして役立つことができていたら幸いである。

　筆者がこの論文を執筆した時代は研究方法として圧倒的に量的研究が多

く，質的研究は研究手法として認められにくい状況にあったと思う。また，
筆者が質的研究について初学であったことから M-GTA において必須ともい
える結果図の完成を遂げることができなかった。それは，引き続き M-GTA
を深く研究し，一般化できる結果図やストーリーラインを作成する力を備え
ていかなくてはならないという筆者自身の課題がある。

## 注

\* 職によっては小中学校必置，高等学校必置の職と，その他の事項として定め
　がある。

## 文献

1) 後藤ひとみ（2001）「特集　養護教諭の実践と研究　養護学構築へのアプロー
　チ――養護教諭固有の［方法論］の探求」『日本養護教諭教育学会誌』 **4**, 6-9.
2) 木岡一明（2003）『教職員の職能発達と組織開発』教育開発研究所.
3) 三木とみ子（2005）『三訂　養護概説』ぎょうせい，2.
4) 文部省（1972）「保健体育審議会答申」
5) 文部省（1997）「保健体育審議会答申」
6) 中村朋子・山道弘子（2001）「養護教諭のキャリア発達に関する研究 Ⅱ――異
　動による職業アイデンティティの危機について」『第 48 回日本学校保健学会
　講演集』**43**, 282-283.
7) 中村朋子・山道弘子（2001）「養護教諭のキャリア発達に関する研究 Ⅲ――職
　業意識及びキャリアアンカーを中心に」『第 48 回日本学校保健学会講演集』
　**43**, 284-285.
8) 小倉学（1970）『養護教諭その専門性と機能』東山書房. pp. 7-18.
9) 杉浦守邦（2004）「論説　養護教諭の戦後 50 年（第 1 報）」『日本養護教諭教
　育学会誌』**7**, 22-36.
10) 杉浦守邦（2004）「論説　養護教諭の戦後 50 年（第 2 報）」『日本養護教諭教
　育学会誌』**7**, 37-51.
11) 山道弘子・中村朋子（2001）「養護教諭のキャリア発達に関する研究 Ⅰ――近
　接領域における研究の概観」『日本養護教諭教育学会第 9 回学術集会抄録集』
　58-59.
12) 山道弘子・中村朋子（2002）「養護教諭のキャリア発達に関する研究 Ⅰ――近
　接領域における研究の外観」『日本養護教諭教育学会誌』**5**, 76-91.

# 第9章
# 社会福祉学×ソーシャルワーカー（1）

山口みほ

## 第1節　職場外個別スーパービジョンを通した スーパーバイジーのソーシャルワーク 実践に関する認識変化のプロセス

### I．本研究の背景と目的

　近年，スーパービジョンは，ソーシャルワーカーにとって，専門職としての成長とクライエントへの援助の質の向上のために必要なもの，との認識が広まってきている。しかし，日本においては，いまだソーシャルワーカーがスーパービジョンを受けることを「あたりまえ」とする文化や体制が育っているとは言い難い。

　本研究は，ソーシャルワーカーサポートセンター名古屋（以下，SSN）で実施したスーパービジョンがスーパーバイジーにどのように影響を与えたのかを明らかにすることを目的としている。

　本研究に取り組むことによって，SSNでのスーパービジョンの効果と限界を明確にし，今後のSSNの実践の改善につなげたい。さらには，ソーシャルワーカーのスーパービジョン体制の普及のための素材として，本研究の成果を現場に提示することができればと考える。

## II．研究方法

## 1）データの収集法と範囲

### （1）対象

　2007 年 11 月までに SSN のスーパービジョンを 1 クール（10 回）修了している医療ソーシャルワーカー（以下，MSW）現任者 3 名を対象とした。なお，それぞれのスーパービジョン開始時の所属・MSW 歴は，介護老人保健施設・5 年，総合病院・7 年，総合病院・8 年であった。

### （2）データの収集方法

　3 名に対して，事前に作成したインタビュー・ガイドに基づいて半構造化インタビューを個別に実施した。ガイドの内容は次のとおりである。
　　①意識化された業務上の困難
　　②スーパービジョンによる気づき・再認識したこと
　　③スーパービジョンによる業務上の具体的変化
　　④スーパービジョンの効果
　　⑤今後の課題
　　⑥スーパービジョンに対する理解
　　⑦スーパービジョンで受けた指導
　　⑧専門性の意識の変化
　　⑨スーパービジョンを受けて良かったこと

## 2）分析焦点者

　本研究の分析焦点者（分析結果が適合すると想定される範疇の人）は，「職場外で個別スーパービジョンを 10 回以上継続して受けたソーシャルワーカー」とした。

## 3）分析テーマの設定

　インタビュー・データからも読み取れるが，今回の調査対象者がスーパー

122 第Ⅲ部 教育実践への応用

ビジョンの場に SSN を選んだ大きな理由として，SSN が所属機関とは直接
的なつながりのない外部組織であること，個々人の事情に合わせやすい個別
スーパービジョンを実施していることの 2 点があげられる。そこで今回の分
析テーマは，「職場外個別スーパービジョンを通したスーパーバイジーの
ソーシャルワーク実践に関する認識変化のプロセス」とした。

## 4）概念の生成

M-GTA では，インタビュー・データから分析テーマに関わる部分を切片
化せずに抽出し，同一趣旨の複数の発言の文脈から概念を生成する。その作
業の過程で作成したワークシートの例を表 9-1 に示す。

表 9-1　ワークシート例

| 概　念 | ふりかえりの常態化 |
|---|---|
| 定　義 | 日常業務を行う中で，スーパービジョンの記録を見直したり，セッションでのスーパーバイザーとのやりとりを思い出し，自己の実践をふりかえるようになること |
| バリエーション | ＊ K：これは形に残ってるとすごくいいと思います。自分で見直せるし，で，たとえば，そのケースの方向性は出たけれども，日にちが経っちゃうと忘れちゃうので，それを見返したりとか，見返すっていうのにはすごく活躍します。<br>＊ N：うーん，まあこんな昨日も見ていたんですけど，どんなこと考え，まあ，自分でやりながら事例を出す時に何やっていたかなあとかって見たりとかしてましたし，ちょっと何か困ったことがあったりとかで，あの，家族構成を書く時とか，そういった時にどうだったかとちらっと見たりとかしてみたりとか，しょっちゅうではないですけど。<br>＊ T：あれ，そういえばこういうケースって前もいて，あの結果に関して，こんなコメントをいただけたなということがフット浮かぶ時があるんですね。自分でも，記録が記録として残っているので，見返すことがありますし，その時にいただいたキーワードみたいな。たとえば揺れてもいいだとか，現病歴，原疾患だとか，いろんな言葉を自分のなかでこう，なんかこう，残しておける，残っている。<br>（以下略） |
| 理論的メモ | ・　スーパーバイザーから離れた後にも，自分でふりかえる作業を行っている様子を示すデータ<br>・　スーパービジョンの継続中は，セッションの前後にセルフ・リフレクションの機会が枠組みとして設定される。セッションではふりかえりの方法を習得することになる。スーパービジョンがバイジーのセルフ・リフレクションを促進する。→ふりかえることが習慣化される？<br>（以下略） |

## III. 本研究の結果

表9-2のとおり，25個の概念，5個のサブ・カテゴリー，7個（1概念のみのものも含む）のカテゴリーを生成し，ストーリー・ラインを表す結果図（図9-1）を作成した。

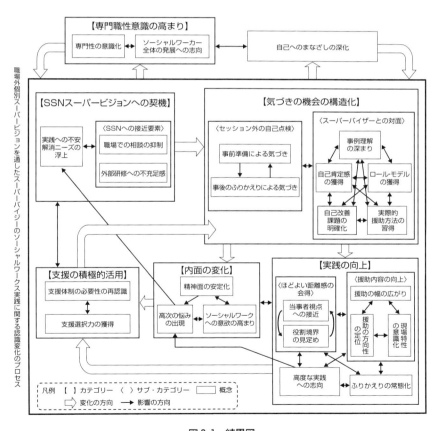

図9-1　結果図

124　第Ⅲ部　教育実践への応用

## 表9-2　概念・定義・カテゴリー一覧

| カテゴリー | サブ・カテゴリー | 概　念 | 定　義 |
|---|---|---|---|
| SSN スーパービジョンへの契機 | | 実践への不安解消ニーズの浮上 | 実践の中で感じる自分の判断や方法の適切さについての不安を，何とか解消したいという思いが生じること |
| | SSN への接近要素 | 職場での相談の抑制 | 遠慮や羞恥心，勤務評価への影響への恐れ等から，仕事のことについて職場の先輩や同僚には相談しづらいと感じたり，職場に同職種の人がいないために，ソーシャルワークに関する相談ができないでいること |
| | | 外部研修への不充足感 | 専門職団体等で企画される研修は，日程調整が困難であったり，個別の事情に対する対応を期待しづらく，参加しづらいと感じること |
| 気づきの機会の構造化 | セッション外の自己点検 | 事前準備による気づき | 事例を選択し，セッション用の資料を事前に作成する中で，自らの実践の課題や改善点に気づくこと |
| | | 事後のふりかえりによる気づき | セッション終了後，「ふりかえり票」に記載したり，セッションの逐語録を作成することで，再確認や発見がなされること |
| | スーパーバイザーとの対面 | 事例理解の深まり | より多角的に事例の検討がなされ，クライエント自身や背景に関する理解が深められること |
| | | 自己肯定感の獲得 | スーパーバイザーからの励ましや評価により，自己の実践の肯定的な面を認識し自信を持てるようになること |
| | | ロール・モデルの獲得 | セッション中のスーパーバイザーの言動をソーシャルワーカーのひとつのモデルとして自身に取り込むこと |
| | | 自己改善課題の明確化 | 実践の中での自らの思考・言動等を整理・確認し，改善に向けた課題を明確化すること |
| | | 実際的援助方法の習得 | 具体的な場面・相手を想定したコミュニケーションや資源活用等の方法を検討し，身につけること |
| 実践の向上 | ほどよい距離感の会得 | 当事者視点への接近 | 意識的に当事者（クライエント）の考えや思いを把握しようとすること |
| | | 役割境界の見定め | ソーシャルワーカーとして自分がなすべきことと，クライエントや他職種等の他者のなすべきこととを区分し，より適切な役割分担や連携を考えるようになること |
| | 援助内容の向上 | 援助の幅の広がり | 新たな視点・知識を得て，ひとつの援助方法に固執せず，別の選択肢を持てるようになること |
| | | 援助の方向性の定位 | 担当ケースの援助目標や援助方針など，実践の方向性がみえてくること |
| | | 現場特性の意識化 | 地域特性や職場の特色を意識し，実践に際して考慮すること |
| | | ふりかえりの常態化 | スーパービジョンの記録を見直したり，セッションでのやりとりを思い出したりしながら，日常業務の中で実践のふりかえりを行い，援助の方向性の再確認や軌道修正をしながらその後の実践を進めるようになること |
| | | 高度な実践への志向 | これまでにあまり類似例がなかった事例やより難易度の高い事例，高度な業務に取り組むようになること |

第9章　社会福祉学×ソーシャルワーカー（1）　　*125*

表9-2　（つづき）

| カテゴリー | サブ・カテゴリー | 概　　念 | 定　　義 |
|---|---|---|---|
| 内面の変化 | | 精神面の安定化 | 困ったことを相談できる体制ができたことで，安心感を持って実践に取り組めるようになること |
| | | ソーシャルワークへの意欲の高まり | ソーシャルワークの理論への興味が深まったり，実践の面白さをより感じるようになり，学習意欲が増すこと |
| | | 高次の悩みの出現 | スーパービジョンによってある悩みが解決・軽減されても，新たな難しさや不安を意識するようになり，さらに高次元の悩みが生ずること |
| 支援の積極的活用 | | 支援体制の必要性の再認識 | 実践の質を向上させるために，あるいは良質の実践を継続していくために，「個々のソーシャルワーカーが自身のことを相談でき，支えられる体制が必要である」という認識が強まること |
| | | 支援選択力の獲得 | 自己の実践について相談する相手を，意識的に相談内容や状況によって分けるようになること。 |
| 専門職性意識の高まり | | 専門性の意識化 | ソーシャルワークの価値，知識・技術等の在り方や，その発揮の仕方を吟味するなど，ソーシャルワークの専門性をより意識すること |
| | | ソーシャルワーカー全体の発展への志向 | 自己の所属機関内でのSW部門の確立，さらには，所属機関を越えてソーシャルワーカー全体のこととして質の向上や社会的認知の向上，そのためのバックアップ体制等について目を向けるようになること |
| | | 自己へのまなざしの深化 | 自己の傾向についてより自覚的となり，ソーシャルワーカーとしての自己をあらためて評価し直すこと |

## 1）ストーリー・ライン

　（以下，［　　　］は概念，〈　〉はサブ・カテゴリー，【　　　】はカテゴリーを示す）

　　スーパーバイジーにとっては，自らの［1．実践の不安解消のニーズの浮上］が【SSN スーパービジョンへの契機】となる。スーパービジョンが開始されると，SSN が設定する枠組みによって【気づきの機会の構造化】が図られる。そこで得た「気づき」を実践に反映させることで，スーパーバイジーは【実践の向上】と【内面の変化】を経験する。この経験は，さらにスーパーバイジーを【支援の積極的活用】へと向かわせる。こうした螺旋状のプロセスをたどる中でスーパーバイジーには【自己へのまなざしの深化】とともに【専門職性意識の高まり】が起こり，内外双方向への視野の広がり

がみられるようになる。そのことがまた，スーパーバイジーの実践に関する認識の変化に影響していく。

## 2) カテゴリーごとの概念と概念間およびサブ・カテゴリーとの関係

### (1) 【SSN スーパービジョンへの契機】
#### ① [実践への不安解消ニーズの浮上]

　SSN のスーパーバイジーとなる MSW は，実践の中での自己の判断や方法が果たしてソーシャルワークとして適切なのかどうか不安を抱いており，[1. 実践への不安解消ニーズの浮上] からソーシャルワーカーとしての評価を得られる相談相手を内心求めている。しかし，プライドや職場の査定に影響することへの怖れ，忙しい中で先輩や同僚の時間を使うことへの遠慮等から相談しづらさを感じ，[2. 職場での相談の抑制] をしている。また，集団での受講のため個別の事情をゆっくり相談することができなかったり，日時を合わせることが困難であったりすることから，職能団体等による [3. 外部研修への不充足感] があり，日頃から自己への支援の得にくさを感じている。

#### ② 〈SSN への接近要素〉

　こうした状況から，日常の場から離れた職場外であることや，個人の都合に合わせやすい個別契約のスーパービジョンであること，さらには同職種からの評価が得られるといった〈SSN への接近要素〉が意識されることとなり，【SSN スーパービジョンへの契機】が生まれる。

### (2) 【気づきの機会の構造化】
#### ① 〈セッション外の自己点検〉

　SSN でのスーパービジョンが開始されると，スーパービジョンに持ち込む事例を選定し資料を作成する作業を通してスーパーバイジー自らが実践の課題や改善点に気づく，といった [4. 事前準備による気づき] が起こる。また，スーパービジョンのセッション後にふりかえり票を書いたり，セッションの逐語録を作成する作業を通じて，要点を再確認したり新たな発見をしたりするなど [5. 事後のふりかえりによる気づき] も得られる。つま

り，資料作成など，多忙な日常業務の中にあっては一見負荷となる作業に取り組むことで〈セッション外の自己点検〉がなされるのである。

## ② 〈スーパーバイザーとの対面〉

〈スーパーバイザーとの対面〉で行うセッションにおいてもさまざまな気づきを得る。それまでとは異なる視点が導入され，多角的にクライエントや背景等を把握しなおすことで［6. 事例理解の深まり］が得られる。また，スーパーバイザーからの励ましや評価によって，不安に思っていたそれまでの実践に対し［7. 自己肯定感の獲得］がなされ，自信の回復につながる。さらに，セッション中のスーパーバイザーの姿からソーシャルワーカー像の［8. ロール・モデルの獲得］をする，スーパーバイザーとともに自らの思考・言動等を確認することで［9. 自己改善課題の明確化］がなされる，具体的な場面・相手を想定した［10. 実際的援助方法の習得］をする，といった収穫がある。また，これらの〈スーパーバイザーとの対面〉における五つの概念は，たとえば［6. 事例理解の深まり］にともなってより［9. 自己改善課題の明確化］ができるようになり，［9. 自己改善課題の明確化］がなされたことで，一段と［6. 事例理解の深まり］が進む，といったように，相互に影響し合っている。

また，〈セッション外の自己点検〉による気づきを持って〈スーパーバイザーとの対面〉に臨むことで，より深いセッションを行うことができ，さらに，セッションで得た気づきが自己点検の視点にも取り入れられていく，というサブ・カテゴリーのレベルでの相互の影響もある。

このように，SSN の設定した枠組みに沿ってスーパービジョンを実施することにより，〈スーパーバイザーとの対面〉の時間内はもちろんのこと，その前後の〈セッション外の自己点検〉の時間もスーパーバイジーが自らの実践をふりかえり，検討し，気づきを得る機会として機能させることとなり，【気づきの機会の構造化】を図ることになる。


## (3) 【実践の向上】

## ① 〈ほどよい距離感の会得〉

スーパーバイジーはスーパービジョンで得た成果を現場で実際に活かそうと試みる。

意識的に当事者（クライエント）の考えや思いを把握しようと［11. 当事者視点への接近］を図ることと，反対にいったんクライエントの視点から離れ，ソーシャルワーカーとしての自分のすべきこととクライエントや他の関係者のすべきことの［12. 役割境界の見定め］を行うことで，〈ほどよい距離感の会得〉がなされ，より適切な役割分担や連携を考えられるようになる。

## ② 〈援助内容の向上〉

また，スーパービジョンを通して，"（目的にたどり着くのに）この道もあるが，別の道を通っても良い"と柔軟に考えられるようになり，［13. 援助の幅の広がり］ができる。一方では，担当ケースの見方が深まるにつれ，より正確なアセスメントに基づく［14. 援助の方向性の定位］がなされるようになり，いくつかの選択肢の中から適切な援助目標や援助方針を見出すことができるようになってくる。その際，クライエント側だけを見るのではなく，［15. 現場特性の意識化］がなされて，職場の人間関係の力動や地域の資源の実情などにも目を向けた，より現実的な選択が考慮されるようになる。こうした〈援助内容の向上〉はスーパービジョンの成果だけに依るものではないが，スーパーバイジーにはスーパービジョンの影響が強く認識されている。

## ③ ［ふりかえりの常態化］

スーパーバイジーは定期的なセッションを終了した後にも，ふとスーパーバイザーとのやりとりを思い出したり，スーパービジョンで使った資料や逐語録を見直して類似ケースの援助の参考にするなど，スーパービジョンの経験を素に自己の実践をふりかえり，援助の方向性の再確認や軌道修正を行うようになる。この［16. ふりかえりの常態化］がさらにスーパーバイジーの実践を向上させる力となる。

## ④ ［高度な実践への志向］

【実践の向上】は，これまで行ってきたことをより上手くできるようになる，ということだけではない。以前にはあまり類似例がなかったような事例や，難易度の高い複雑な事例，より責任の重い高度な業務などを担当するようになり［17. 高度な実践への志向］も生じてくる。

〈ほどよい距離感の会得〉や〈援助内容の向上〉，［16. ふりかえりの常態化］ができてこそ，より高度な実践も可能となり，また［17. 高度な実践へ

の志向］に基づく挑戦を通じて，〈程よい距離間の会得〉の確認やさらなる〈援助内容の向上〉が可能となる，といったように，ここでもサブ・カテゴリーや概念は相互に関連している。

このような【実践の向上】は，ソーシャルワーカーとしての成長の証でもあるが，あらたな不安を発生させるものでもある。

### (4)【内面の変化】

#### ①［精神面の安定化］

【気づきの機会の構造化】は，スーパーバイジーの【内面の変化】も生じさせる。

定例でスーパービジョンのセッションが保証されていることは，"困ったことがあっても相談できる"というスーパーバイジーの安心感を生み，また，実際にセッション後に気持ちが楽になる経験を持つことで，実践に向かう際のバイジーの［18．精神面の安定化］が図られる。

#### ②［ソーシャルワークへの意欲の高まり］

また，自らの気づきやスーパーバイザーからの提示によって新たな知見を得て，ソーシャルワーク実践の面白味を実感し，"ソーシャルワークの理論についてもっと学びたい"という思いを抱くなど［19．ソーシャルワークへの意欲の高まり］が起こる。このように，【内面の変化】が起こり，実践への動機づけが強化されることで【実践の向上】にもつながる。また，【実践の向上】により［18．精神面の安定化］や［19．ソーシャルワークへの意欲の高まり］といった【内面の変化】も得られる。

#### ③［高次の悩みの出現］

しかし，スーパービジョンによってある不安や悩みが解消・軽減されても，その分スーパーバイジーの不安や悩みが減少したり，悩む頻度が減っていくとは限らない。【実践の向上】において［17．高度な実践への志向］が生じることに伴って新たな難しさや不安を意識するようになったり，知識・技術が増えたことでより高次元の悩みが生じる，といった［20．高次の悩みの出現］が起きる。このことは，再び［1．実践への不安解消ニーズの浮上］にも影響していくこととなる。その意味でも【実践の向上】と【内面の変化】は相互に影響し合っている。

130　第Ⅲ部　教育実践への応用

### (5)【支援の積極的活用】
#### ①［支援体制の必要性の再認識］

　実際にスーパービジョンを受けると，当初スーパーバイジーが抱いていた
"何をするのかわからない""良くない点を指摘され，こうしなさい，と言わ
れるのではないか"といったスーパービジョンに対する不安や怖さは払拭さ
れる。また，自己の実践や内面の変化を実感するところから，実践の質の向
上のためには，"個々のソーシャルワーカーが自身のことを相談でき，支え
られる体制が必要である"という考えが強まり，［21．支援体制の必要性の
再認識］をすることになる。

#### ②［支援選択力の獲得］

　当初の【SSN スーパービジョンへの契機】となったニーズや要素にも影
響を受けながら，再び SSN を利用するスーパーバイジーもある。その際に
は，SSN で相談するのが適切な課題と，職場や地域の特性が深く関わる問
題などその実情に詳しい所（人）に持ち込む方が良い課題が区別され，［22．
支援選択力の獲得］がなされる。こうした【支援の積極的活用】によって，
自らの実践をふりかえり，新たな気づきを得て，実践を変化させていく螺旋
状のプロセスをさらに進んでいくことになる。


### (6)【専門職性意識の高まり】

　上述の螺旋状に進むプロセスを歩みながら，スーパーバイジーは自己の実
践の中でのソーシャルワークの価値・知識・技術等の在り方や，その発揮の
仕方を吟味するなど，［23．専門性の意識化］を強めていく。

#### ①［ソーシャルワーカー全体の発展への志向］

　また，職場の後輩や実習生等の後進育成にも取り組み，職場内でのソー
シャルワーク部門の確立，さらにはソーシャルワーカー全体の質の向上や社
会的認知の向上，そのためのバックアップ体制づくりに目を向けるようにな
るなど，［24．ソーシャルワーカー全体の発展への志向］も生じてくる。そ
して，個々の専門性の発現が職場や社会でのソーシャルワーカーという職種
の評価につながり，ソーシャルワーカー全体の社会的位置づけが個々の実践
に影響を及ぼすことが意識されるようになる。こうした【専門職性意識の高

まり】は，日常的な実践やそのふりかえりの際の視点にも反映される。

### (7)【自己へのまなざしの深化】

実践をふりかえり，気づきを得ることを繰り返す螺旋状のプロセス全体を通じて，スーパーバイジーは，より自分自身に関心が向くようになる。そして，自分の得手不得手や言動の傾向，感情面の有り様などにより自覚的となり，自己理解が促進されると同時に，ソーシャルワーカーとしての自己の再評価がなされる。スーパービジョンを通して，駄目だと決め込んでいた自分の実践の中に良さを見出したり，逆にできていると思っていたことが実はまだ甘かったと感じるようになるなど，自己評価は正負いずれの方向へも変化する。

この【25．自己へのまなざしの深化】は，スーパーバイジーが，他者とは異なる"自分の実践"を現実的に考えていくことにつながる。

なお，【専門職性意識の高まり】と【自己へのまなざしの深化】は，外界に向かう視点と内面に向かう視点という逆方向の変化であるが，専門職性についての意識化が進めば，それを担っている自己もより強く意識されるようになる，というように相互に影響しあっている。

## Ⅳ．結論

職場外個別スーパービジョンは，スーパーバイジーが職場での抑制から解放され，自らの実践をふり返って気づきを得る機会を構造化させることにより，スーパーバイジーの内面と実践に変化をもたらし，深く自己をみつめる眼差しを涵養するとともに，専門職としての意識を高め，視野を広げることに寄与するものといえる。そして，このようなスーパーバイジーの変化は，継続的にスーパービジョンを受ける経験から得られるものである。

また，職場外個別スーパービジョンは，職場内スーパービジョンの補完や改善の策としてではなく，独自の利点をもった支援としてスーパーバイジーに選択されていることが確認できた。しかし，職場外個別スーパービジョンの経験は，ソーシャルワーカー自身を支える体制としてそれのみで完結するのではなく，職場内での相談を含めたほかの支援をも積極的に活用する方向

へとソーシャルワーカーを向かわせる誘因にもなっていた。

## V．今後の課題

　研究開始当初は，対象者のキャリアを分けて分析することは考えていな
かったが，その後スーパービジョンの実践を積み重ねるうち，キャリアの差
によってスーパービジョンの内容や受ける影響に違いがあることが予測され
るようになった。今回の調査対象者は3名とも中堅レベルのソーシャルワー
カーであった。今後，初級者や熟達者も含めた調査・分析を行い，結果の精
度を上げていくとともに，ソーシャルワーカーのキャリア全体にわたる長期
のスーパービジョンプロセスを描けるようにしていくことが課題である。

　また，同じセッションに向き合っていてもスーパーバイザーはスーパーバ
イジーとは異なる見方や感想を持つことがしばしば経験されている[5]。した
がって，さまざまなキャリアのスーパーバイジーのデータの分析を重ねると
ともに，スーパーバイザー側のデータの分析を行なうことも必要ではないか
と考えている。

　今回提示したモデルを SSN の実践にフィードバックするだけでなく，こ
れをもとに，スーパービジョンの展開方法の一つとして，他の現場でも応用
可能な実施マニュアルや指針を提示していくことも今後の課題である。

　改めて今回の結果を見ると，SSN が枠組みとして用意した事前の準備か
ら事後のふりかえりまでのプロセスには多くのセルフ・リフレクションの機
会が含まれており，それがスーパーバイザーの手腕以上にスーパーバイジー
の成長を促す大きな動力となっていた。

　スーパーバイザー養成のための研修を受けてはいても，実際にスーパービ
ジョンを行うだけの自信がないというベテラン・ソーシャルワーカーも多い
ように思う。筆者も自信があってスーパーバイザーを名乗るようになったわ
けではない。もちろんスーパーバイザーの力量も大事ではあるが，まずは枠
組みによって実際にスーパーバイザー役割を引き受け，経験を重ねること
で，スーパーバイジーとともに成長し，力量をつけていくことができるので
はないだろうか。

第9章　社会福祉学×ソーシャルワーカー（1）　　**133**

# 第2節　スーパービジョンの実践と教育

本研究成果の公表後，この成果をどのように活用し，現場にどのように還元しているか，ふりかえってまとめてみる。

## Ⅰ．スーパービジョン実践での活用

自身がスーパーバイザーとしてスーパービジョンを行うにあたって，常に明確に意識しているわけではないが，職場外スーパービジョンの意義と限界をふまえながらスーパーバイジーと話をするようになった。また，対面でのセッションの時間以外にもスーパーバイジーは多くの気づきを得ている，という結果を思い起こし，スーパーバイザーとしての自信の無さや気負いを脇に置き，多少は余裕も持つことができるようになったと感じている。複数のスーパーバイザーが集まる機会に，これらのことを伝えることで，経験の浅いスーパーバイザーへの支援にもつながっているのではないかと考えている。

また，意識・無意識的に，実際のスーパービジョン場面やスーパーバイジーの語りと生成された概念・カテゴリーとを照合し，実践の中で研究結果の検証を繰り返しているが，今のところ，結果と現実に大きな乖離は無いものと思う。また，スーパーバイジーのキャリアや成長段階によって，スーパービジョン・セッションのテーマの傾向は異なり，スーパービジョンにおいての強調点や発揮すべき機能もそれに従って変化させる必要があることがより強く実感されたことから，本研究の協力者とは異なる層のスーパーバイジーを対象とする調査も必要であると感じるようになった。

## Ⅱ．スーパービジョン教育における活用

現在，大学院の「スーパービジョン論」の講義や現任ソーシャルワーカー向けの「スーパービジョン研修」において，必ず結果図を用いながら研究結

果を伝えるようにしている。

　特に，職場内スーパービジョンと職場外スーパービジョンの違いや関係性，実践の中でのふりかえりの常態化・精神面の安定化等の継続的なスーパービジョンの影響によるスーパーバイジーの変化を提示し，スーパービジョンを受けることへのモチベーションを高める方向での活用を意識している。

　また，スーパーバイザー養成の場面では，Ⅰ．でも述べたように，スーパーバイザーに自信がなくとも，スーパービジョンによってスーパーバイジーは多くの気づきを得ており，支援者への支援になる，ということを伝え，スーパーバイザー役を担うことをためらっている人達の背中を押すよう心掛けている。

## Ⅲ．研究活動への活用

　実践現場への還元というところからは離れるが，この研究で初めてM-GTA に触れたことで，スーパービジョン以外の研究テーマにおいても質的研究にチャレンジすることができた。また，他の分析手法に取り組んだ際にも，M-GTA から学んだ視点は非常に役に立った。

### 文献
1) 浅野正嗣（2009）「スーパーバイジーの援助者としての自己理解の深化のプロセス」日本医療社会福祉学会第 19 回大会自由研究発表 2009 年 9 月 13 日.
2) 木下康仁（2007）『ライブ講義 M-GTA ——実践的質的研究法　修正版グランデッド・セオリー・アプローのすべて』弘文堂.
3) 南彩子・武田加代子（2004）『ソーシャルワーク専門職性自己評価』相川書房．の提示する自己評価尺度を用いている。
4) 山口みほ（2008）「職場外個別スーパービジョンを通したスーパーバイジーのソーシャルワーク実践に関する認識の変化」第 47 回実践的グランデッド・セオリー研究会研究報告 2　　2008 年 12 月 13 日　なお，報告内容は『M-GTA研究会ニューズレター』第 33 号（2008 年 12 月 31 日）に掲載されている。
5) 山口みほ・浅野正嗣（2008）前掲論文.

# 第10章
# 社会福祉学×ソーシャルワーカー（2）

浅野正嗣

## 第1節　スーパーバイジーのソーシャルワーカーとしての自己理解の深化のプロセス

### I．本研究の目的・意義

　ソーシャルワーカーが質の高いサービスをクライアントに提供するためには，ソーシャルワーカーとクライアントの人間関係を基盤とした相互交流を通してはじめて適切な援助が可能になる。そのためソーシャルワーカーには知識や技術，価値を基盤とした専門職的自己の成長が求められる。専門職的自己の成長の一側面として，ソーシャルワーカーとしての自己理解が不可欠である。

　本研究の目的は，スーパービジョンの過程において，スーパーバイジーが援助専門職としてどのように専門職的自己を成長させていくのか，そのプロセスを明らかにすることである。

　スーパービジョンは，スーパーバイジーの実践に基づく学習と成長をめざして，スーパーバイザーとスーパーバイジーの相互関係のうえで継続的に行われる。計画的で継続的なスーパービジョンは，開始から終結までプロセス性を有していること，指導者であるスーパーバイザーとその受け手であるスーパーバイジーの相互作用のなかで展開すること，スーパーバイジーの成長は段階性を有していることなどの特徴がある。

## II．対象と分析テーマ

### 1) 対象

　調査対象者は，ソーシャルワーカーサポートセンター名古屋（以下，SSN）で実施している個人スーパービジョンの修了者であり，分析焦点者は，中堅レベルのソーシャルワーカーで個人スーパービジョンを修了した者である。スーパービジョンの回数は1クール10回とし，開催頻度はおよそ月1回である。スーパービジョンの前後にプリセッション，フォローアップセッションをそれぞれ1回ずつ行っており，合計12回のセッションである。2007年11月までに個人スーパービジョンのセッションを終了したスーパーバイジーを調査対象者とした。調査対象者のソーシャルワーク歴は8年，6年，5年の中堅レベルにある3名のソーシャルワーカーである。

### 2) 分析テーマの設定

　分析テーマとして，ソーシャルワーカーは，スーパービジョンにおいて，どのような過程を通して，援助者としての専門職的自己を成長させていくのか，そのプロセスに着目し，「スーパーバイジーのソーシャルワーカーとしての自己理解の深化のプロセス」とした。

## III．本研究の結果

　「スーパーバイジーのソーシャルワーカーとしての自己理解の深化のプロセス」のデータから23の概念，八つのサブ・カテゴリー，五つのカテゴリーを生成し，ストーリーラインを表す結果図（図10-1）を作成した。

### 1) ストーリーライン

　以下，「　」は概念，【　】はサブ・カテゴリー，《　》はカテゴリーを示す。

　スーパービジョンによるスーパーバイジーのソーシャルワーカーとしての自己理解の深化のプロセスは，「1．ソーシャルワーク業務への困惑」のため「2．スーパービジョンの能動的活用」をするという《困惑に向きあう》こと

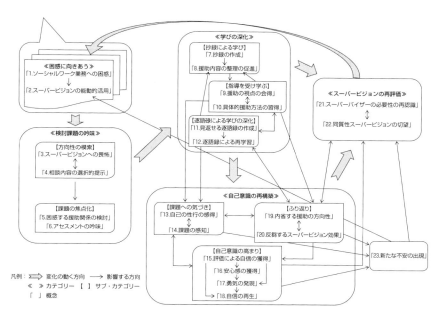

図 10-1　スーパーバイジーのソーシャルワーカーとしての自己理解の深化のプロセス

をきっかけとして始まる。

　しかし，これまでにスーパービジョン経験がないという理由から「3. スーパービジョンへの畏怖」の気持ちを覚えるが，スーパービジョンにおける「4. 相談内容の選択的提示」を考えはじめるようになるなどの【方向性の模索】を行うようになる。そして「5. 困惑する援助関係の検討」や「6. アセスメントの吟味」など【課題の焦点化】を行い，スーパーバイジー自身の《検討課題の吟味》が始まる。

　スーパービジョンが実施されるなかで「7. 抄録の作成」をすることによって，「8. 援助内容の整理の促進」がなされるようになり，【抄録による学び】が行われる。そして，スーパービジョンのなかで「9. 援助の視点の会得」や「10. 具体的援助方法の習得」といった【指導を受け学ぶ】作業が開始される。この作業は「11. 見返せる逐語録の作成」や「12. 逐語録による再学習」へと続き，【逐語録による学びの深化】となっていく。【逐語録による学びの深化】は【指導を受け学ぶ】ことと相互に影響しあうと同時に，

両者は「8. 援助内容の整理の促進」にも直接に作用をしていく。この《学びの深化》は，《自己意識の再構築》や《スーパービジョンの再評価》へと変化をしていく。

　自己理解の深まりは，「13. 自己の性行の感得」や「14. 課題の感知」といったスーパーバイジー自身の【課題への気づき】となる。また，スーパービジョンにおける「15. 評価による自信の獲得」は，「16. 安心感の獲得」や「17. 勇気の発現」，「18. 自信の再生」へと連関し，スーパーバイジーは【自己意識の高まり】を体験する。【自己意識の高まり】は《スーパービジョンの再評価》へ直接に働きかけ，また【課題への気づき】と双方向に影響しあう。スーパービジョンによって「19. 内省する援助の方向性」は，「20. 反芻するスーパービジョン効果」と相互に影響しあって【ふり返り】の作業となっていく。【ふり返り】は【課題への気づき】と影響をしあい，さらに【自己意識の高まり】に影響をしていく。【ふり返り】は，【指導を受け学ぶ】ことから影響を受けるが，【逐語録による学びの深化】と相互に働きかけをしていく。

　一方，これら【課題への気づき】や【自己意識の高まり】【ふり返り】は「23. 新たな不安の出現」をもたらす。この不安は【スーパービジョンの再評価】や「2. スーパービジョンの能動的活用」などスーパービジョンを求める方向に影響を及ぼしていく。このような《自己意識の再構築》は《スーパービジョンの再評価》に向かう。

　すなわち相談援助業務を遂行するためには，「21. スーパーバイザーの必要性の再認識」をすることや「22. 同質性のスーパービジョンの切望」がみられ，これらは双方に働きかけながら《スーパービジョンの再評価》へと変化をしていく。

　このようなスーパーバイジーの自己理解の深化のプロセスにみる一連の動きは，スーパーバイジーの成長に伴い，困難事例への援助や社会資源の開発，ソーシャルワーク業務の広がりなど新たな業務上の《困惑に向きあう》方向へ螺旋状に展開していく。

## 2) カテゴリーごとの概要と概念間およびサブカテゴリーとの関係

### (1)《困惑に向きあう》

スーパーバイジーは，日頃の業務のなかで"ソーシャルワークをどのように進めてよいかよく分からない"とか"ゆっくりケースについて話し合うことが難しい""自信がない"などの理由から，「1. ソーシャルワーク業務への困惑」を感じながら日々を送っている。しかし"ケースとの距離感を相談したい"とか"職場のなかでも中堅となってきたのでスーパービジョンを受けたい"という思いから，援助者としてそれらの困惑に対処しようと方法を模索するようになる。そのようなときに，SSNで"スーパービジョンが受けられることを知り"自分からスーパービジョンを受けようとする「2. スーパービジョンの能動的活用」がみられるようになる。

### (2)《検討課題の吟味》

#### ①【方向性の模索】

スーパービジョンを受けるにあたって，スーパーバイジーは，これまでに経験したことのない未知の世界に向かうという気持ちからくる不安感から，"敷居の高さを感じた""すごく怖いという思い"や"10回という回数は，先がみえない""スーパービジョンで何をどうやって相談するとよいのか"などと感じ，「3. スーパービジョンへの畏怖」を覚える。

同時に"同じ職場では聞くことが恥ずかしいこと"や"自分が何に悩んでいるのかを考えて"などスーパービジョンで検討する問題に対する「4. 相談内容の選択的提示」の作業を行う。そして「3. スーパービジョンへの畏怖」は，「4. 相談内容の選択的提示」と相互に影響する。このようなスーパーバイジーのスーパービジョンに対する【方向性の模索】は【課題の焦点化】へと変化をみせていく。

#### ②【課題の焦点化】

スーパービジョンで扱うテーマは，"クライアントとの人間関係の作り方"や"ワーカーとクライアントの距離感""単身者や生活保護受給者に対する援助の範囲"など「5. 困惑する援助関係の検討」や"クライアントの心理

状態”“アセスメントの方法”といった事例検討における「6. アセスメント
の吟味」などである。このような【課題の焦点化】は【方向性の模索】から
生み出されるものであり，《検討課題の吟味》はスーパービジョンが展開す
る出発点といえる。

### (3)《学びの深化》

#### ①【抄録による学び】

《検討課題の吟味》が行われると，スーパービジョンの進展につれて《学
びの深化》が体験されるようになる。スーパーバイジーは，スーパービジョ
ンの開始により，選択した“事例をまとめる”ことや“レジュメを作る”と
いった「7. 抄録の作成」を行う。事例の概要，援助過程，スーパービジョ
ン提出理由をまとめることは，援助に対して見返しをする作業となり，情報
や援助の展開内容の点検をして「8. 援助内容の整理の促進」を図るなど
【抄録による学び】が行われる。「8. 援助内容の整理の促進」は，次に述べ
る【指導を受け学ぶ】ことや【逐語録による学びの深化】からの影響を受け
る。

#### ②【指導を受け学ぶ】

【抄録による学び】は，【指導を受け学ぶ】ことに影響をする。スーパービ
ジョンが展開するなかで，困難事例に対して，“クライアントが思っている
ことはこういうことかも知れない”とか“違う切り口を提供してもらった”，
クライアントとの距離の取り方が“見えてきた”“揺れの共感も良い”“ワー
カーとして面接する”などの「9. 援助の視点の会得」をする。また，困難
事例に対する“具体的な言葉かけ”“エコマップを活用する”“具体的なアド
バイスをもらえた”など「10. 具体的援助方法の習得」が行われる。「9. 援
助の視点の会得」と「10. 具体的援助方法の習得」は互いに影響しあう。こ
のような【指導を受け学ぶ】ことは，【逐語録による学びの深化】と双方向
に働きかけをする。【指導を受け学ぶ】行為は，同時に「8. 援助内容の整理
の促進」や【ふり返り】【課題への気づき】にも影響を及ぼしていく。

#### ③【逐語録による学びの深化】

SSN のスーパービジョンは，スーパーバイジーの了解を得たうえでスー
パービジョンの様子を音声記録として残し，その音声記録をスーパーバイ

ジーが一言一句を忠実に文字化する。このようなスーパービジョンの逐語録を作成する作業は、"自分で見直せる"ことや"残しておける""あとあと読み返すということもできる"という「11. 見返せる逐語録の作成」となる。逐語録を作成することによって"自分の面接にも活かせたら良い"とか"ふり返りも更に深めていける""どんなことを考え，何をやっていたか"などの新たな気づきや学びなど「12. 逐語録による再学習」をすることができ【逐語録による学びの深化】となる。

　同時に【逐語録による学びの深化】は【指導を受け学ぶ】ことや【ふり返り】に相互に影響をし合い，「8. 援助内容の整理の促進」や【課題への気づき】にも連関していく。

　【抄録による学び】【指導を受け学ぶ】【逐語録による学びの深化】などの《学びの深化》は二つの方向に変化をしていく。一つの方向は《自己意識の再構築》であり，他の一つは《スーパービジョンの再評価》である。

### (4)《自己意識の再構築》
#### ①【課題への気づき】

　《学びの深化》が進むと"今一歩踏み込めないことに気づいた"とか"私の中ですごく落ちた""自分がようやく分った"など，スーパーバイジー自身がどのようなものの考え方や理解の仕方をしているのかという自分自身の性行に気づく「13. 自己の性行の感得」が得られるようになる。そして"課題として残った"とか"自分の課題が見えた""悩むべき主体を間違えてはいけない""意識してそこの力をつけていかなければならない"などソーシャルワーカーとして何が自分の課題なのかという「14. 課題の感知」が行われる。この「13. 自己の性行の感得」と「14. 課題の感知」は互いに働きかけあい，【課題への気づき】となる。そして【ふり返り】や【自己意識の高まり】と双方向に影響する。また，【指導を受け学ぶ】ことや【逐語録による学びの深化】からも影響を受け，「23. 新たな不安の出現」へとつながっていく。

#### ②【自己意識の高まり】

　スーパーバイザーが"励ましてくれたり，良い方にとってもらえるので力になる"とか"毎回，評価してもらえたことで自信がもてた"など援助に対

する肯定的な評価を得ることで，スーパーバイジーは「15. 評価による自信の獲得」を経験する。さらに“この次の約束があるので安心感を持って仕事を進めることができた”“力づけられた”などの保証や支持を得ることによって「16. 安心感の獲得」を得るようになる。

そして“やってみようかなという勇気になる”とか“背中を押してくれたので，それなら”というように「17. 勇気の発現」がみられ，また“評価をもらっていると，こういうやり方も悪くない”と思えるようになり，“ちょっと大きく成長できた”などスーパーバイジーは不安の強かった自分の援助に対して「18. 自信の再生」を図ることができるようになる。このように，スーパーバイジーは，スーパーバイザーから肯定的評価を得ることによって【自己意識の高まり】を呈する。【自己意識の高まり】は《スーパービジョンの再評価》につながるともに【ふり返り】からも影響を受け，【課題への気づき】と相互に働きかける。同時に「23. 新たな不安の出現」をもたらす。

### ③【ふり返り】

スーパーバイジーが職場に戻り，相談援助活動をしているときに，スーパービジョンでの学びを“どうだったかなって，そのときはやっぱりこれ（スーパービジョンの資料）を紐解きます”とか，“ふっと浮かぶことがある”など「19. 内省する援助の方向性」がみられるようになる。また“スーパービジョンを受けることの効果は実感できた”“自分のことをあれだけ時間をかけて相談できて，自分のカルテができたみたい”“事例に対する見方というのが変わったという部分からすれば，かなり改善している”といった「20. 反芻するスーパービジョン効果」を体験する。これらは，双方が影響しあって【ふり返り】の作業となっている。【ふり返り】は《スーパービジョンの再評価》とも連関するとともに，【逐語録による学びの進化】や【課題への気づき】と相互に影響を及ぼす。また【自己意識の高まり】や「23. 新たな不安の出現」にも作用する。

こうした《自己意識の再構築》は，先に述べた《学びの深化》によるものであり，さらに《スーパービジョンの再評価》へと進展していく。

## （5）《スーパービジョンの再評価》
### ①「スーパーバイザーの必要性の再認識」
スーパービジョンが展開するなかで"スーパーバイザーはソーシャルワークをする上で必要とあらためて思う"とか"スーパーバイザーがいるかいないかで左右される"というように，スーパーバイジーは「21．スーパーバイザーの必要性の再認識」をするようになる。
### ②「同質性スーパービジョンの切望」
このようなスーパーバイザーの必要性を求める気持ちは，"ソーシャルワーカーという立場の人から言ってもらうと自信になるし，修正もできる"とか"同じワーカーで相談できる，指導できる環境を望んでいた"などソーシャルワークを理解している同一職種のスーパーバイザーからスーパービジョンを受けたいという「22．同質性スーパービジョンの切望」と互いに反応をしあう。このような《スーパービジョンの再評価》は，【自己意識の高まり】や「23．新たな不安の出現」からも影響を受ける。

## （6）「新たな不安の出現」
「23．新たな不安の出現」は，一つの概念である。この不安は，【課題への気づき】や【自己意識の高まり】及び【ふり返り】から生み出されたものである。すなわち"良い方にとってもらうけど，本当に大丈夫だろうか"といったアンビバレンスな感情や，"スーパービジョンを受けていないと不安"な気持ちになるとか"違うケースが出てくると不安になる"など，スーパービジョンで肯定的評価を受けることによる不安や，スーパービジョンへの依存による不安感である。このような不安な気持ちは，「21．スーパーバイザーの必要性の再認識」や「22．同質性スーパービジョンの切望」といった《スーパービジョンの再評価》や，「2．スーパービジョンの能動的活用」へと影響をしていく。

## （7）新たな《困惑に向きあう》
《スーパービジョンの再評価》は，多様な問題を抱えたクライアントへの援助や，変動の激しい社会資源の活用と開発，多忙なソーシャルワーク業務

などの業務上の変化によって生じる新たな業務上の《困惑に向きあう》ことへと螺旋状に連動し，さらなる「2．スーパービジョンの能動的活用」に連関していく。

## IV．結論

　これまでに述べてきたように，23 の概念のそれぞれが，ある時は一方向に影響を及ぼし，また概念間の動きのなかで双方向に影響しあい，一つのカテゴリーが次のカテゴリーへと変化していく。その過程のなかで，スーパーバイジーは自分自身のソーシャルワーカーとしての自己理解を深化させていく。

　スーパーバイジーのソーシャルワーカーとしての自己理解の深化のプロセスは，スーパーバイジー自身の業務上の《困惑に向きあう》ことにはじまり，スーパービジョンに臨むために《検討課題の吟味》を行い，スーパービジョンで《学びの深化》を体験し，《自己意識の再構築》を図り《スーパービジョンの再評価》に移行していく中で，新たな業務上の《困惑に向きあう》ことへと螺旋状に展開していくことを確認した。

## V．今後の課題

　本研究では，実践的な質的研究法である M-GTA（修正版グラウンデッド・セオリー・アプローチ）を用いて「スーパーバイジーのソーシャルワーカーとしての自己理解の深化のプロセス」について考察した。しかし職場外スーパービジョンであることや，スーパービジョンの頻度及び回数が計画的・継続的とはいえ限定的であることなど限界があることは否めない。今後は，生成した概念をさまざまなスーパービジョン実践で活用し，理論の緻密度を上げること，また職場外スーパービジョン実践研究を蓄積すること，職場内スーパービジョン実践研究によってその理論化を図ることなどが課題と考える。

第 10 章　社会福祉学×ソーシャルワーカー（2）　**145**

# 第 2 節　スーパービジョンの理解と実践の促進

　どのようにして M-GTA の研究成果を活用してきたのか「結果図」「ストーリーライン」を中心に，その後をふり返る。

## Ⅰ．スーパービジョンの展開との関連

　筆者は 30 年余スーパービジョンを実施しているが，論文作成後（2010 年以降）のスーパービジョンは，その展開時にも，またふり返りのときにも「結果図」「ストーリーライン」が思考軸となっていることを実感する。福祉臨床では複雑な理論よりも単純で明快な語句が役立つことが多いと感じる。たとえば，複雑な生活課題を抱えた事例を担当しているスーパーバイジーの取り組み課題に対してスーパービジョンが展開しているとき，「結果図」から現在行われているスーパービジョンはどのあたりに位置しているのかを考える。また，「ストーリーライン」は次のテーマはどのようなことが予測されるのかといったことなどに対して，カテゴリーやサブ・カテゴリーのワンフレーズがスーパービジョン展開の内省に大変役立つ思索の道具となっている。

## Ⅱ．スーパービジョン研修会との関連

　スーパービジョンの普及とスーパーバイザー養成を目的としたスーパービジョン研修を 2007 年から実施している。拙稿の完成した 2010 年以降は M-GTA による結果図をスライド化して受講者に説明するようにしている。受講者はスーパービジョンの概念や方法論を静止画のように理解していたものを，「結果図」を見ることで動的理解に変換していく。実践編ではスーパービジョンのロールプレイを取り入れてスーパービジョンを体験的に理解するようにしているが，その際，ふり返り作業に「結果図」「ストーリーライン」を重ねながら反芻することで多くの気づきを得るなどの成果をみてい

146　第Ⅲ部　教育実践への応用

る。

　M-GTA の研究はその分析作業を通して，また研究の成果はスーパービジョンの理解と実践を促進するとともに筆者の活動を大きく支えてくれるものとなっている。

## 文献

1)　木下康仁（2003）『グラウンデッド・セオリー・アプローチの実践』弘文堂.
2)　木下康仁（2007）『ライブ講義 M-GTA　実践的質的研究——修正版グラウンデッド・セオリー・アプローチのすべて』弘文堂.

第11章

# 介護福祉学×介護職員

藤江慎二

## 第1節　介護職員が虐待行為を回避しているプロセス

### Ⅰ. 研究概要

#### 1) 研究の背景

　高齢者虐待問題における施設内虐待の相談・通報件数，そして虐待の事実が認められた件数は年々増加している[8]。しかし，施設内虐待の防止研究では，虐待行為の定義が不明瞭であるため結果として無意識のうちに虐待行為をしてしまっている可能性[14]，事実確認の困難[11]，虐待行為の判断の難しさ，職種・職責によって把握している虐待の内容が異なっている状況，実態を把握しても市町村に報告していない状況[12] が指摘されており，年々増加している虐待件数であっても表面化された一部の実態に過ぎない。このような施設内虐待の特徴を考えれば，一次予防，つまり未然防止の視点が重要になってくる。

　施設内虐待における予防に関する先行研究では，西元ら[14] は介護職員等に対するアンケート調査の結果から，時間的・精神的にゆとりをもって働ける職場環境を求める意識が介護職員にあると考察している。また，松下ら[10] のグループインタビューによる調査結果では，虐待予防の課題には介護職員間の話し合いの場が大切であることが指摘されている。さらに，吉川[15] は認知症ケアを中心としたケアの質とケアの質を担保するための環境の重要性を述べ，介護職員のストレスマネジメントの問題は虐待防止にとって大きな要素

148　　第Ⅲ部　教育実践への応用

であると指摘している[16]。しかし，松本[9] も述べているように，施設内虐待
の予防に関する研究は少ないのが現状である。

　では，どのように施設内虐待の予防に関する研究を進めていけばよいので
あろうか。より実践的な虐待予防を考えた際，介護職員がさまざまな業務上
の困難の中，どのように虐待行為を回避しているのかという点を可視化する
ことが重要になってくると考える。藤江[1] は介護職員のしてしまいそうに
なった虐待，つまり虐待行為に至る前の段階を体験したことがある介護職員
は，虐待行為をしてしまった介護職員の 3.64 倍であったと報告している。
また，同氏は，虐待行為を回避している構造について，介護職員個人での回
避と環境からの回避が行われていること等が明らかになったと述べている。
しかし，介護職員がどのように虐待行為を回避しているのかに着眼点を置い
た研究は他には見当たらず，前述した虐待行為を回避している構造について
の研究もアンケート調査の自由記述からの分析であり，介護職員が虐待行為
を回避しているプロセスが明らかになっているわけではない。介護職員は虐
待を行っていない状況を維持・発展させたいという希望を持っていることも
明らかになっており[13]，より実践的な虐待予防を考えると "どのように介護
職員は虐待行為を回避しているのか" という問いは，極めて重要な課題であ
ると考えることができる。

## 2) 研究目的

　本研究では，介護職員が虐待行為を回避しているプロセスの全体像を明ら
かにし，施設内虐待の予防研究及び実践に寄与することを目的とした。

## 3) 分析テーマ・分析焦点者・研究協力者

　本研究では，修正版グラウンデッド・セオリー・アプローチ（以下，
M-GTA）を用いた。その理由は，前述したように介護職員が虐待行為を回
避しているプロセスが明らかにされているとは言い難い状況であったため，
M-GTA の特徴である「なぜそのような現象になるのか」「どのように起こる
のか」といった "うごき" や "プロセス" を明らかにする研究方法[6,7] が有
効であると考えたためである。

　調査協力者は，13 名の介護職員であった。属性は，男性 12 名，女性 1 名

であり，年齢は20歳代が6名，30歳代が5名，40歳代が2名であった。介護職員としての経験年数は5年未満が1名，5年以上10年未満が7名，10年以上が5名であり，全員が正職員であった。1名が無資格者で，12名が介護福祉士の資格取得者であった。

　M-GTAにおけるデータを解釈する切り口ともいうべき分析焦点者については「介護業務の中で虐待行為をしてしまいそうになったものの，行為を回避できた介護職員」とし，分析テーマは「介護職員が虐待行為を回避しているプロセス」とした。

## II．結果図とストーリーライン

　結果，介護職員が虐待行為をしてしまいそうになったものの，行為を回避しているプロセスを把握することができた。結果図（図11-1）とストーリーラインで示した後，いくつかのカテゴリーの詳細を提示する。生成したカテゴリーは〈　〉，概念は" "，概念の定義は' 'とし，具体例は「　」と記す。

## 1）ストーリーライン

　介護職員は虐待行為をしてしまいそうになった際，〈意識で表出ロック〉〈感情のリセット〉〈支援要請で免れる〉といった虐待回避行動を用いて，行為を回避していた。また，虐待回避行動をより効果的に実施できるように，自身の〈感情への着目〉をしたうえで虐待回避行動をしたり，〈他者視線で言動注意〉〈仮定の思考化〉を通して，虐待回避行動をしていた。

　そして介護職員が虐待行為を回避しているプロセスにおいて最も重要であると考えられた点は，介護職員がただ単に虐待回避行動を実施しているのではなく，〈回避行動を支えるエネルギー〉によって虐待回避行動を実施しているということである。日々の介護業務の中で〈より良い介護の検討〉をして〈利用者に合わせた介護実践〉を繰り返していく過程で，〈利用者の生活状況改善〉が行われる。〈利用者の生活状況改善〉の結果，介護に楽しさややりがいが生まれることで〈回避行動を支えるエネルギー〉が生成され，そのエネルギーをもとにして虐待回避行動を成り立たせていたと考えられた。

150　第Ⅲ部　教育実践への応用

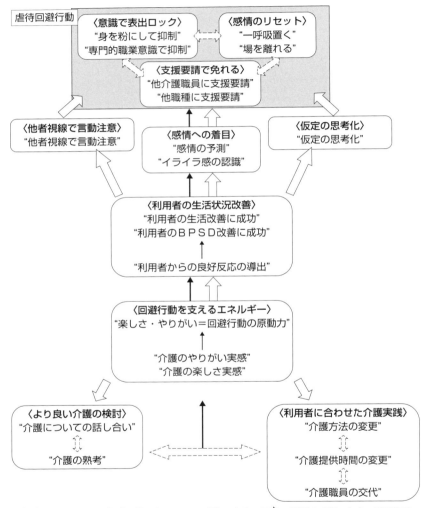

図11-1　介護職員が虐待行為を回避しているプロセス（結果図）

第 11 章 介護福祉学×介護職員 **_151_**

## 2）カテゴリーの詳細

ここでは紙面の都合により，〈意識で表出ロック〉〈感情リセット〉〈回避行動を支えるエネルギー〉のカテゴリーの詳細を記す。

### （1）〈意識で表出ロック〉

介護職員が何らかの要因により業務の中で虐待行為をしてしまいそうになった際，瞬間的に行動すると考えられたのが"身を粉にして抑制""専門的職業意識で抑制"という〈意識で表出ロック〉である。

"身を粉にして抑制"とは，'介護の現場で感情的になった際，ただひたすらに行為をしないように抑え込むこと'である。虐待＝やってはいけない，やりたくない，いけないことといった認識が根底にあり，その認識をもとにただひたすらに耐える，行為を抑制するという概念である。具体的には「やっぱりひたすら我慢するしかないと思います」「結局，その場になったら我慢するしかないって思うんですよね」と語られているように，利用者に対して不適切な言葉や行為が表出されないように行動していた。

また，対人援助職の専門職として"専門的職業意識で抑制"という回避行動もしていた。"専門的職業意識で抑制"とは，'介護の現場で感情的になった際，介護職としての専門的な職業意識で感情を抑え込むこと'である。「プロ意識っていうのはもちろんもってやっていますし，絶対に自分でもそれをしないって」「職業意識ですかね」と語られているように，介護の現場で感情的になっても，介護職員としての職業意識で行動を抑え込み，虐待行為をしないように自らをコントロールしていたのである。介護職員は無意識的に"身を粉にして抑制"したり，咄嗟に専門職として一線を越えてはならないと"専門的職業意識で抑制"したりと，してしまいそうになる虐待行為にブレーキをかけていたのである。

### （2）〈感情のリセット〉

介護の仕事は多忙な業務や認知症高齢者の Behavioral and Psychological Symptoms of Dementia（以下，BPSD）への対応など，感情的になりやすい側面があり，介護職員は高ぶった感情に対して〈感情のリセット〉を行い，して

152　第Ⅲ部　教育実践への応用

しまいそうになった虐待行為を回避していた。具体的には感情的になった際，
"一呼吸置く""場を離れる" といった方法で〈感情のリセット〉をしていた。
　"一呼吸置く" とは，'介護の現場で感情的になりそうなときに一呼吸置い
て冷静になり，怒りを静めること' である。「イラっとしたことがあった
ら，なんか 10 秒くらい何もしないでボーとしたりして，深呼吸するなり，
一回，間をおいたりしますね」「ちょっと 3 秒ルールみたいな感じで，自分
で一回冷静になるっていうのは，職員みんなでやってました」という語りな
どから生成された。また，"場を離れる" とは，'介護の現場で感情的になり
そうなとき，その場を一旦離れて冷静になり，怒りを静めること' である。
「そのときはちょっと離れて，一呼吸つくと，自分が今何を言おうとしてい
たのか，それはあり得ないだろっていう感じで冷静になれるので，やっぱり
一瞬離れるっていうのはやっていたりしますね」といった語りなどから生成
された。"一呼吸置く" では介護職員は場の移動はせず，その場で一呼吸を
置いて対応していた。しかし，"場を離れる" では一旦その場から離れ，感
情をコントロールしていた。介護職員は "一呼吸置く""場を離れる" と
いった虐待回避行動を，自身の感情や利用者の状況，業務の環境などを考慮
しながら，使い分けて〈感情のリセット〉をしていた。

### (3)〈回避行動を支えるエネルギー〉

　虐待回避行動は，ただ単に介護職員が実施している行動ではなく，〈回避
行動を支えるエネルギー〉という行動の原動力となるものがあって，実施さ
れていたと考えられた。この〈回避行動を支えるエネルギー〉は，〈利用者
の生活状況改善〉が起こり，"介護の楽しさ実感""介護のやりがい実感" を
感じ，"楽しさ・やりがい＝回避行動の原動力" になっているというカテゴ
リーである。
　"介護の楽しさ実感" とは，'日頃の介護の実践の中で，利用者を介護して
いく楽しさを感じること' である。具体的には「それ（利用者に合ったケア
を色々と探していく）は楽しいですね」「介護はクリエイティブな仕事だ
よって。なおかつ，答えがないのが面白い」と語られているように，日頃の
業務の中で介護していく楽しさを感じることである。また，"介護のやりが
い実感" とは，'日頃の介護の実践の中で，介護をすることにやりがいを感

じること'である。「おむつはずしも成功例が何件かあるので，その場にいた人は，目が違うというか，モチベーションが上がってくる」「利用者がトイレで排便をすると嬉しいんですよ。ほかの職員も喜びを感じられるようになった」と語られているように，日頃の業務の中で介護をすることにやりがいを感じることである。

そして，"楽しさ・やりがい＝回避行動の原動力"とは'日頃の介護の実践の中で感じた，介護の楽しさ・やりがいが虐待回避行動を支える力になっていること'である。「介護の楽しさを知っている人って（虐待は）やらないですよね」「楽しければ，相手を傷つけようなんて思わないし」「あの時あんなに楽しかったんだっていう記憶も自分の中であれば，自分はこの方には手をあげないっていうのはありえるかもしれない」などと語られているように，介護する楽しさややりがいが虐待回避行動を支えるエネルギーになっていると考えられた。換言すれば，介護の楽しさややりがいは介護職員の自信となり，そして内発的動機づけとなり，虐待回避行動を可能にしていると考えられた。

## III．結論

本研究は"どのように介護職員は虐待行為を回避しているのか"という問いが重要であると考え，試論的に調査研究を実施してきた。M-GTA による分析の結果，介護職員は〈意識で表出ロック〉〈感情のリセット〉〈支援要請で免れる〉から成り立つ虐待回避行動で，してしまいそうになった虐待行為を回避していたこと，虐待回避行動をするには〈回避行動を支えるエネルギー〉が必要であることが考えられたこと，介護職員が虐待行為を回避しているプロセスの全体像が明らかにできたことは本研究の成果といえよう。

## 第2節　介護職員研修への反映

## I．はじめに

前節に掲載した論文（研究）は，共著者から概念生成からストーリーライ

154    第Ⅲ部　教育実践への応用

ンの書き方までいろいろと丁寧にご指導をいただき，完成させたものである。当時，幸いにも共著者と同じ大学に勤務していたため，何度も共著者の研究室にお邪魔をして指導していただいたことを覚えている。その過程では，一つひとつの説明に M-GTA の奥深さを感じ，研究の醍醐味を味わった。以下，なぜ「介護職員が虐待行為を回避しているプロセス」であったのか，論文発表後の活動とその反応についての概要をまとめ，その後の研究について紹介していきたい。

## Ⅱ．なぜ「介護職員が虐待行為を回避しているプロセス」であったのか

　拙著「介護職員が虐待行為を回避しているプロセス——修正版グラウンデッド・セオリー・アプローチを用いて」は，その前の研究の問いから始まった。その前の研究とは，介護職員の虐待行為に至る前の状況を明らかにしていくことで，施設内虐待の予防策の検討に資することを目的とした研究であった[1,2]。それまで「虐待をしたことがあるか否か」「行為の継続性の有無」「意図的か非意図的か」等といった，実態把握が主流であった高齢者虐待防止の先行研究に疑問を感じて始まった研究であった。詳細な報告は避けるが，その研究から得た新しい問いが，「介護職員は利用者に対してどのように苛立っていくのか」「それをどのようなプロセスで回避しているのか」であった。前の研究論文の査読者からも，「継続研究に期待する」といったコメントがあり，より詳細でプロセス性を意識した研究がしたいと考えるようになった。そして今回，掲載していただいた論文（研究）になったのである。

## Ⅲ．論文発表後の活動

　論文の発表後は，後述する研究を実施しながら，まずインタビュー調査に協力してくださった介護職員や施設の管理者の方々に向けて論文を郵送して，結果の報告を行った。介護職員の方からは「論文を読みながら，そうそうよくこういうことがあると，うなずきながら読みました」「いろいろな介

護職員の語りから，虐待の回避行動が明らかになっているのは面白い」等の反応を頂いた。また施設の管理者の方からは「介護職員の虐待行為の回避行動プロセスが明らかになることは，現場で働く人たちにとってとても良いことである。ぜひ法人内の他の施設の介護職員にも結果を共有させてほしい」といったコメントを頂いた。

次に，実践現場で働く介護職員の方々に対する施設内虐待の防止研修の講師を担当させていただく機会があり，その研修の中で研究成果を報告させていただいた。研修は，A県の老人福祉施設協議会の研修（2021年および2022年に実施），B県で認知症対応型共同生活介護や小規模多機能型居宅介護等を運営する株式会社の介護職員研修（2022年に実施），C県の高齢者虐待防止の研修（2023年に実施）である。いずれも新型コロナウイルス感染症（COVID-19）の感染拡大の影響を受け，ZOOMを活用したオンライン講義であった。A県とC県の研修は，介護老人福祉施設や短期入所生活介護，ケアハウス，認知症対応型共同生活介護に勤務する介護職員や介護主任，介護支援専門員，管理者の方々が参加してくださった。B県の介護職員研修では，各事業所から数名の介護職員や管理者が参加してくださった。参加者数は各回，約60〜130名前後であった。A県およびC県の研修は，研修の担当者の方が筆者の論文を読み，研修講師の依頼をしてくれたことがきっかけであった。このように，研究（論文）が現場とつながっていることを感じることができたことも，嬉しい出来事であった。

研修参加者の具体的な反応としては，「現場の介護職員の立場に立った研究報告だと思った。介護職員の味方をしてくれている研究だと感じた（A県の研修参加者より）」「どのように苛立ちを回避するのか，とても興味があった。働いていれば利用者に苛立つことがあるので，今日のことを参考にしながら働いてみようと思う（B県介護事業所の参加者より）」「すぐに職場で共有したいという声が多く上がっている（C県研修担当者より）」等であった。概ね，反応は良かったが，オンライン講義ということもあり，介護職員の方々との直接的なやりとりができなかったのは残念であった。

また，論文発表後，研究の課題（介護職員が業務の中で瞬間的に不適切な介護を回避するプロセス等）を明らかにするため，M-GTAを用いて継続研究を実施した[3),4)]。何かの参考になれば幸いである。

## IV. おわりに

　一連の研究を振り返ると，介護職員の方々の貴重な語りを無駄にしないようにと，何度も修正し，苦しみながらの研究であった。M-GTA の初学者である私にとって，特に概念生成は難しく，何度も何度も介護職員の語りを読み返し，分析ワークシートのヴァリエーション欄を見直しながら，定義や理論的メモ欄を繰り返し，加筆修正をした。研究の苦しさと同時に，前述したように楽しさを感じたことも多々あった。特に，介護職員の方々の語りから目指していた「介護職員が虐待行為を回避しているプロセス」が見え始めたときは，高揚感のようなものを感じたことを覚えている。論文発表後，本研究テーマと類似する論文や介護職員の感情に関する論文が発表されていることを考えると，介護職員が虐待行為を回避しているプロセスに着目した視点は，間違っていなかったのだと感じている。

　現在は，M-GTA の研究ではないが，介護福祉実践の現場と研究の関連を大切に，アクションリサーチの研究を実施している[5]。認知症対応型共同生活介護の介護職員チームが，具体的なチームケアの質向上を目指した取り組みに関する研究である。この研究でも M-GTA の研究の視点を活かして，実践している。今後も M-GTA の勉強を続けながら，研究の問いにプロセス性を明らかにすることが必要と判断した際は，迷わず M-GTA の研究を実施していきたい。

## 文献

1) 藤江慎二（2015）「介護老人福祉施設の介護スタッフが虐待行為等を回避している構造——アンケート調査における自由記述の分析を通して」『社会福祉学』**56**（2），152-162.

2) 藤江慎二（2016）「介護スタッフの"してしまいそうになった虐待"等の現状とその要因——職員間の人間関係と同僚の虐待行為の発見に焦点をあてて」『高齢者虐待防止研究』**12**（1），49-59.

3) 藤江慎二（2020）「介護職員が利用者に対して苛立っていくプロセス——修正版グラウンデッド・セオリー・アプローチを用いて」『社会福祉学』**60**（4），56-67.

4) 藤江慎二（2021）「介護職員が不適切な介護を回避しているプロセス——利用者

に苛立ってしまった場面に焦点をあてて」『高齢者虐待防止研究』**17**（1），43-55.

5) 藤江慎二（2024）「チームケアの質向上に向けた実践的・継続的な取り組み ——認知症グループホームA事業所とのアクションリサーチをもとに」『社会福祉学』**65**（2），103-117.

6) 木下康仁（2003）『グラウンデッド・セオリー・アプローチの実践——質的研究への誘い』弘文堂.

7) 木下康仁（2007）『ライブ講義M-GTA ——実践的質的研究法修正版グラウンデッド・セオリー・アプローチのすべて』弘文堂.

8) 厚生労働省（2019）「平成29年度「高齢者虐待の防止，高齢者の養護者に対する支援等に関する法律」に基づく対応状況等に関する調査結果」（https://www.mhlw.go.jp/content/12304250/000491671.pdf，2019.3.27）.

9) 松本望（2014）「高齢者介護施設における虐待予防に焦点を当てた研究方法と課題——調査研究のレビューおよび調査項目の分類を手がかりに」『社会福祉学評論』**13**，17-29.

10) 松下年子・岸恵美子・吉岡幸子・岩沢純子・平田有子（2008）「施設内高齢者虐待が生じる背景と介護スタッフの課題——介護スタッフを対象としたグループインタビュー調査の結果より」『高齢者虐待防止研究』**4**（1），89-101.

11) 宮城昌治（2011）「政令市における高齢者虐待防止の取り組み」『高齢者虐待防止研究』**7**（1），30-35.

12) 認知症介護研究・研修仙台センター・認知症介護研究・研修東京センター・認知症介護研究・研修大府センター（2007）「施設・事業所における高齢者虐待防止に関する調査研究事業【概要】」（https://www.dcnet.gr.jp/pdf/download/support/research/center3/104/104.pdf，2019.3.12）.

13) 認知症介護研究・研修仙台センター・認知症介護研究・研修東京センター・認知症介護研究・研修大府センター（2008）「施設・事業所における高齢者虐待防止の支援に関する調査研究事業調査報告書」（https://www.dcnet.gr.jp/pdf/download/support/research/center3/64/64.pdf，2019.3.12）.

14) 西元幸雄・小林好弘・紀平雅司・近藤辰比古・伊藤妙・西元直美（2007）「高齢者施設における虐待の構造的分析」『老年社会科学』**28**（4），522-537.

15) 吉川悠貴（2010）「施設・事業所における高齢者虐待の実態と防止のための教育」『日本認知症ケア学会誌』**9**（3）472-478.

16) 吉川悠貴（2013）「認知症ケア現場における高齢者虐待防止」『日本認知症ケア学会誌』**11**（4），765-771.

第 IV 部

# 研究実践への応用

# 第12章
# 保健学×ハンセン病療養者

佐瀬恵理子

## 第1節　ハンセン病隔離政策下における「病いの経験」
──在日コリアンおよび韓国人元患者の質的研究

## Ⅰ．研究概要

### 1) 研究背景

　ハンセン病はらい菌による慢性感染症で，主として末梢神経と皮膚を侵す。1943年の治療薬発見後，世界各国はハンセン病隔離政策（以下，隔離政策）を廃止したが，日本は国際機関の推奨に反し継続した（1907–1996年）。国内の国立ハンセン療養所13カ所の入所者数は1950年に最多の11,057人となり[14]，本研究の第2回調査時は2,597人（平均年齢80.3歳）であった[12]。日本の隔離政策は，植民地支配下（1910–1945年）朝鮮半島から徴用等で渡日し罹患した在日コリアンの人々も対象とし，日本の療養所入所者の約5%を占める[8-9], [*1], [*2]。さらに，植民地の患者も，日本政府が設置・管理した療養所での隔離対象となった。2001年，日本政府が隔離政策によるハンセン病患者の人権侵害を国家賠償訴訟において認め，国内の療養所入所者等とその家族に補償金を支給した。本研究以前，日韓のハンセン病研究は歴史的[16], [19], [30]または皮膚科学の課題が中心であった[*3]。在日コリアン・ハンセン病元患者のライフヒストリーは調査されたが[23]，在日コリアンおよび韓国人ハンセン病元患者の「病いの経験」は未解明であった。

第 12 章　保健学×ハンセン病療養者　　*161*

## 2) 研究目的・第 1 節の内容

　ハンセン病元患者の「病いの語り」すなわち「病いを生きることの痛手，失望，精神的な痛み」[3]（p.95）を聞き取り，隔離政策下の「病いの経験」[2], [18] を探究する。さらに，保健医療政策の一環として実施したハンセン病隔離政策を保健学の立場から顧み，世界規模の課題である感染症対策等への示唆を勘案する。第 1 節では，日本および韓国において聞き取った第 1 回調査（2003–2004 年）の結果を抜粋して述べる[*4]。

## 3) 分析テーマ，研究協力者，分析焦点者

　M-GTA による分析テーマを「在日コリアン・ハンセン病元患者が，治癒後および隔離政策の廃止後も日本の療養所に入所し続けるプロセス」と設定し，本人・家族・社会等の相互作用をハンセン病元患者の「病いの経験」から検討する。研究協力者として，心身とも面接遂行可能な次の 3 集団を設定した。第 1 集団（分析焦点者）：植民地時代に朝鮮半島から渡日後ハンセン病を発病し，調査時も療養所に入所する在日コリアン・ハンセン病元患者。第 2 集団（直接比較群）：植民地時代，日本政府が朝鮮半島に設置・管理した韓国 Y 病院に当時から入所する韓国人ハンセン病元患者。第 3 集団（間接比較群）：韓国のハンセン病定着村に居住する韓国人元ハンセン病患者。

　インタビューガイドによる対面式半構造化インタビュー調査法（以下，面接）を各研究協力者に 40 分〜 4 時間（2 〜 6 回）実施した。3 集団の合計は 93 時間（65 回），逐語録は A4 用紙約 2 千頁であった。データおよび分析結果の妥当性・信頼性を向上するため七つの措置を講じた[*5]。

## II．結果と考察──ハンセン病隔離政策下における「病いの経験」

## 1) 研究協力者の概要

　研究協力者 38 名（男性 26 名，女性 12 名）の年齢は 77（54-88）歳，国籍は韓国であった。14（8-43）歳で発病したが，社会的差別等を恐れ 2（0-20）年間放置した。ハンセン病療養所の入所期間は 58（2-71）年間であった（表 12-1）。治癒後，社会復帰したが再入所する者が両国におり，韓国で

162　第Ⅳ部　研究実践への応用

表12-1　研究協力者の概要（N=38）

|  | 日本X療養所 | 韓国Y療養所 | 韓国定着村 | 合計 |
|---|---|---|---|---|
| 人数（男性，女性） | 12 (9, 3) | 13 (9, 4) | 13 (8, 5) | 38 (26, 12) |
| 就業中 | 0 | 0 | 3 (2, 1) | 3 (2, 1) |
| 治癒後，療養所外での就業経験 | 9 (8, 1) | 0 | 2 (2, 0) | 11 (10, 1) |
| 治癒後，帰郷し居住 | 2 (1, 1) | 0 | 1 (0, 1) | 3 (1, 2) |
| 発症前，子どもあり | 3 (2, 1) | 2 (1, 1) | 4 (3, 1) | 9 (6, 3) |
| 治癒後，子どもあり | 0 | 0 | 5 (2, 3) | 5 (2, 3) |
| 調査時の年齢 | 78 (57-88)* | 78 (57-88) | 68 (54-84) | 77 (54-88) |
| 発症時の年齢 | 17 (10-35) | 10 (7-30) | 15 (8-43) | 14 (8-43) |
| 西暦 | 1925-1956 | 1928-1949 | 1935-1980 | 1925-1980 |
| 症状の放置年数 | 2 (0-8) | 3 (0-8) | 5 (0-20) | 2 (0-20) |
| 診断時の年齢 | 19 (10-36)‡ | 10 (8-30)§ | 18 (11-46)¶ | 17 (8-46)** |
| 西暦 | 1925-1956 | 1928-1949 | 1936-1983 | 1925-1983 |
| 療養所入所期間 | 55 (6-68) | 62 (20-71) | 11 (2-24) | 58 (2-71) |
| 定着村居住期間 | 0 | 34†† | 41 (3-56) | 40 (3-56)‡‡ |

＊中央値（範囲）
‡ n=11, § n=12, ¶ n=11, ＊＊n=34, †† n=1, ‡‡ n=14

は退所後ハンセン病元患者の定着村に居住する者もいた。両国の研究協力者とも過去には療養所の職員不足のため患者労働（看護補助等）を行い，植民地下の（現韓国）Yハンセン病療養所入所者は強制労働に従事させられた。既に全員が治癒しており，医学的にハンセン病「元」患者と位置付けられる。

## 2）隔離政策下のハンセン病（元）患者による「病いの経験」──ストーリーライン

　ハンセン病（元）患者が隔離政策を生きぬいてきた「病いの経験」，すなわち本人・家族・社会等との相互作用を，まず，現象説明的記述[10]による3集団共通（38名）のストーリーラインとして整理する。文中は，〈概念〉，［サブ・カテゴリー］，【コア・カテゴリー】を示し，「発言内容」は文脈を保持してまとめ，研究協力者の属性は調査時の年代，（事象の年代）の順に記す。バリエーション（含：反対事例）は特徴的なもののみ示す。

## （1）［スティグマ］（サブ・カテゴリー1）

### ①〈最初の症状から〉

　ハンセン病の症状が表れると，概ね全員の研究協力者が周囲から［スティグマ］を貼付されたと感じ始める。スティグマ（烙印）は「忌むべき者」[6]を示し，それを最も象徴する疾病がハンセン病である[3]。

> 「この病気に罹るということは，札を付けられるようなもんです。村を歩くことさえできませんでした」韓国療養所，男性，70代（20代）

### ②〈家庭内の不穏〉

　研究協力者に向けられた［スティグマ］はその家族等に及び，周囲から疎外されるようになると，家庭内が不穏になる。

### ③〈疎外する家族〉

　家族等に［スティグマ］がたち至り家庭内が不穏になると，研究協力者の多くは家族から物理的または心理的に疎外されるようになった。

> 「母が嘆きながら "お前はもう，私の子どもでいられないね" と（私を）裏部屋に入れました。生涯の別れ…その言葉は本当でした。母に二度と会うことはできませんでした」韓国療養所，男性，70代（9歳）

### ④〈かくまう家族〉

　一方，僻地の療養所に入れようとせず，ハンセン病の症状を有する研究協力者をかくまう家族もいた（反対事例）。

> 「お母さんが（ハンセン病でできた私の）こめかみの傷を舐めてね，何度も。"病気になればお前と一緒にいられる"，それで病気になるわけじゃあるまいしね」在日コリアン，女性，80代（20代）

### ⑤〈家族のもとを離れる〉

　次第に研究協力者は「自分さえいなければ」家族への［スティグマ］ひいては【家族への迷惑】を回避できるのでは，と考え始める。その手段は，家出，自殺未遂，あるいは療養所への入所であった。

> 「（発病後）親戚がそばに来なくなっちゃった。だから…うちにいたら（家族に）迷惑かけるんじゃないかって」在日コリアン，男性，70代（10代）

## ⑥〈払拭できない〉

研究協力者は，治癒および隔離政策後も〈払拭できない〉［スティグマ］を知覚した。

「(療養所からの)証明書でなんぼ無菌といっても，（らい）予防法があると，電車やバスでハンセン病と見破られれば"降りてください，他のお客さんの迷惑です"と」在日コリアン，男性，70代（20代）

## (2)［後遺症］（サブ・カテゴリー2）

1名を除く37名の研究協力者は国際保健機関の定める最も重い2級以上のハンセン病［後遺症］を有していた。

### ①〈外見に現れる〉

顔（沈下鼻，唇下垂等）や手足の変形等の［後遺症］は〈外見に現れる〉。それは研究協力者の精神的・肉体的負担となっていた。

### ②〈日常生活の弊害〉

［後遺症］による指・手脚の切断は〈日常生活の弊害〉となり，高齢も相まって自立生活は難しい。［後遺症］の悪化等を懸念する複数の声が聞かれた。

## (3)［自己偏見］（サブ・カテゴリー3）

最も多く語られた事項の一つが［自己偏見］（in vivo code）に関するもので，性別や年齢を問わず繰り返し表現された。

「やっぱり，自己偏見。（療養所外に行くと）周りの人の目が見れない」在日コリアン，男性，70代（20-70代）

### ①〈増大した〉

研究協力者の中には，療養所等の職員による待遇で［自己偏見］が〈増大した〉と感じる者もいた。

「事務室のドアを開けると，"家族に被害を与えて，こいつ！"。…（私は）大きな声で泣きました」定着村，男性，50代（20代）

### ②〈克服の試み〉

［自己偏見］の〈克服の試み〉を図る。療養所には，宗教や文学に答えを見出そうとする者，定着村には「子どもが生きがい」という者もいた。

「今，幸福を感じますね。子どもたちは（ハンセン病に罹患せず）よく

育ってくれて…（一般社会で）たくさん給料もらってます」定着村，男性，60代（60代）

③〈継続する〉

　しかし，［スティグマ］と［後遺症］に悩まされ，［自己偏見］が〈継続する〉研究協力者も多い。

　　「（治癒後）堂々とすりゃいいんだけど…，何度も嫌な顔されると，"こう（ハンセン病で失った指）だからかな"ってね」在日コリアン，男性，70代（70代）

### (4)【家族への迷惑】（コア・カテゴリー 1）

　研究協力者が知覚する〈払拭できない〉［スティグマ］，〈外見に現れる〉または〈日常生活の弊害〉になる［後遺症］，［自己偏見］が相互に作用し，【家族への迷惑】（in vivo code）に統合されていた。

　　「兄弟が（隔離政策の廃止時）"一緒に住もう"って。でも，歳とっちゃって後遺症もあるからね。あぁ，もう少し廃止が早かったら。でも（兄弟には）迷惑掛けられないし」在日コリアン，男性，70代（70代）

### (5)【家族からの剝離】（コア・カテゴリー 2）

　研究協力者による【家族への遠慮】は，〈払拭できない〉［スティグマ］が家族に貼付される所以であり，それを回避する手段として療養所や定着村に留まり【家族からの剝離】を続けていた。この傾向は居住地の差異，コアおよびサブ・カテゴリーの程度にかかわらず，3集団共通の「病いの経験」として抽出された（図12-1）。約半数は家族等と30（2-64）年間絶縁し，その3分の2は再会したが，調査時，研究協力者全員に家族等と暮らす予定はなかった。

## 3）在日コリアン・ハンセン病療養所入所者による「病いの経験」の特徴

　焦点分析者である日本のハンセン病療養所に入所する在日コリアン研究協力者（12名）は，日本社会および療養所におけるマイノリティとして二重の［スティグマ］と［自己偏見］を「病いの経験」に有していた。植民地時

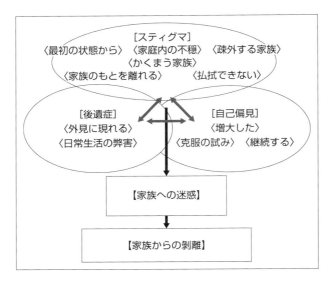

凡例 【コア・カテゴリー】，［サブ・カテゴリー］，〈概念〉 文献24に加筆修正
図12-1 ハンセン病患者の【家族からの剥離】プロセス

代．本人（3名）あるいは父親（9名）が徴用等のため渡日し，日本社会におけるマイノリティに対する［スティグマ］の貼付から［自己偏見］を抱いた者もいた。ハンセン病の治癒後，療養所から通勤した者（4名），社会復帰した者（5名）もいたが，療養のため学歴が低かった点，外国籍であること等も加わり，職業の選択を阻めた可能性がある。

在日コリアン入所者も日本の療養所の慣習に倣い日本名の園内通称（偽名）を使用する。マイノリティへの［スティグマ］ゆえ日本人入所者に"この，朝鮮人野郎！"と罵倒され［自己偏見］を醸成する事象を経験した例もあるが，差別経験のない反対事例もあった。1971年まで在日コリアン入所者には障害者年金が支給されなかったが[8-9]，外国籍であること等から問題提起ができなかった。

「（日本）政府がすることは正しいと思ってきました。今思えば，政策に無知でした。無知が私たちの選択を狭めてしまった」在日コリアン，女性

在日コリアン研究協力者の「病いの経験」は，分析テーマについて次のことを示唆した。［後遺症］等のため介助を要するが，「らい予防法」や「優生

保護法」により子どもを持てず，療養所外での自立生活は困難である。日本の隔離政策の廃止（1996年）は「遅すぎ」，韓国独立後に帰郷した家族は死亡したケースも多い。

研究協力者は青年期前に渡日（8名）または日本で出生（4名）のため，韓国の文化や言語は「よく分からない」。二重の［スティグマ］および［自己偏見］と相互作用し，多くは高齢となっても「自分は何者であろうか」と"アイデンティティの葛藤"[4] を呈していた。しかし国籍上の母国である韓国への帰国は現実的ではなく，在日コリアン研究協力者は日本のハンセン病療養所に留まっていた。


# 第2節　韓国人ハンセン病療養所入所者の「病いの経験」
## ——日本政府による補償後の追跡調査

## Ⅰ．研究概要

### 1）研究背景

2005年，東京地方裁判所は本研究協力者を含む韓国Y療養所入所者が提訴した「らい予防法」違憲国家賠償請求訴訟を退けた。一転して2006年，日本の国会がハンセン病隔離政策の国外元患者等への人権侵害を認め，「ハンセン病療養所入所者等に関する補償金の支給等に関する法律の一部を改正する法律」による補償金の支払いを開始した。日本政府による国外元ハンセン病元患者への補償前後を取り扱う先行研究はなく，本研究が初めての試みである。

### 2）研究目的・第2節の内容

第1回調査時の韓国Y療養所ハンセン病元患者の「病いの経験」に，日本政府による補償がもたらした変化の有無と相互作用を勘案する[*6]。また，本章執筆時（2024年1月）の現況および本研究の示唆を補論にて総括する。

**168** 第Ⅳ部　研究実践への応用

### 3) 分析テーマ・研究協力者・分析焦点者

　M-GTA による分析テーマは，日本政府による補償（介入）が，第1回調査で抽出されたサブ・カテゴリー（[スティグマ]，[後遺症]，[自己偏見]）さらにコア・カテゴリー（【家族への迷惑】および【家族からの剥離】）に影響した動的な経緯と背景，さしずめハンセン病隔離政策への補償後の「病いの経験」の変化のプロセスとした。研究協力者の選定基準として日本政府が植民地時代に建設・管理した（現）韓国 Y 療養所に 1945 年以前から入所する者のうち，第1回調査の研究協力者でかつ第2回調査時に心身ともに面接遂行可能な者とした[*7]。分析焦点者として，在郷の家族等との接点状況が異なる2群（補償後も連絡のない者と，再会を果たした者）を設定した。第1回調査から継続の研究協力者8名に各 40 〜 80 分，新規3名に各1〜2時間の焦点を絞った面接を韓国 Y 療養所において 2007 年9月に実施した。概念記述式[10]によるストーリーラインには，第2回調査で新たに生成した概念を《　》内に示す。

## Ⅱ．結果と考察：日本政府による補償後の韓国ハンセン病療養所における追跡調査

### 1) 研究協力者の概要

　韓国 Y 療養所の研究協力者（11 名）[*8]全員が日本政府に補償を申請し，調査時までに 10 名が補償金（各 800 万円）を受領した。家族との接点状況は，5名が補償前から在郷の家族等と年1〜2回の連絡を継続しており，4名は補償後も家族等との接点はなく，2名は補償後に初めて家族等と再会を果たしていた。

### 2) 補償後の韓国人入所者の「病いの経験」——ストーリーライン
#### ①《日本政府への立ち上がり：補償請求》

　2003 年頃から日本人国会議員，韓国人弁護士等が Y 療養所を訪問し，植民地時代からの入所者に当時の処遇等につき質問をするようになる。

## ② 《しいたげられた療養生活》

　植民地時代に日本政府が設置・管理した（現韓国の）Y療養所では，日本同様の患者による看護・介護に加え，日本人職員の管理下で重労働[7),24),27),29)]が実施されていた[*8]。

> 「ここ（療養所）を労働場として私たちをしいたげました。一番辛かったのは煉瓦をつくる作業。…私たち患者は獣よりひどい扱いを受けて，ぶたれて死に，傷が悪くなって死にました。… "今日も無事に帰れるように" との恨みのこもった祈りで生き長らえたものでした」男性，70代

　しかし，重労働に従事させられた研究協力者の中には，対日本政府の訴訟を積極的に考えていなかった者もいた（反対事例）。

## ③ 《獲得した対価》

　長く辛辣な隔離生活の対価として補償金を受給する。

> 「日本政府は（話を）聞きに来て（補償金を）くれました。これまでの苦労の慰めになりました。ありがたい気持ちで一杯です」女性，70代

## ④ 《遅すぎた補償金》

　しかし，研究協力者が70〜80代となるまで補償がなかったことを「遅すぎた」とする声もあった。

> 植民地時代は（家に）帰らせてもらえなかった。もう歳を取って両親も亡くなって。こういう身なので（兄弟と）行き来もできない。…死んで天国に行くだけです」女性，80代

　一方，補償を遅いとは考えていない研究協力者もいた（反対事例）。

## ⑤ 《挨拶もろくにできないほど疎遠な家族》

　補償時，多くの研究協力者が在郷の家族等に思いを馳せたことが本調査から明らかになった。しかし，連絡を取らない，あるいは取れない研究協力者たちは，「挨拶もろくにできない」（in vivo code）ほど疎遠になった家族との関係を吐露する（表12-2）。数十年間，ハンセン病または社会的［スティグマ］等を恐れ連絡をしてこなかった家族等との対峙を避け，【家族からの剥離】を続ける高齢研究協力者の姿勢が窺える。

## ⑥ 《家族再会への契機》

　他方，補償を契機に絶縁していた家族等と対面した研究協力者もいた。

170　第Ⅳ部　研究実践への応用

表12-2　分析ワークシート　挨拶もろくにできないほど疎遠な家族

| 概念 | 挨拶もろくにできないほど疎遠な家族 |
|---|---|
| 定義 | ・韓国Yハンセン病療養所の入所者が，あえて在郷の家族に連絡をしない理由・要因として「挨拶もろくにできないほど（in vivo code）」疎遠になった家族との関係。<br>・発病以来，数十年に及ぶ隔離生活の間に構築され，繰り返され，日本政府からの補償（2006年）後も継続している。 |
| ヴァリエーション | 兄弟は私が入院してから恥に思って，（世間に）私のことを隠していました。私から探そうとは思ってません。この病気になると親戚中が嫌がって，皆，どこにいるのか，もう分からない。…訪ねて来る人はいません。<br>　筆者：（韓国で）1963年に隔離政策が終った後もでしょうか。<br>連絡できたらよかったけど。…挨拶もろくにできないじゃないですか。（補償後も）連絡を取ろうとは思わなかったですね（女性，70代）。<br><br>【反対事例】<br>（兄弟とは補償前から）連絡取って，ここで年1，2回会ってます（男性，70代）。 |
| 理論的メモ | ・数十年前に家族から受けた拒絶的な言動（自分の存在自体を嫌がられた等）を精神的苦痛と捉え，それに対峙しない姿勢が窺われる。<br>・第1回調査のサブ・カテゴリー（〔スティグマ〕および〔自己偏見〕）と関連する。<br>・家族との膠着した関係が補償後も継続する様子が見られる。<br>・家族と連絡を取り続けるケース（反対事例）もあり，ハンセン病療養所の入所者は家族と疎遠であると一概に結論づけることはできない。<br>・第1回調査のコア・カテゴリーが持続しているのか否かを，第2回調査で生成されつつある概念との比較から検討を続ける。 |

注　実際のワークシートから抜粋


## ⑦《役に立つ喜び》

　家族と再会した研究協力者たちの多くは，補償金を家族等に分配する。

　　「親族にお金を沢山あげました。…役に立って嬉しかった。これまで気
　　持ちだけで，あげるものがなくて伝えられなかった」男性，80代

　多くは自己のハンセン病ゆえ社会的［スティグマ］が【家族への迷惑】に
至ったと知覚しており，補償金の分配を家族への償いとして象徴したとも推
定される。そのような研究協力者には，補償がハンセン病を取り巻く数十年
間の「病いの経験」に肯定的な意味を与えた可能性がある。一方，補償は特
に家族関係に影響を与えなかったと考える者もいた（反対事例）。

### ⑧《ほぐれゆく恨（ハン）》

　韓国語の恨は、「挫折した希望…諦め、憤慨した恨み、傷ついた心」[21]と定義される。2006年6月21日、韓国の朝鮮日報が「半世紀を経て"ハンセン病患者の恨"漂う島で現場裁判」と報じたように、韓国Y療養所の研究協力者による「病いの経験」は恨と表裏一体であった。ハンセン病元患者への補償が法制化し、家族の《役に立つ喜び》等を通じ《ほぐれゆく恨》を誘引したと捉えられよう。しかし、補償後、71年ぶりに家族等と再会したものの再び連絡がないと打ち明ける研究協力者もおり、すべての研究協力者には、補償が《ほぐれゆく恨》をもたらしたか定かではない（反対事例）。

　　「向こうから連絡がきて…会ってお金をあげた。なんだか、立派なテレビを買ったみたいだ。（その後は）特に何の連絡もないよ」男性、80代

### ⑨《やっと引けた過去との境界線》

　補償後、植民地時代に研究協力者がY療養所で受けた不遇を過去のことと境界線を引く様子が見受けられた。

　　「日帝（植民地）時代はひどい時代でした。…でも、もう世代交代。過ぎたことは忘れて。…人間同士、敵はありません。もう（日本人のことは）許してます。今は感謝の気持ちだけです」男性、80代

　過去との境界線を引けない研究協力者もいるが（反対事例）、《役に立つ喜び》または《ほぐれゆく恨》等を通じ、いくばくもない残りの人生を安寧に送る姿勢に変わっていることが窺えた。


## 3）日本政府による補償の「病いの経験」への作用

　補償後、研究協力者が知覚する家族からの［スティグマ］は、軽減する傾向と持続する例の両方が見られた。たとえば、補償金の分配という形（象徴）での【家族への迷惑】への償いは、《役に立つ喜び》、《ほぐれゆく恨》にも通じ、家族からの［スティグマ］の軽減につながったと解釈できる。一方、補償は〈挨拶もろくにできないほど疎遠な家族〉からの［スティグマ］の軽減や解消には結びつかず、研究協力者の中に［自己偏見］が継続する可能性も推察された。他方、社会的［スティグマ］の知覚も、補償を境に一部の研究協力者で軽減し、他の研究協力者に残存する様子が窺えた。なお、補償が［後遺症］に与えた影響は見られなかった。

172　第Ⅳ部　研究実践への応用

　補償後に，知覚する［スティグマ］ないし［自己偏見］が減少した研究協力者は，【家族への迷惑】との認識および【家族からの剥離】を脱却した様子を呈した。逆に，【家族への迷惑】を認識し続ける者は数十年に及ぶ【家族からの剥離】を継続していた。補償前に家族が死亡していた場合，《遅すぎた補償》を指摘する。翻り，多数が補償への感謝を語り，自己・家族・社会との相互関係に肯定的な変化を及ぼす契機となった点が推察された。

## Ⅲ．補論——保健医療政策および感染症対策への教戒

　本研究における「病いの経験」は日本のハンセン病隔離政策について次の特徴を示した。患者から将来（治癒後）の選択を剥奪したこと，法規制等のため行動及び職業選択の自由が（少）なかったこと，子どもを持つ自由がなかったこと（表 12-1）。隔離政策を続行した日本政府，治療薬発見後も科学的に鑑みなかった医療界，その状況に無関心であった国民[20]。これらが体系的かつ構造的に，負の連鎖となったハンセン病（元）患者の「病いの経験」を産み出したといえよう。

　20 世紀のハンセン病隔離政策下における（元）患者の「病いの経験」は，改正「感染症予防法」（2007 年）において感染症患者の人権「尊重」を初めて明文化し[26]，患者の権利を保護する「医療基本法」（仮称）の制定を求める等[12]，新型コロナウィルス感染症を含む 21 世紀の感染症対策を見直す礎となり，患者の人権保護につながりつつある[14]。公衆衛生の保持に併せ，在日外国人等マイノリティを含む全ての患者の人権保護が求められる。

　厚生労働省「検証会議」は，日本のハンセン病隔離政策に科学的根拠はなかったと結論づけた[20]。しかし，今も国内のハンセン病療養所に在日コリアン 31 名を含む[*9] 927 名（平均年齢 80.3 歳），韓国の療養所に 466 名（同 76.0 歳）が入所する[11],[13]。科学的根拠に基づかないハンセン病隔離政策のような事象を繰り返してはならない。治癒後，隔離政策の廃止後も，数十年にわたり自らを家族や社会から隔離せざるをえなかった，ハンセン病元患者の「病いの経験」からの教戒である。

第 12 章　保健学×ハンセン病療養者　　*173*

## 謝辞

　2000 年の着想以来，調査遂行および結果発表にあたり研究協力者の皆様はじめ多くの方々にご協力とご指導を賜り，心より感謝申し上げます。なお，本研究は韓国文化研究振興財団（2002 年）および州立ライト大学（2007 年）の研究助成を受けたものです。


## 注

* ＊1　本章では「日本の朝鮮植民地支配によって渡日し，…現在，日本社会に定住」（在日コリアン・マイノリティ人権センター）する人々を「在日コリアン」と称す。他に在日朝鮮人，在日韓国・朝鮮人等の呼称もある。
* ＊2　本章では「ハンセン病（元）患者」の用語を用いる。他にハンセン病者，療養者，回復者，既往者等の呼称もある。疾病名は「ハンセン病」を用い，法律命等および研究協力者の発言はそのまま「らい」を使用する。
* ＊3　その後，日本人入所者に関する疫学調査[1]や「病いの経験」[2]が発表された。
* ＊4　第 1 節は，東京大学大学院医学系研究科に受理された博士論文[24]および研究助成財団・報告書[28]を基とし，M-GTA 研究会（第 24 回，25 回）での発表内容も加えた。なお，個人的経験，集団的経験，文化的要素の分析は博士論文[25]を参照のこと。
* ＊5　一つの事項を二つ以上の視点から捉えるトライアンギュレーション，専門家等への面接，研究会および学術会議における研究者からのフィードバック，研究協力者によるメンバーチェック等，複数の手法がある[5), 17), 22), 25)]。ハンセン病を巡る視座を波平恵美子教授（お茶の水女子大学），初期データ解釈の示唆をグラウンデッド・セオリーの牽引者，Juliet Corbin 講師（サンノゼ大学）から得た。
* ＊6　第 2 節は，2008 年第 44 回 M-GTA 研究会の発表内容に，会員からのフィードバックを反映し加筆・修正した。
* ＊7　生存していた第 1 回調査の研究協力者 9 名のうち 1 名は入院中であった。理論的飽和を確認する人数確保のため，研究目的に合致する 3 名を加え，計 11 名とした。
* ＊8　本研究の第 1 回調査から，病弱であった 1 名を除く韓国 Y 療養所の研究協力者 12 名が重労働に従事させられていた点が明らかになっている。
* ＊9　国立ハンセン病資料館，金貴粉学芸員による調査（2023 年 8 月現在）。


## 文献

1)　青木美憲（2004）「ハンセン病療養所入所者の身体障害——瀬戸内 3 園入所者の実態調査による研究」『日本公衆衛生雑誌』**51**（9），741-752.

174 第Ⅳ部 研究実践への応用

2） 蘭由岐子（2004＝2017）『「病いの経験」を聞き取る［新版］――ハンセン病
者のライフヒストリー』生活書院.

3） アーサー・クラインマン／江口重幸・五木田紳・上野豪志訳（1996）『病いの
語り――慢性の病いをめぐる臨床人類学』誠信書房.

4） Charmaz, K.（1997）. Identity dilemmas of chronically ill men. A. Strauss, & J. Corbin
eds. *Grounded theory in practice*. Sage Publications, pp. 35–62.

5） Flick, U.（2002）*An introduction to qualitative research*. 2nd edn. Sage Publications.

6） Goffman, E.（1963）*Stigma: Notes on the management of spoiled identity*. Penguin
Books.

7） 鄭根埴（1997）「植民地的近代と身体の政治――日本帝国主義下に於けるハン
セン病療養所を中心に」『社会と歴史』**51**, 211–263.

8） 金貴粉（2019）『在日朝鮮人とハンセン病』クレイン.

9） 金永子（2003）「ハンセン病療養所における在日朝鮮人の闘い――「互助会」
（多磨全生園）の活動を中心に」『四国学院論集』**111・112**, 107–138.

10） 木下康仁（2020）『定本 M-GTA ――実践の理論化を目指す質的研究方法論』
医学書院.

11） 国立小鹿島病院（2020）『年報 2020 年』国立小鹿島病院.

12） 厚生労働省（2009）「ハンセン病問題に関する最近の動向 2009 年」

13） 厚生労働省（2024a）「国立療養所多摩全生園」

14） 厚生労働省（2024b）「令和 6 年度ハンセン病問題対策協議会統一要求書への
回答」

15） 熊本地方裁判所（2001）『「らい予防法」違憲国家賠償請求事件.判決要旨』

16） Lew, J.（1992）Leprosy in Korea, past and present: A model for the healing of leprosy
in Korea. *Korea Observer*, **23**（2）, 197–213.

17） Maxwell, J. A.（2013）*Qualitative research design: An interactive approach*. 3rd edn.
Sage Publications..

18） 波平恵美子（2001）『文化人類学　カレッジ版』医学書院.

19） 成田稔（1996）『「らい予防法」四十四年の道のり』皓星社.

20） 日弁連法務研究財団（2005）『ハンセン病問題に関する検証会議　最終報告会
議』

21） Park, A.S.（1993）*The wounded heart of God: The Asian concept of han and the
Christian doctrine of sin*. Abington Press.

22） Quinn, P. M.（2014）. *Qualitative research & evaluation methods: Integrating theory
and practice*. Sage Publications.

23） 立教大学史学科山田ゼミナール編（1989）『生きぬいた証に――ハンセン病療
養所多磨全生園朝鮮人・韓国人の記録』緑蔭書房.

24） 佐瀬恵理子（2005）「在日韓国・朝鮮人ハンセン病療養所入所者による病いの
経験――韓国療養所・定着村との比較質的研究」（博士論文，英文）

25） 佐瀬恵理子（2022）「質的研究」日本国際保健医療学会編『実践グローバルへ

ルス』杏林書院, pp. 214-220.

26）Sase, E., Gruskin, S.（2007）A human rights perspective on infectious disease laws in Japan. *Japan Medical Association Journal*, **50**（6）, 443-455.

27）Sase, E., Jimba, M., & Wakai, S.（2004）Scar of Japan's leprosy isolation policy in Korea. *Lancet*, **363**, 1396-1397.

28）佐瀬恵理子・神馬征峰・若井晋（2004）「ハンセン病元患者インタビュー調査研究──在日韓国・朝鮮人および韓国人元患者を中心に」『青丘学術論文集』**24**, 207-247.

29）滝尾英二（2001）『朝鮮ハンセン病史──日本植民地下の小鹿島』未来社.

30）山本俊一（1993）『日本らい史』東京大学出版.

第13章

# 看護学×知的障害者家族

野中光代

## 第1節　自閉症を伴う在宅重度知的障害者に対する母親の肥満容認プロセス

### Ⅰ. 研究概要

#### 1）研究背景

　わが国の知的障害者の総数は 2011 年に 74 万 1 千人である[14]（p. 33）。わが国の障害者政策は近年，施設から地域への移行が進められており[14]（p. 87），知的障害者の 62 万 2 千人約 8 割以上が在宅で暮らし，そのうち重度の者は 24 万 2 千人である[10]。在宅知的障害者の 65 歳以上の割合をみると，調査時点（2011 年）のわが国の高齢化率が 23.3 ％[11]（pp. 42-43）に対し，9.3 ％[14]（p. 35）と低く，知的障害者が高齢期に生存する割合は半分以下の水準で，健康面で問題を抱えている者が多いことが推察される。2001 〜 2010 年度の入所施設で死亡した知的障害者 72 人の死亡原因の調査によると，1 位呼吸器系疾患 43.1 ％，2 位がん 13.9 ％，3 位循環器系疾患 11.1 ％，4 位脳・神経の疾患 9.7 ％で，生活習慣病と呼ばれる，がん，循環器系疾患，脳・神経の疾患を合わせると 34.7 ％であった[24]。高齢知的障害者においては，呼吸器系疾患の中でも最も多い肺炎予防も大事であるが，生活習慣病が健康上の問題として大きいことがわかる。そして生活習慣病の基盤として肥満は大きな位置を占める[17]（p.18）と言われている。

　アメリカ精神医学会が 2013 年に公表した精神疾患の診断・統計マニュアル　第 5 版（Diagnostic and Statistical Manual of Mental Disorders, Fifth Edition;

DSM-5）[1]（pp.31-33）によると，知的障害は，知的機能・適応機能の発達期に発症する欠陥であり，コミュニケーション，社会参加，自立した生活などに継続的な支援を必要とする。そのため生活習慣は親や介護者の影響を大きく受け，親が認識する好ましい食事や運動の障壁として「食べることが楽しみと思うと甘くなってしまう」「親自身の食事の取り方にも問題があると思う」「親の時間的問題」「親の体力の問題」などが報告されている[2]。在宅知的障害児（者）の食生活は，家族によって充実した支援が行われているとの報告[4), 15), 23)]がある一方，食生活・運動習慣の問題として，障害特性や親の影響によって，よく噛まない，早食い，我慢できない等による過食や，活動量の少なさや運動習慣のないことによる運動不足があること[13), 16)]が報告されている。その結果，肥満の割合は，わが国の知的障害者で 30 〜 50 ％[16)]と，日本人成人男性 27.8 ％，成人女性 20.5 ％[9)]に比べて多い。海外においても，韓国の知的障害児で 46.6 ％[5)]，米国の知的障害の青年で約 45 ％[4)]と多く，問題となっている。とくに在宅で暮らす知的障害者は，施設で暮らす知的障害者と比べて肥満が 3 倍[3)]との報告や，男性施設入所者の平均 BMI が 21.7 に対し，男性通所者の平均 BMI は 25.5[8)]と高いとの報告もあり，食事や間食，活動などの管理を家族に依存しており，健康管理は難しいと報告されている。

　一方自閉症は，DSM-5[1]（pp. 49-57）において自閉スペクトラム症と表現され，社会的コミュニケーションの欠陥に過剰な反復的行動，限局した興味，同一性保持を伴った状態とされている。そのため，激しい偏食や強固なこだわり等，食生活支援の困難さ[7), 12), 22), 26)]や，身体活動支援の困難さ[7)]があり，知的障害に自閉症を伴っている場合，食事や運動の支援はなおさらむずかしい対象である。わが国では，発達障害が「自閉症，アスペルガー症候群その他の広汎性発達障害，学習障害，注意欠陥多動性障害その他これに類する脳機能の障害であってその症状が通常低年齢において発現するものとして政令で定めるもの」（「発達障害者支援法」第二条）[25)]と定義され，自閉症は発達障害に含まれる。発達障害と診断された者は 2011 年に 31 万 8 千人と推計される[10)]。

　自閉症を伴う在宅知的障害者本人および親への肥満に対する支援が必要と考えるが十分ではない現状がある。知的障害児（者）および自閉症児（者）

の肥満に焦点を当てた研究はあるが，断片的な実態調査であり，なぜそうなるのか明らかになっておらず，親の視点から肥満に至るプロセスを検討した研究は見当たらない。肥満に至る一連のプロセスを親の視点から明らかにすることによって，知的障害者の肥満の改善や管理に関する支援方法についての示唆が得られると考える。

## 2）研究目的

自閉症を伴う在宅重度知的障害者が誕生してから肥満に至った現在までの親の肥満に関する認識と行動のプロセスを明らかにし，知的障害者の肥満の改善や管理に関する支援方法についての示唆を得る。なお，本研究において「在宅重度知的障害者」とは「療育手帳A所持者で，ショートステイ・短期入院経験者を含む，出生時から今日まで自宅で家族と生活している者」，「肥満に関する認識と行動」とは「肥満についての思い，考えを認識，それに基づいて行ったことを行動」と定義する。

## 3）分析テーマ・分析焦点者

分析焦点者を「肥満に至った自閉症を伴う在宅重度知的障害者の，食事や身の回りの介護を主として担っている親」，分析テーマを「自閉症を伴う在宅重度知的障害者が誕生してから肥満に至った現在までの親の肥満に関する認識と行動のプロセス」とした。分析焦点者について，同意が得られたはじめの数名の母親の語りの分析を進めていく過程で，障害と対峙した養育や肥満に関わる食事支援など，父親と違う，母親に限定される語りの多さや，子どもの肥満に関する経験の豊富さから，理論的サンプリングにより，親から母親に絞り込んだ。

# Ⅱ．結果図とストーリーライン

## 1）結果図とストーリーライン

図13-1に結果図「自閉症を伴う在宅重度知的障害者に対する母親の肥満容認プロセス」を示す。ストーリーラインは以下のとおりである。【　】はコア・カテゴリー，〔　〕はカテゴリー，〈　〉は概念を示す。

第13章　看護学×知的障害者家族　　*179*

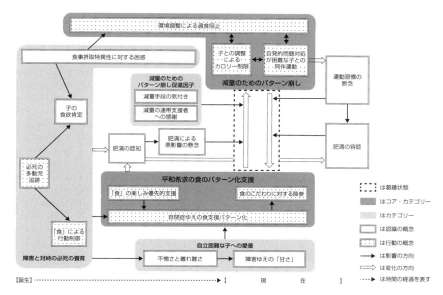

**図13-1　自閉症を伴う在宅重度知的障害者に対する母親の肥満容認プロセス**

　肥満に至った自閉症を伴う在宅重度知的障害者の母親は，子どもが生まれて障害に気づき，〔障害と対峙の必死の養育〕を始めていた。障害を持つわが子を養育する中で，自閉症による激しい偏食や目の前にあるだけ食べ尽くす等のこだわり，脳機能の障害による満腹感欠如，摂食機能の未熟による丸飲み・早食い，食に対する意欲のなさ等〈食事摂取特異性に対する困惑〉を体験していた。また自閉症を伴っているため，幼児期から小学校低学年くらいまで多動があり，母親は子の安全を守ろうと〈必死の多動児追跡〉をしていた。〈食事摂取特異性に対する困惑〉と子どもの多動は，母親による〈子の食欲肯定〉を促進していた。また知的障害により子どもの理解力が乏しいことから，多動を制御するために，母親は最も子どもの理解を得られやすい〈「食」による行動制御〉を用いていた。

　〔障害と対峙の必死の養育〕で，新しいことをするのに時間を要し，同じ行動を好む自閉症の特徴を学び，子どもの食の好みも把握した母親は，意識的または無意識に〈自閉症ゆえの食支援パターン化〉で子どもに対応するようになっていった。子どもの成長につれて，障害を持つわが子には，同年代

の者と比べて，楽しみが多くなく限られていると感じ，〈「食」の楽しみ優先的支援〉を行うようになり，〈自閉症ゆえの食支援パターン化〉を助長していた。さらに〈自閉症ゆえの食支援パターン化〉の行き過ぎや何らかのきっかけにより，こだわりが強化されると，母親は理解力が乏しい子どもがパニックを起こすことを予測し，強固なこだわりが続く間，〈食のこだわりに対する降参〉をしていた。このように母親は長年に渡って【平和希求の食のパターン化支援】を行っていた。また〔障害と対峙の必死の養育〕の経験から，母親に〈不憫さと離れ難さ〉の感情が生まれ，〈障害ゆえの甘さ〉となっていた。子どもが年齢を重ねても障害により，世話を必要とする状況は，〔自立困難な子への愛着〕を深め，【平和希求の食のパターン化支援】を助長していた。

　やがて母親は〈肥満の認知〉をし，〈肥満による悪影響の懸念〉から【減量のためのパターン崩し】を試みていた。〈食事摂取特異性に対する困惑〉が幼少期から続いていたために，母親は〈環境調整による過食阻止〉を行っていたが，それに加えて障害により〈自発的問題対処が困難な子との同伴運動〉や〈子との調整によるカロリー制限〉を行い，この三つは互いに補強関係の中で進められていた。そして【平和希求の食のパターン化支援】との間で葛藤状態となっていた。保健医療福祉従事者及び教育者等との関わりから減量する手段に気付く〈減量手段の気付き〉，夫など〈減量の連帯支援者への感謝〉から成る〔減量のためのパターン崩し促進因子〕は【減量のためのパターン崩し】を促進していた。しかし【減量のためのパターン崩し】の〈自発的問題対処が困難な子との同伴運動〉は，本人の肥満の進行やこだわり，家族の加齢や忙しさ，就学後の施設での座位中心の作業や同伴するヘルパー不足などにより，〈運動習慣の断念〉へと変化していった。〔障害と対峙の必死の養育〕の経験，〔自立困難な子への愛着〕〈運動習慣の断念〉により，【平和希求の食のパターン化支援】は助長され，子どもの肥満は維持・進行していた。その結果，子どもが肥満である光景が常態化し，母親の〈肥満の認知〉は〈肥満の容認〉へと至っていた。この〈肥満の容認〉もまた，母親の葛藤状態を【平和希求の食のパターン化支援】に傾かせていた。しかし〈肥満による悪影響の懸念〉，〔減量のためのパターン崩し促進因子〕の強化により，【減量のためのパターン崩し】を再び試みようと揺り動かされる

場合もみられていた。

## 2) プロセスを構成するカテゴリーと概念

　生成したカテゴリー及び概念について，プロセスに沿って説明し，なお，具体例を『細ゴシック体』，各末尾の（　）には研究参加者のコードを示す。

### (1) 〔障害と対峙の必死の養育〕

　〔障害と対峙の必死の養育〕は，障害に気づいた不慣れな母親が自閉症や重度知的障害と向き合い，必死に養育することであり，次の4概念を包含している。

〈食事摂取特異性に対する困惑〉
　『やっぱり，こういう，自閉症の子ってなんか，食べ尽くさないと…いられない（中略）落ち着かない的なのがあって。お腹いっぱいでも本当に。あのおばあちゃんなんか来ると，いっぱいお菓子買ってきてくれちゃったりして（笑）（中略）そうすると，吐くまで食べちゃったりとか…（C）』

〈必死の多動児追跡〉
　『まあ小学校に行ってる時が一番…大変でした。多動でしたし。何回も，警察のお世話になったりしましたから。だからいなくなって…。（笑）捜索願いですね（B）』

〈子の食欲肯定〉
　『学校入ってから，担任の先生が，給食の時間使って，とにかく1口でも，何でも食べれるようにって…すこーしずつ，毎日毎日，努力してくださって。まあ小学校6年の間で，しっかり食べれるようになったってとこですね。（中略）おうやったやった。すばらしい（H）』

〈「食」による行動制御〉
　『その時はもう，全然，今みたいな会話もできないですし，何言ってる

か今みたいなコミュニケーションも取れなくて，もう，なんか，パニックになると寝転がって，わーっとなって，家のガラスも割っちゃうし，（中略）だから何かするにも，まず，たぶんね，ちょっとおとなしくしててねってお菓子を置いたりなんか，してたんでしょうね（F）』


## (2) 【平和希求の食のパターン化支援】

【平和希求の食のパターン化支援】は，二つのコア・カテゴリーのうちの一つであり，戦いのない平和な暮らしを望み，子どもの食べられる物や好みを優先し，規則正しくパターン化した食支援をすることであり，次の3概念を包含している。

〈自閉症ゆえの食支援パターン化〉
　『うちに帰ってきてから，3回，ジュース3回と，菓子パンを少しずつ3回食べるもんだから，それでねー，たぶん。また夕ご飯食べるでしょー。7時半に（I）』

〈「食」の楽しみ優先的支援〉
　『でもちっとも守ってない。菓子パンはやめなさいねって言われても本人が菓子パン好きなので菓子パン食べさせたり（笑），（菓子パンはだめって言われるんですねー）言われます。言われてました。ずっと（D）』

〈食のこだわりに対する降参〉
　『3食食べてプラスー。マックに行ったり，ケンタに行ったり。それは，新聞の広告を持って来て。（中略）で，なくすことができないもんねー。だから主人はやめとけっていうけどそしたら怒るもんねー。うーん。ねえ。出るもんー。バンバンバンバン。たたいて。それで手が出てくる（引っ掻く）（I）』

## （3）〔自立困難な子への愛着〕

〔自立困難な子への愛着〕は，障害のある子どもに対する不憫さや，子どもとの離れ難さ，子どもや自分への甘さなどを含めた，年齢を重ねても自立が難しい子どもを愛おしく思う気持ちを示し，次の2概念を包含している。

〈不憫さと離れ難さ〉

『弟や妹みたいに好きな物を買いに行けないじゃないですか（知的障害のため，危険等の対処や支払いができず，付き添いなく外出はできない）（J）』

『入所に入れるのも1つの手だけど…。まだしばらくはいいかなっと思って…（B）』

〈障害ゆえの甘さ〉

『自閉ちゃんだと環境の変化にも弱いですし。なのであんまり，そういうことで家で締め付けてもっていうのが…。食べたいのにこれは駄目よとか，駄目—とか，こんだけだけ—！　とか…。ていうのもどう？　っていうのがあって（H）』

## （4）〈肥満の認知〉

〈肥満の認知〉

『中学校入る頃に，さすがにすごいデブだな（笑）って思って…（C）』

## （5）〈肥満による悪影響の懸念〉

〈肥満による悪影響の懸念〉

『病…気に…なったら，かわいそうじゃないですか（笑）。本人が。食べたい物食べれないし。（うんうん。さらにもっと制限されちゃうかもし

184　第Ⅳ部　研究実践への応用

れないしってことですね。）そうそうそう。めちゃくちゃ制限されちゃ
うじゃないですか（J）』


## (6)【減量のためのパターン崩し】

【減量のためのパターン崩し】は，二つのコア・カテゴリーのうちの一つ
であり，減量するために今までの生活習慣を一部変えることであり，次の3
概念を包含している。

〈環境調整による過食阻止〉
『ご飯も残ってると気になって食べるから，丁度にしか炊かないとか。
（C）』
『冷蔵庫の鍵がかかるように（笑）した時もありましたね。自分で開け
ないように（D）』

〈自発的問題対処が困難な子との同伴運動〉
『一番多いのがH。H公園。H動物園。3時間くらい歩かせてる。一生
懸命歩かせてる。私も旦那も一緒に（I）』

〈子との調整によるカロリー制限〉
『（笑）それで，全部食べさせることはないので，お弁当も，うちでのお
弁当は，買ってきたコンビニ弁当をお弁当箱に詰めて，野菜を入れてご
飯を少なくしてとか（D）』


## (7)〈肥満の容認〉

〈肥満の容認〉
『あとはずーっとまあ，デブななりに，あのーここからここら辺ぐらい
ずーっとそのままです（B）』

## (8) 〈運動習慣の断念〉

〈運動習慣の断念〉

『まあ結局学生時代…，よりか，どうしてもここ（通所施設）入ると，散歩連れてってくれたりするんですけど，週3日くらい…ですし，徐々に運動量がねー…。落ち着いてっちゃいますしね…（C）』

## (9) 〔減量のためのパターン崩し促進因子〕
〔減量のためのパターン崩し促進因子〕は，母親による減量のためのパターン崩しを促進させる要因を示し，次の2概念を包含している。

〈減量手段の気付き〉

『（ダイエット入院中に）一度あのー，日曜日だったかな。面会に行って，外に連れ出してもいいですよって言われて連れ出してー，それで，缶ジュースかなんか飲ませたんですよ。そして帰って，体重計ったら増えてたからって（笑）怒られました（B）』

〈減量の連帯支援者への感謝〉

『まあ散歩に行こうって言って，ね。父親もそうですけど，休みの時にね。一緒に行こうっていって，そういった時もあるんですけど（D）』

## 第2節　自閉症を伴う重度知的障害者母子に対する介入プログラムの作成と検証

## Ⅰ．自閉症を伴う重度知的障害者に対する「母親の肥満容認プロセス」を応用した介入プログラム案の作成・修正

　私は，生活習慣病予防の国の施策である，メタボリックシンドロームに着目した特定健康診査・特定保健指導が，40歳から74歳のすべての国民を対象に始まった時に保健師になった。一般成人の肥満改善に5年ほど取り組んだ後，縁あって知的障害者通所施設の健康管理の仕事に就き，知的障害者は一般よりも肥満者が多く，肥満の程度も高度であることを知った。しかし，特に知的障害が重度で，こだわりの強い自閉症を伴う者にはなすすべがなく，支援方法への示唆を得るため，第1節のようなM-GTAを用いた研究を行った[20]。その研究で，自閉症を伴う在宅重度知的障害者が肥満になっていく経過が，主な介護者である母親の視点から明らかになった。また世界的に見ても，知的障害者の肥満に対する研究は少なく，軽度または中程度の障害者向けに限られていた[6,18]。

　そこで第1節の研究成果と，発達障害やセルフコントロール等で行動の問題を解決するのに用いる行動分析学を基に，母親のための肥満改善プログラム案を作成した[21]。

　野中ら[21]によると，このプログラム案では，母親が自身の行動を客観的に振り返ることができるように「母親の肥満容認プロセス[20]」と「行動分析学」の二つの講義を含んでいる。また「母親の肥満容認プロセス[20]」で，母親は肥満につながる「平和希求の食のパターン化支援」と「減量のためのパターン崩し」の相反する両方の行動をしているが，どちらも母親が子どものためを思う行動であり，母親が子どもの意に反することを行うことは難しいと思われたため，「母親が子どもと争わない」食品の選択を支援し，カロリーを減らしても「子どもがいつもと変わらない」ことに着目させ，母親の行動変容を強化するプログラムとした。プログラム名は「ノーバトルパターン崩し減量プログラム」とした。始めにわれわれ研究者が，プログラム原案を作成

し，専門家パネルによるプログラム案の妥当性の検証，重度知的障害者母子によるプレテストで実施可能性の検証を行い，プログラム案の修正を行った。

## Ⅱ．自閉症を伴う重度知的障害者母子に対する介入プログラムの検証

　次に，作成したプログラム案を，自閉症を伴う重度知的障害者母子に実施し，その効果を検証した[22]。

　Nonaka と Yanagisawa[22] によると，ノーバトルパターン崩し減量プログラムは，自閉症を伴う重度知的障害者のための初めての減量プログラムであり，母親を対象にした初めての研究である。結果は，本プログラムによって，母親が子どもの体重に適切に介入し，子どもの抵抗をほとんど受けずに体重を減らすことができたことを示している。二つの講義により，母親は子どもの体重増加に自分が影響を与えていることを理解することができた。子どもの少ない抵抗と，看護師による称賛が，母親の行動変容を促進した。

　これら一連の研究のリクルートから，施設長や施設の看護師や管理栄養士の中には，知的障害者の肥満を問題と認識し，忙しい中でも何とかしたいと考えている方がいることがわかり，このような減量プログラムの需要を感じた。また，研究に参加した母親は，「母親の肥満容認プロセス」の講義を聞き，「よくわかる」「その通りだ」と言う者が何人もいた。母親の中には子どもの肥満は自分の責任と感じたり，過去に子どもの肥満について，医師や看護師，管理栄養士などの専門家から指導を受けたが実行できなかったと述べた者もいた。「母親の肥満容認プロセス」の講義を通じて，専門家が母親のことを責めているのではなく，このように理解していると伝わり，信頼関係の構築に役立っていると感じた。現在，このプログラムの講習を，知的障害者の通所施設の保健師，看護師，管理栄養士等に行い，看護師等から母親に実施してもらう研究を行っている。「母親の肥満容認プロセス」は現場の看護師や施設長等からも「よくわかる」「その通りだ」と言ってもらえることがある一方で，「そういうことなのか」と母親への理解を改める職員もおり，肥満改善に向けて，母親への支援が進むことが期待される。研究を進め

## 188　第Ⅳ部　研究実践への応用

ていく過程で，現場に即したプロセスが生成できたことを実感できている。
今後はさらに対象を広げて社会実装へと研究を進めていきたい。

## 文献

1)　American Psychiatric Association.（2013）／高橋三郎，大野裕監訳（2014）
『DSM-5 精神疾患の診断・統計マニュアル』医学書院.

2)　荒井弘和・小嶋宏子・山崎由美（2011）「知的障害者のメタボリックシンド
ローム予防に関する探索的研究」『日本健康教育学会誌』**19**（1），15-25.

3)　Bhaumik, S., Watson, J. M., Thorp, C. F., Tyrer, F. & McGrother, C. W.（2008）Body
mass index in adults with intellectual disability: distribution, associations and service
implications : a population-based prevalence study. *Journal of Intellectual Disability
Research*, **52**, 287-298.

4)　George, V. A., Shacter, S. D. & Johnson, P. M.（2011）BMI and attitudes and beliefs
about physical activity and nutrition of parents of adolescents with intellectual
disabilitiesjir. *Journal of Intellectual Disability Research*. **55**, 1054-1063.

5)　Ha Y, Vann JCJ & Choi E.（2010）Prevalence of overweight and mothers'perception
of weight status of their children with intellectual disabilities in South Korea. *Journal
of School Nursing*, **26**（3），212-222.

6)　Harris, L., Melville, C., Murray, H., & Hankey, C.（2018）The effects of multi-
component weight management interventions on weight loss in adults with intellectual
disabilities and obesity: A systematic review and meta-analysis of randomised
controlled trials. *Res Dev Disabil*, **72**, 42-55. doi: 10.1016/j.ridd.2017.10.021.

7)　鴨下加代・土路生明美・林優子（2016）「肥満傾向にある学童期の発達障がい
児への看護介入プログラムの効果——肥満度，生活習慣の認識・行動の変化」
『人間と科学——県立広島大学保健福祉学部誌』**16**（1），53-62.

8)　川名はつ子・吉宇田和泉（2014）「知的障害者の居住形態のちがいによる肥満
の現状と課題」『日本保健福祉学会誌』**20**（2），31-39.

9)　厚生労働省（2016）「平成 26 年国民健康・栄養調査報告」98-99.　　http://
www.mhlw.go.jp/bunya/kenkou/eiyou/dl/h26-houkoku.pdf（2016 年 5 月 19 日確認）

10)　厚生労働省社会・援護局障害保健福祉部（2013）「平成 23 年生活のしづらさ
などに関する調査（全国在宅障害児・者等実態調査）結果」　　http://www.
mhlw.go.jp/toukei/list/dl/seikatsu_chousa_c_h23.pdf（参照 2015 年 7 月 28 日）

11)　厚生労働統計協会（2012）「国民衛生の動向 2012/2013」『構成の指標』**59**（9），
42-43.

12)　前田宣子（2013）「知的障害を伴う自閉症スペクトラム生徒の青年期の食事指
導」『自閉症スペクトラム研究』**10**（別冊），73-80.

13)　増田理恵・田高悦子・渡部節子・大重賢治（2012）「地域で生活する成人知的
障害者の肥満の実態とその要因」『日本公衆衛生雑誌』**59**（8），557-565.

14）内閣府（2015）「平成 27 年版障害者白書」
15）日本栄養士会全国福祉栄養士協議会（2009）「平成 20 年度障害者保健福祉推進事業等（障害者自立支援調査研究プロジェクト）——地域で生活する障害児（者）の食生活・栄養支援に関する調査研究事業報告書」日本栄養士会全国福祉栄養士協議会．3-82.
16）日本栄養士会全国福祉栄養士協議会（2010）「平成 21 年度障害者保健福祉推進事業等（障害者自立支援調査研究プロジェクト）——地域における障害者の栄養・健康状態の実態及び意識・ニーズ調査研究事業報告書」日本栄養士会全国福祉栄養士協議会．3-122.
17）日本肥満学会肥満症診断基準検討委員会（2000）「新しい肥満の判定と肥満症の診断基準」『肥満研究』**6**（1），18-28.
18）野中光代・古田加代子（2017）「知的障害児・者の肥満への介入と減量効果に関する文献レビュー」『愛知県立大学看護学部紀要』**23**，1-9． https://doi.org/10.15088/00003423.
19）野中光代・古田加代子・柴邦代（2019）「自閉症を伴う在宅重度知的障害者に対する母親の肥満容認プロセス」『日本看護研究学会雑誌』**42**（4）．https://doi.org/10.15065/jjsnr.20190218050
20）野中光代・柳澤理子・深田順子・戸田由美子（2020）「自閉症を伴う成人重度知的障害者の肥満改善に向けた母親への介入プログラム案の作成」『愛知県立大学看護学部紀要』**26**，61-71. https://doi.org/10.15088/00004375
21）Nonaka, M., & Yanagisawa, S.（2023）Development of a weight loss intervention by mothers for adults with severe intellectual disabilities and autism. *Journal of International Nursing Research*. **2**（2），e2022-0003. https://doi.org/10.53044/jinr.2022-0003
22）佐久間尋子・廣瀬幸美・藤田千春・永田真弓（2013）「自閉症スペクトラム障害をもつ幼児の食事に関する母親の認識とその対処」『日本小児看護学会誌』**22**（2），61-67.
23）作田はるみ・東根裕子・奥田豊子・坂本薫・橘ゆかり・北元憲利・内田勇人（2013）「在宅で生活する知的障害者の食行動の特徴と肥満との関連」『肥満研究』**19**（3），186-194.
24）相馬大祐・五味陽一・志賀利一・村岡美幸・大村美保・井沢邦英（2013）「高齢知的障害者の死亡原因と疾患状況——国立のぞみの園利用者の診療記録から」『厚生の指標』**60**（12），26-31.
25）総務省行政管理局（2004）「発達障害者支援法」 http://elaws.e-gov.go.jp/search/elawsSearch/elaws_search/lsg0500/detail?lawId=416AC1000000167（2019 年 4 月 16 日確認）
26）田辺里枝子・曽我部夏子・祓川摩有・小林隆一・八代美陽子・高橋馨・五関—曽根正江（2012）「特別支援学校の児童・生徒の食生活の特徴と体格との関連について」『小児保健研究』**71**（4），582-590.

# 第14章

# 看護学×精神障害者家族

木村由美

## 第1節　統合失調症者家族がケアラーとして自分らしい生活を再構築するプロセス[*1, 2]

### Ⅰ．研究概要

#### 1) 研究背景

　家族成員の統合失調症発症に伴い，主に介護を担う家族（以下，ケアラー）の生活は，統合失調症者（以下，当事者）中心の生活となり，ケアラーはこれまで築いてきた自身の生活を一変させている。当事者との境界線の曖昧さに加え，自己ケアのアパシー化[6]に陥りながら，介護負担・精神的不調を抱えるケアラーも少なくない。一方で，研究者がフィールドワークを行っている家族会メンバーの中には，自分の生活ペースを取り戻し，当事者から影響を受けながらも自分らしい生活を送れるようになったケアラーも存在する。自分自身の意思や気持ちに基づき素直に生きる感覚は Well-being に促進的に影響する[4]。自分らしさを発揮しながら暮らすケアラーの姿にこそ，ケアラー支援の示唆があると考えた。そこで本研究では，ケアラーの自分らしい生活に着目し，統合失調症の発症以降，社会相互作用の中でケアラーがどのような認識や行動の変化を遂げ，自分らしい生活を再構築したのかを明らかにした。

#### 2) 研究目的および意義

　統合失調症者家族がケアラーとして自分らしい生活を再構築するプロセス

を明らかにする。結果はケアラー支援の実践モデルとして，統合失調症者家族が自分らしい暮らしを送る為のケアラー支援に応用する。

### 3）分析テーマ・分析焦点者・研究協力者

　分析テーマは「統合失調症者家族が自分らしい生活を再構築するプロセス」，分析焦点者は「統合失調症者を介護する家族」とした。研究協力者は，自分らしい生活の定義である「外的なものにより意思決定がなされるものではなく，他者からの影響を受けながらも自分自身の意思や気持ちに基づいて状況判断し行動を自分で選択する」生活を送っていると自覚しているケアラーであり，かつ研究同意が得られた8名である[*3]。

## II．結果

## 1）結果図とストーリーライン（図14-1）

　統合失調症者家族がケアラーとして自分らしい生活を再構築するプロセスは，【ほどよいケア方法の形成】をターニングポイントとして，そこに至るまでの無理のないケアの在り方を形成していく過程と，それ以降の自己尊重しながら新たなケアラーとしての自己を形成する二つの過程でもって成り立っている。一連の過程を以下に示す。

　ケアラーは，【ほどよいケア方法の形成】に至るまでに，受診促進や好転希求の吐露，情報希求行動といった【抱え込むケアからの脱出】が図られると，病気と向き合い知識を得ることや，家族会との繋がりから孤独感や不安が払拭され希望を見出し，病気との共存に腹を括るなど【闘病支援への目覚め】がなされていく。そして，家族成員や専門職者といった【協力者からの支援受諾】をすること，自責の念や自己抑制から解放される【囚われの認知からの赦し】をなすこと，〈自身に内在する偏見受容〉することが相互に関連し合い，ケアラーと当事者にとってバランスが取れたケア方法への進退を何度も繰り返し，経験の積み重ねによる対応できる感覚を拠り所に【ほどよいケア方法の形成】に至っていく。

　そして，ケアラーは，【ほどよいケア方法の形成】を契機に，これまで蓋をしてきた自分自身の夢や希望が喚起され，自分のペース配分に基づく生活

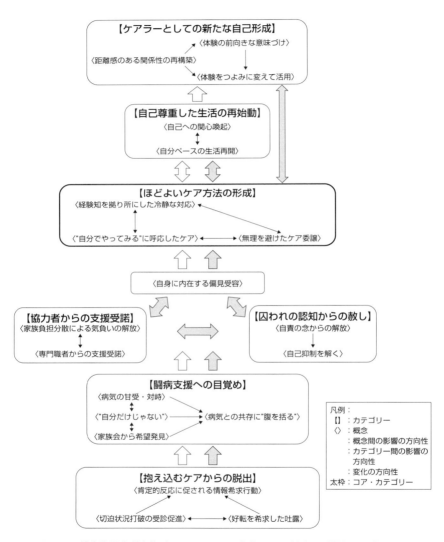

図14-1 統合失調症者家族がケアラーとして自分らしい生活を再構築するプロセス

が再開されるといった【自己尊重した生活の再始動】が図られるようにな
る。しかし，統合失調症は再燃と寛解を繰り返す慢性疾患であることから，
【ほどよいケア方法の形成】へ行きつ戻りつ徐々に【自己尊重した生活の
再始動】が確かなものへと移行していく。そして，ケアラーとして当事者と
の関係を俯瞰できるようになり，距離感のある関係性を再構築しながら，ケ
ア体験を前向きに意味づけ，自分自身のつよみとして活用する【ケアラーと
しての新たな自己形成】へと至っていく。

## 2）概念とカテゴリー（表14-1）

　20の概念が生成され，そこから8つのカテゴリーを生成した。

## III．考察

## 1）ほどよいケア方法の形成に至るプロセスと支援

　ケアラーは統合失調症の発症以降，ケアを抱え込む役割意識に捉われてい
た。この固定化された役割規範は，疎外感や介護生活への適応困難の要因を
もたらしていた。二者関係の親密なケアは，ケアを受ける側とケアする側の
人生が一体化するリスクを生じさせケアの社会化がされにくい[5]ことからも
【抱え込むケアからの脱出】は重要な始点である。〈肯定的反応に促される情
報希求行動〉のように，状況を吐露した際の反応を受け，ケアラーは情報希
求行動に踏み出しており，受容的な相談窓口の環境整備が急がれる。

　次に，【闘病支援への目覚め】は，ケアラーが病気と対峙したことにあ
り，〈家族会から希望発見〉は特に重要なプロセスである。家族会から得た
希望は将来展望と共にケアラーとして生きる意味に繋がり，次の局面への推
進力となる。また，ケアラーの〈自己抑制を解く〉変化は，ケアラーに本来
の自分を想起させ，楽しみや夢を意識することを促していた。Friedman[3]
は，家族が行う余暇活動は，家族の凝集性と満足感に影響する対処行動であ
るとし，ケアラーの自己抑制を解く変化が当事者との凝集性を強め〈"自分
でやってみる"に呼応したケア〉が可能な関係性へと発展させていた。【囚
われの認知からの赦し】が促進されるよう自己抑制に働きかける認知の修正
が重要である。それにより【協力者からの支援受諾】を可能とし，ケアを抱

194　　第Ⅳ部　研究実践への応用

表14-1　ケアラーとして自分らしい生活を再構築するプロセスのカテゴリー・概念・定義

| カテゴリー | 概念名 | 定義 |
|---|---|---|
| 抱え込むケアからの脱出 | 切迫状況打破の受診促進 | 当事者の様子から精神疾患ではないかという疑念を抱きながらも認めたくない思いの間で葛藤を抱きながら症状に耐え過ごすが，切迫した状況に追い込まれ，このままではいけないと精神科への受診を促進すること |
| | 好転を希求した吐露 | 状況が好転することを希求し，これまでケアラーの中で抱え込んでいた自身の状況を他者に打ち明けること |
| | 肯定的反応に促される情報希求行動 | 当事者の状況を初めて打ち明けた際の相手からの肯定的反応に安堵感を抱き，それを契機に促され情報を求め行動すること |
| 闘病支援への目覚め | 病気の甘受・対峙 | 当事者の示す言動や事象を病気によるものとして辛うじて受け止め，病気に正面から向き合い深く理解しようとすること |
| | "自分だけじゃない" | セルフヘルプグループ参加を通し，同じような体験をしている人に出会い「自分だけじゃない」と思える暖かみのある関係性の中で，心強く感じ孤独から抜け出すこと |
| | 家族会から希望発見 | 家族会メンバーの経験を見聞きすることで，苦悩の状況が永遠に続くという考えが否定され，いつか問題や逆境の中から抜け出し良い方向に進むといった希望を発見すること |
| | 病気との共存に"腹を括る" | 寛解と再燃を繰り返す慢性疾患であるという理解の芽生えにより当事者と共に病気と闘い生きて行くことに腹を括ること |
| 協力者からの支援受諾 | 家族負担分散による気負いの解放 | 当事者のケアを背負うことが自身の役割として認識しケアを中心とした生活から，他の家族成員からの協力を受け入れることで負担が分散され，ケアに対する気負いを解放させること |
| | 専門職者からの支援受諾 | 当事者のケアを一心に担いながら生活を続ける中で，専門的視点からケアラーの意向を汲み方向性を示してくれる専門職者に頼り支援を受け入れること |
| 自身に内在する偏見受容 | 自身に内在する偏見受容 | 偏見を持っていることで生じる弊害を理解した上で，自身が統合失調症に対する偏見を持っていることを自覚し受け入れること |
| 囚われの認知からの赦し | 自責の念からの解放 | 統合失調症の発症の原因と自身の言動を関連付け自責の念に苛まれていたが，発症と自分の言動とを区別して考えることができ，自分を責めることから解放されること |
| | 自己抑制を解く | 楽しむことにブレーキをかけ当事者が辛い思いをしているのだからケアラーも同じように感じていなければならないといった偏った役割意識と自己抑制を解くこと |

第14章 看護学×精神障害者家族 **195**

表 14-1 （つづき）

| カテゴリー | 概念名 | 定義 |
|---|---|---|
| ほどよいケア方法の形成 | 経験知を拠り所にした冷静な対応 | 未知の病気であった統合失調症を学び，当事者の症状に対応していく経験の積み重ねによりパターンが理解でき，実際に当事者の病状が安定していく姿を確認し対応可能だという確信を拠り所にパニックに陥らず冷静な判断と対応ができること |
| | "自分でやってみる"に呼応したケア | 当事者の「自分でやってみる」という主体性に反応し，これまでケアラーが請け負っていた生活に関わるほとんどのケアから，その一部を当事者ができることできないことで判断し当事者に任せるケアへとケア方法を変えること |
| | 無理を避けたケア移譲 | 頼れる資源や当事者とのかかわりにより，当事者の生活の全てを背負うことがケアラーの役割であるという思い込みから脱し，ケアラー自身ができること・できないことを判断し無理をせずに様々な資源を活用しケアの移譲をすること |
| 自己尊重した生活の再始動 | 自己への関心喚起 | 一心に向けていた当事者への関心が，当事者の病状の安定を実感するに従い自分自身にシフトすることで，これまで蓋をしていた自身の楽しみや夢が呼び起こされること |
| | 自分ペースの生活再開 | 当事者に合わせて動く日々の生活から，当事者のセルフケア自立に伴いケアラーが自分ペースの生活リズムを取り戻すこと |
| ケアラーとしての新たな自己形成 | 距離感のある関係性の再構築 | 当事者との関係性を省察し，自分自身の人生を自分のものとして認識し，また当事者の人生も当事者のものとして生きていけるよう願い，適度な距離感が互いに必要であることを自覚し距離感のある関係性を再構築すること |
| | 体験の前向きな意味づけ | 家族の統合失調症発症により起きた様々な出来事に対して，傷つき・苦労の体験と認識してきたが，再度，自分にとってどのような意味があるのか捉えなおしを行い，前向きな体験へと解釈を変換し意味づけすること |
| | 体験をつよみに変えて活用 | 自身の体験をケアラーだからこそ持っているつよみに変え，かつて自身が体験談に希望を見出したように混乱と不安の中にいる他の精神障害者家族の励みになるよう自分自身を活用すること |

え込まずコントロールしていく【ほどよいケア方法の形成】が成され，長期的なケアに前向きな挑みを可能にしていた。

196 第Ⅳ部 研究実践への応用

### 2) ケアラーとしての新たな自分を形成するプロセスと支援

　ケアラーは【ほどよいケア方法の形成】の獲得を基盤に,【自己尊重した生活の再始動】へと変化していた。それはケアラーとしてあるべき自分から趣味や楽しみを持った生活者としての自分へと生活を再構築していくプロセスであった。自己ケアのアパシー化に陥ったケアラーが,自己への関心を喚起させるために,介護する自分ではなく自己を語る場と機会の整備が重要である。〈距離感のある関係性の再構築〉は,ケアラーとしての新たな自己形成が図られたことを意味していた。Antonovsky[1]は,有意味感は把握可能感と処理可能感の高低に影響されるとしている。ケアラーが対応できているという対応可能感を認識できるよう,具体的な場面を言語化し解釈を加え伝え続けることが〈体験の前向きな意味づけ〉には大切であり,意味ある経験に裏付けられたケアラーの語りを〈体験をつよみに変えて活用〉できるよう整備することが【ケアラーとしての新たな自己形成】の促進に繋がる。

## 第2節　統合失調症者家族の自分らしい生活への再構築モデル──実践応用に向けての取り組みと活用の可能性

## Ⅰ．はじめに

　統合失調症者家族がケアラーとして自分らしい生活を再構築するプロセスは,ケアラーが生活者としての生活を再構築するプロセスであり,自分らしい生活を再構築するための支援モデルとなる。今後は支援モデルを応用した検証が必要である。

　今回,実現可能性と迅速性から,多様な局面のケアラーが存在する家族会での活用が可能であると考えた。研究者がフィールドワークをしている家族会で相談役をしている精神保健福祉士とのディスカッションを通し,家族会の中でモデルの実践応用を試みた。その結果から活用の可能性を検討した。

## Ⅱ．研究方法

### 1）専門職者とのディスカッション

　A家族会相談役である3名の精神保健福祉士に協力を得て，「統合失調症者家族がケアラーとして自分らしい生活を再構築するプロセス」結果図を資料としてディスカッションを実施した。

　ディスカッションの内容は「統合失調症者家族がケアラーとして自分らしい生活を再構築するプロセス」についての意見・どのように活用が可能であるかである。

### 2）A家族会メンバーへの実践応用

　A家族会メンバー10名に協力を得て，「統合失調症者家族がケアラーとして自分らしい生活を再構築するプロセス」の説明と，実践応用として学習会を実施した。

　学習会は，A家族会メンバーの特徴として当事者の病歴が長く，【ほどよいケア方法の形成】に至っているメンバーが主であることから，今回は【自己尊重した生活の再始動】に焦点を当て，学習会テーマは自己理解とした。自己理解の内容は，コンセンサスゲームをアイスブレイキングとして活用し，日常生活活動表[2]を基に実際の生活活動と自身が考える理想的な生活活動についてグループディスカッションを行った。

　学習会終了後，自由記述により意見を収集した。自由記述の内容は，①「統合失調症者家族がケアラーとして自分らしい生活を再構築するプロセス」の説明を受けた感想・意見，②学習会を終えての感想・意見，である。

## Ⅲ．研究結果および考察

### 1）専門職者とのディスカッション

　ディスカッション時間は90分であった。ディスカッションの内容は，逐語録を作成し，実践的応用について意味内容のまとまりで縮約しテーマをつけた（表14-2）。

198　第Ⅳ部　研究実践への応用

**表14-2　専門職者による意見・活用の可能性**

| テーマ | 具体的な内容 |
|---|---|
| 活用のしやすさ | ・段階「フェーズ」があることを分かりやすくまとめてくれたので，ケアラー理解の参考にしたい |
| | ・家族会メンバーができること専門職ができることの参考になる。メンバーと話し合っていきたい |
| | ・ケアラーに見てもらう時には具体的な感情の部分を添えた方がケアラーにはより伝わりやすい。事例などあればケアラーがイメージすることができ，理解が深まる |
| | ・プロセス全体を通して，分かりやすく難しくないのだと感じた。実際の家族の姿が想像できた<br>・分かりにくいところは研究者からの具体的なエピソードの提示により「なるほど」と納得し理解した。このモデルを活用するにあたり各局面のエピソード集（事例集？）を作成し併用して活用するとより活用しやすいものになる |
| 期待できる効果 | ・家族会内でもこの図を活用し，今自分が「どの位置にいるのか？」「この先どうなるのか？」という疑問への予測や道案内になる |
| | ・先の見えないケアラーの気持ちに，光を照らしてくれるような図になっている |
| | ・このプロセスは家族会メンバーでできることもたくさんあり希望となる。是非，このプロセスを家族会の研修会の中で伝えてほしい |
| | ・支援者としてもどの段階でどのような支援が必要なのか見える。支援者として必要な知識・情報を備えることができる |
| | ・各局面でできそうな支援が見えた。これまで，家族会メンバーの希望を聞いて何となく研修などを取り入れてみたりしたが，このようにプロセスが提示されると具体的に支援のタイミングや方法を考えることができる |
| 活用の具体<br>（全体的意見） | ・当事者のことはこれからは支援機関に任せる，自分はやらないという方もいる。「対峙する」「腹を括る」といった大変でも向き合おうとする気持ちこそが「これから」に向けて一番大切であり，原動力になる。その気持ちがあるだけですごいことだということをケアラーには改めて知ってほしい（この図の提示・説明だけでも支援になる） |
| | ・A家族会はこの段階（【自己尊重した生活の再始動】）で滞っているケースが多い。次はここを意識してこういう（自分を振り返り自己理解する内容の）研修会を入れようといった具体的で現実的な案が検討できる |
| 活用の具体<br>（局面ごとの意見） | 【抱え込むケアからの脱出】<br>・未治療者は実際に多い現状。早い段階で受診し医療に繋がればよい。相談員としてできることは，本人の前に家族が家族会や支援者（専門職）と繋がることが前進する切っ掛けだと考えている<br>・【抱え込むケアからの脱出】のために，ケアラーが相談してみようと |

第 14 章　看護学×精神障害者家族　　***199***

表 14-2　（つづき 1）

| テーマ | 具体的な内容 |
|---|---|
| 活用の具体<br>（局面ごとの意見） | 思える場所の情報をどう提示していくかが課題である<br>・このモデルを見て，医療に繋がっていない家庭もあるため，行政の広報誌に家族会の情報掲載を依頼，交渉をすすめる原動力になった<br>・民生委員と協力した地域ごとのケアラー支援も可能だと思った<br><br>【闘病支援への目覚め】<br>・従来の家族心理教育。家族会の中でも病気の勉強会や対応の在り方などできるのではないか<br>・心理教育は病院の中でも実施されているが集団教育がメインであり，個別に相談できる機会がないのではないか<br>・家族会に繋がってしまえば，病気と対峙することのお手伝いはできそうだ<br>・【闘病支援の目覚め】に繋がるのであれば，新規メンバーの加入の際には病気理解・薬のあれこれを伝える機会を取り入れたい<br><br>【協力者からの支援受諾】<br>・当事者のセルフケアが自立しても，離れられないケアラーは確かにいる。その場合，親亡き後について話し合うことを心掛けている<br>・【協力者からの支援受諾】ができるよう，シビアな忠告も大事<br>・ケアラー自身が当事者に巻き込まれがんじがらめになることと，ケアラー自身が当事者の世話を楽しんで生きがいにしていることは意味が違う。その行動を自分で判断し選択していることが大切。無理な引き離しは危険であると感じた<br>・このプロセスによると，この段階では無理をしないケアもあるということに理解を得ることが大切で，当事者と徐々に距離をとることは【ほどよいケア方法の形成】ができてからでも良いのではないかと理解できた<br><br>【ほどよいケア方法の形成】<br>・家族会の中で当事者の対応についてのグループワーク。たとえば，一つのテーマ「落ち着かない場合」を挙げ，どう対応しているか話し合う等。この時は専門職のファシリテーターは必要。こういった具体的な支援プランが立案できる<br>・社会資源の説明（専門職による）もこの段階で必要。〈無理を避けたケア委譲〉で活用可能な資源の情報を知っていることが大切<br><br>【自己尊重した生活の再始動】<br>・自分を取り戻す（自分は何が好きで何が得意でどのような希望や夢を持っているのか）機会：自分について考える機会として自己理解の研修を実施したい。現在，新規メンバーは 2 名ほどいるが，ほとんが【ほどよいケア方法の形成】ができるメンバーである<br>・今後の課題は【自己尊重した生活の再始動】であり，家族会の中で自己理解のワークをシリーズ化して実施したい |

*200* 第Ⅳ部　研究実践への応用

表 14-2 （つづき 2）

| テーマ | 具体的な内容 |
|---|---|
| 活用の具体<br>（局面ごとの意見） | 【ケアラーとしての新たな自己形成】<br>・家族会の経過が長いメンバーは，新規メンバーに自身の体験を語って<br>　くれたり活動的である。その背景には自分の体験を前向きに意味づけ<br>　ていることが知れた。前向きに意味づけられるよう支援が大切<br>・〈体験をつよみに変えて活用〉については，自分の体験を新規のメン<br>　バーに示したい…統合失調症の家族がいても市民活動を自由にできる<br>　んだということを示していることに感動した。そういった思いで活動<br>　しているということを理解したうえで支援していきたい<br>・つよみをもった家族会メンバーがもっともっと活動できる場を広げる<br>　ために検討していきたい |
| | ・〈体験をつよみに変えて活用〉について。行政との繋がりによる自信<br>　が出ることもある。手帳の割引といった制度の改善に取り組んだケア<br>　ラーがいた。精神障害者と家族が住みやすい街づくりに尽力していた |
| | ・〈体験をつよみに変えて活用〉について。イベント参加による地域と<br>　の繋がりがケアラーに良い影響。それが可能であることを示してくれ<br>　ている |
| | ・〈体験をつよみに変えて活用〉について。当事者の病状や自身の生活<br>　が落ち着いても家族会に参加してくれ，家族会のためのいろいろと動<br>　いてくれている人が，そういう気持ちで参加してくれていると思う<br>　と，感謝しかない。改めて感謝の気持ちを持った |

　ディスカッションの結果，【活用のしやすさ】【期待できる効果】【活用の
具体（全体的意見）】【活用の具体（局面ごとの意見）】がテーマとして挙
がった。

### （1）活用のしやすさ

　プロセスが分かりやすく，実際の家族の姿が想像できたといった意見が挙
がった。しかし，概念の意味が分かりにくい部分もあり，この点は，具体的
なエピソードの提示により齟齬なく理解が図られた。エピソードの提示がモ
デル理解に繋がることから活用性を高めるために，概念ごとのエピソード集
の作成は有効であろう。

### （2）期待できる効果

　ケアラー自身が「どの位置にいるのか？」「この先どうなるのか？」とい

第 14 章　看護学×精神障害者家族　*201*

う疑問への予測と希望に繋がるといった意見が挙がった。家族ピア教育プログラムの効果として当事者理解と対応の変化，そして体験談によるエンパワメントが挙げられるように，経験者の語りから成る実践モデルにより，ケアラーがエンパワメントされることが期待できる。また，支援者としての専門職が備えるべき知識・情報・支援のタイミングの可視化が可能となり，専門職者の手引きとなりうる。

### (3) 活用の具体（全体意見・局面ごとの意見）

　全体意見として，A家族会の特長として【自己尊重した生活の再始動】で滞っているケースが多く自己理解を促す研修会が必要といった具体的で現実的な研修案が検討できた。

　次に，局面ごとの活用の具体として，【抱え込むケアからの脱出】では，未治療期間の課題も含め，行政等への家族会のPR交渉をすすめる原動力となったといった意見があった。【闘病支援への目覚め】では，疾病教育の充実に関する意見，【ほどよいケア方法の形成】では，社会資源の情報提供や家族会メンバーの体験から対応方法を学ぶ機会を提供する等，具体的支援内容が挙がった。【自己尊重した生活の再始動】では，A家族会はこの局面で足踏み状態のケアラーが課題であり，今後，自分自身を取り戻す支援の足掛かりとして，自己理解の学習会をシリーズ化していきたいとの意見があった。最後に【ケアラーとしての新たな自己形成】では，自身の体験をつよみに変えて活用していることが分かり，そのつよみを持ったケアラーが活躍できる場を検討していきたいといった意見があった。

　ケアラーの役割[7]は，介護資源，専門職者の協力者，援助対象者，生活者といった4つあり「統合失調症者家族がケアラーとして自分らしい生活を再構築するプロセス」は，介護者であり生活者であるケアラーの両方を支えていくための支援の方法が示されていた。

## 2) 家族会での実践モデルの活用

　A家族会において，結果図をメンバーに提示し「統合失調症者家族がケアラーとして自分らしい生活を再構築するプロセス」を説明した。説明の時間は20分であった。次に，自己理解の学習会をおこなった。学習会の時間

202　第Ⅳ部　研究実践への応用

は約 60 分であった。学習会終了後，自由記述で意見を収集した。

### （1）「統合失調症者家族がケアラーとして自分らしい生活を再構築するプロセス」の説明を受けた感想・意見（表 14-3）

テーマとして，【モデルと自身の体験の比較】【モデルの活用】【モデルを通しての気づき】が挙がった。【モデルと自身の体験の比較】では，モデル同様の経過を辿ったといった意見がほとんどであり，【モデルの活用】については，希望を与えるものであるといった意見，途中段階におり希望を持ったといった意見があった。また，活用するにあたり用語の理解に課題があり，その対策として具体的なエピソードとの併用が挙がった。支援者とのディスカッションにおいても同様の意見があったことから，各局面の具体的事例を集めたエピソード集の作成は有効であろう。最後に，【モデルを通しての気づき】は，ケアラーとして頑張ってきた自分を承認する意見が挙がった。また，協力者の存在に気づき感謝したといった意見が挙がった。自身の体験との比較を通し自身が辿った体験を整理できると共に，途中の局面にいるケアラーにとっては自分らしい生活にすすむ示唆となっていた。

### （2）学習会を終えての感想・意見（表 14-4）

テーマとして【新たな発見】【気持ちの変化】が挙がった。【新たな発見】では，自分について新たな一面を知り自分を知ることは楽しいと感じられていた。また，自身の生活について理想的な生活が送れていることに気づくことができていた。【気持ちの変化】では，長らく蔑ろにしていた自分を大切にしようと思えた，自分を知ることは自分を楽しむことに繋がると気持ちが変化していた。自己理解をテーマにした学習会は，【ほどよいケア方法の形成】から次のプロセスである【自己尊重した生活の再始動】へとすすむ促進力に繋がると考える。

## Ⅳ．おわりに

実践モデルの応用として，家族会支援者である精神保健福祉士との実践応用の可能性をディスカッションし，A 家族会を対象にモデルの説明と A 家

第 14 章　看護学×精神障害者家族　　*203*

表 14-3　実践モデルについての感想・意見

| テーマ | 具体的な意見 |
|---|---|
| モデルと自身の体験との比較 | 全くその通りだったなぁーと，つくづく思いました |
| | このモデルと大体同じような経過を辿ってきた |
| | このモデルのように乗り越えた |
| | モデルに近い流れで今まで来ていると思いました |
| | 本当にこの通りだと思って涙が出そうになった |
| | 息子が一人暮らしをするようになって 6 年がたった。今では忘れ物でもしたかのように静かな日常 |
| モデルの活用 | 今はちょうど自分の生活を取り戻す段階かな。このモデルを見てそうできるんだって思えた。希望をもった |
| | 新しい混乱している家族の励みになると思う |
| | みんなこんな思いをしてきているんだと思った。そんなふうに励みになると思う |
| | これをもとにエピソードをたくさん集めてみては？　エピソードなら沢山ある |
| | 自分の経験と同じような流れであった。エピソードは山ほどある。このモデルとそのエピソードを活用することもできそう。たとえば，こうできるようになったのはこんなふうに行動したからって分かる |
| | 言葉が難しい。説明をしてもらえばよくわかる |
| | モデルの中に使われる言葉が難しくて，どういう意味なのか分からないこともあった。説明を受けることで，理解できたので，その説明を添えた資料だとありがたい |
| モデルを通しての気づき | ここまでくるのに長い時間がかかった。本当にこのモデルの通りで，同じような思いや行動をしてきた。その通りだと思うし，助けられたし頑張ったなって涙がでる |
| | ここまで本当に頑張ったと思えた |
| | 自分がこんなふうに辿ってきたんだと分かった。夢中だったから忘れていることもあった。自分は頑張ったんだと思った |
| | 私は自分の生活ができるようになった。けれど，いまだに息子が頼ってくる。毎日電話が来て本人の親離れも大切だと思った |
| | 今はほどよい距離で安定した生活を送っている。このプロセスを見て改めて多くの人に助けられて。感謝でいっぱいです |
| | その通りで，こうやって見てみるとこのプロセスがあったから自分の生活を始められていると思った |

ケアラー 13 名（うち 4 名研究協力者）

204 第Ⅳ部 研究実践への応用

表 14-4 学習会の感想・意見

| テーマ | 具体的な意見 |
|---|---|
| 新たな発見 | 自分を知ることは楽しい |
| | 知っているつもりでもこんな一面があると知れて新たな発見だった |
| | やる気も出た |
| | 自分の生活が良い生活と（グループメンバーから）助言を受け，理想的な生活ができていると気がついた |
| | 自分の時間の使い方はほとんど理想に近い生活だと知った。何気に良い生活を送れているんだと分かった |
| | 自分を知ることなんて普段やらない。やってみると自分の知らない自分がいて面白かった |
| | 自分について考える余裕がなかった時が長く，自分についてなんて忘れていた。自分を知ることができて良かった |
| 気持の変化 | 自己理解の勉強会をして，就労支援のスタッフから自分の生活を楽しんでくださいって言われていたのを思い出した。一体どうやって楽しむんだろうって思っていたけど，今回，自己理解の勉強会で自分を知るってことも楽しむことに繋がると感じた |
| | 自分のことは二の次で，息子のことにおわれていた。だから自分のことなんて忘れていたんだけど，今回，自己理解ができて自分を少し思い出すことができた。こういった自分について考える機会は自分らしくいられることに繋がると思えた |
| | 自分のことなんて考える余裕がなかったから，そのままないがしろにしていた。自分を大切にしようと思えた |
| | 自分の生活は自分の理想的な生活だと改めて分かった。嬉しくて自信が持てた |
| | 家族に固執することなく，自分自身の生活を見直すことができた。楽しかった |

族会の特長を踏まえた学習会の開催を実施した。実践モデルにエピソードを交えながら理解することで，支援者として専門職が備えるべき知識・情報・支援のタイミングが検討でき，ケアラーを支えるための専門職者の手引きとなりうる。また，次の局面に向けて促進力となりうる資源に示唆が得られる。実際，取り組んだ学習会によりケアラーは自分自身について振り返り，または発見し，自分を大切にしようと変化し【自己尊重した生活の再始動】への方向づけに繋がっていた。今回の実践応用により「統合失調症者家族が

ケアラーとして自分らしい生活を再構築するプロセス」がケアラー支援に有用であることが示唆された。今後，実践モデルの実用性を目指し，支援者・ケアラー両者から意見があった各局面のエピソード集を，ケアラーと共に作成していく。

## 注
* 1　第1節の研究は博士論文第4章を再構成したものである。
* 2　第1節の研究は科学研究費助成事業基盤研究（C）（一般）の助成を受けて実施した。
* 3　筆者は前調査として2カ所の精神障害者家族会でのフィールドワークとインタビューを実施しており，前調査（博士論文第3章）と文献検討の結果に示唆を得て定義づけている。

## 文献
1)　アントノフスキー，アーロン／山﨑喜比古・吉井清子監訳（1987）『健康の謎を解く──ストレス対処と健康保持のメカニズム』有信堂.
2)　フォックス，エレーヌ／栗木さつき訳（2023）『SWITCHCRAFT 切り替える力──すばやく変化に気づき最適に対応するための人生戦略』NHK 出版.
3)　Friedman, M. M. ／野嶋佐由美監訳（1986）『家族看護学──理論とアセスメント』へるす出版.
4)　伊藤正哉・小玉正博（2005）「自分らしくある感覚（本来感）と自尊感情がWell-being に及ぼす影響の検討」『教育心理学研究』**53**, 74-85.
5)　中根成寿（2006）「家族ケアを構成する二つの資源──知的障害者家族におけるケアの特性から」『立命館人間科学研究』**11**, 137-146.
6)　佐藤英（2012）「ケアに関する倫理的考察──共感と共感疲労の観点から」『岩手大学大学院人文社会化学研究科紀要』**27**, 1-24.
7)　Twigg, J., & Atkin, K.（1994）*CARERS PERCEIVED policy and practice in informal care*. Open University Press.

# 第15章

# 介護福祉学×ホームヘルパー

嶌末憲子・小嶋章吾

## 第1節 高齢者ホームヘルプ実践における生活場面面接の研究──M-GTA を用いた利用者の「持てる力を高める」プロセスの検討

## I．研究概要

### 1）研究背景

　居宅における高齢者の自立生活支援や介護予防が重視されているが，利用者にとって最も身近なホームヘルプは，身体介護や生活援助だけでなく，相談援助を統合的に提供することにより利用者の自立生活支援に貢献してきた。特に，優れた相談援助の実践事例とそれに基づく理論化を蓄積している[3),5),6),16),20)]。だが介護保険に関する苦情調査では，訪問介護に関する問題が上位を占めている[21)]。これは，裏返せばホームヘルプに専門性が求められることを意味する。特に，利用者がホームヘルパー（以下，ヘルパーと略す）にしてもらって最も嬉しかったことは，「ヘルパーの訪問そのもの」とともに「話し相手や相談に関すること」が上位であるという調査結果は，相談援助の重要性を示している[2)]。こうしたホームヘルプにおける相談援助が，「利用者の持てる力を高める」可能性を検討する必要がある。

### 2）研究目的・研究意義

　ヘルパーは利用者の日常生活全体に直接的に関与できる社会福祉専門職である。身体介護や生活援助をしながら行なったり，あるいはその合間に行な

う相談援助は，非専門的な会話と見られがちであり，そのプロセスや効果が正当に評価されにくいが，これは生活場面面接と捉えられる[8]。同じ生活場面面接でも，定時または随時に行うソーシャルワーカーやケアマネジャーの面接と比べ，より頻回にかつ長時間，利用者を援助しているヘルパーによる生活場面面接の内容や効果は必然的に異なるため，ヘルパーと協働する必要がある[9]。特に有効性と効率性の両立が重視される介護保険下では，利用者の多様なニーズや変化に富む状況把握のためのアセスメントやモニタリングにおいてケアマネジャーとヘルパーとが協働する有用性を指摘できる[18]。今後社会福祉援助技術を習得した介護福祉士のヘルパー就労が進むのに対応して，ホームヘルプにおける生活場面面接が社会福祉援助技術の一技法として確立される必要がある。

　従来の社会福祉領域における生活場面面接研究は，入所施設における研究や理論研究が中心であった[1), 7), 11), 15)]。筆者らは，ホームヘルプの相談援助について事例研究などを試みたが，生活場面面接の特性とケアワーク面接の提唱にとどまった[8]。また特定場面の内容分析を試みたが，援助プロセス全体の分析には至らなかった[3]。他に，ケアワーカーの言葉かけによる効果研究[19]やコミュニケーションスキルの研究，ヘルパーのコミュニケーションや相談援助への着目はあるが[4), 10), 12]，生活場面面接に関する研究は見られない。

　生活場面面接の重要性は認識されてきたが[14]，現在のわが国で求められる自立生活支援の方法として生活場面面接の体系化が求められる。そのためには，利用者の自立生活をもたらす優れた援助効果を生み出しているホームヘルプ実践をもとに，生活場面面接のプロセスの明確化，さらには生活場面面接技法を活用したホームヘルプの専門性の解明が研究課題となる。

　研究目的は，直接的にはホームヘルプにおける生活場面面接のプロセスの明確化であるが，居宅高齢者のエンパワメントや QOL の向上に有効なホームヘルプの専門性が正当な評価を得られることを期待する。

## 3）分析テーマ・分析焦点者・研究協力者

　分析テーマは，「ホームヘルパーによる生活場面面接が利用者の『持てる力を高める』プロセス」とし，分析焦点者は高齢者を対象とするヘルパーとした。研究協力者は，相談援助を実践する 10 人の熟練したヘルパーである。

## II. 結果図とストーリーライン

結果図を図15-1に示す。ヘルパーは,利用者の【持てる力を高める】(コア・カテゴリー)及び「肯定的交互作用の流れづくり」に向けて利用者自身のさまざまな側面に働きかける。【持てる力を高める】プロセスは,複雑で大まかな変化の方向性や影響については確認できたが,諸カテゴリーのいずれからもその流れを作ることができる点に着目し,これをコア・カテゴリーとした。ヘルパーによる相談援助は,身体介護や生活援助を継続して行いながらあるいはその合間に行われることにより,ヘルパーならではの【肯定的感情の醸成】や【知覚(感覚・記憶)の活性化】に示したように利用者の感情や感覚が豊かに高まっていく。そのプロセスのもとで利用者やヘルパーの双方にとっての目標や変化の流れを生む【行動への働きかけ】や根源となる

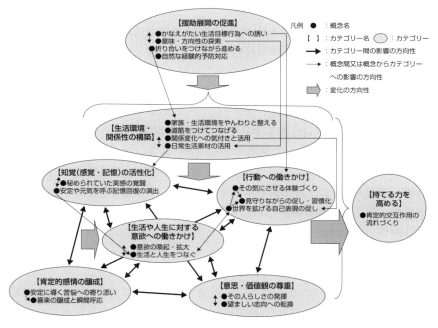

図15-1 利用者の「持てる力を高める」プロセス

【生活や人生に対する意欲への働きかけ】が展開される。ヘルパーは利用者がその人らしく暮らすうえで一見無謀と思えるような場合でも，説明や説得ではなく利用者の状況に合わせ，変化の鍵となる【意思・価値観の尊重】に徹しながら多様な相談援助のスタイルを貫いていた。このような変化のプロセスが浮き彫りになったが，これらのカテゴリーの交互作用により持てる力の幅が拡がったり深化していく流れを生み出すことができる。その基盤には，【生活環境・関係性の構築】といった環境的側面への働きかけの継続と，媒介的働きかけである【援助展開の促進】が存在し，これらが総体的に利用者の持てる力を高める結果をもたらしている。ヘルパーは，身体介護や生活援助とともに行う相談援助を通じてこれらの肯定的交互作用の流れをその時その場面でつくっていくのである。

## 第2節　生成理論による多面的応用の可能性——実践・教育・研究・国際発信における F-SOAIP の活用

### Ⅰ．M-GTA による研究成果の応用対象と研究計画との関連

#### 1）生成理論を実践上共有化できる M-GTA——他の質的研究の動向や限界を超えて

　医療福祉領域では概して，得られた研究成果を限定的に用いることが多く，たとえば，訪問介護から導かれた結果を入所施設で従事する介護職には活用できないといったことが見られる。このような傾向は，自然科学系ではさらに強まるが，対人支援の実践研究を進める上では，継続的な縦断研究とともに，横断研究等の混合研究も必要となるため，新たな知見を創出しにくい研究土壌につながっているように見受けられる。そのため，介護におけるコミュニケーションや相談支援に関する研修や教育は，長らく事例をもとにコミュニケーションの意義を示したり，ソーシャルワークやカウンセリングにおける半世紀前までの諸原則等に則って事例を紹介するにとどまっていた。

　その結果，経験豊富なホームヘルパーによる相談支援の経験をいくら蓄積

しても，新たな知見を見出し，理論化して伝承することは困難であった。

## 2) 応用対象拡大を見すえた研究計画と理論的サンプリングの重要性

　筆者らは当初研究計画を立てる際，生活場面面接を理論化するには，どの領域を取り上げるのが有効かを検討した。そこで，研究に着手した当時，ホームヘルパーによるコミュニケーションを中心とした関わりは「ブラックボックス」だとも称されていたこと，また，ホームヘルパーによる相談援助の役割を明確化することにより訪問介護の専門性向上に資すること，さらに，ホームヘルパーによる生活場面面接の実際にこそ豊富なデータが見い出せることを考慮し，同じく居宅介護に関わる在宅介護支援センター（当時）の社会福祉士等の他職種を対象とする研究に優先させて取り組んだ。

　当時のインタビュイーであるホームヘルパーのなかには，社会福祉士資格を有する者や広く介護経験を有している訪問介護事業所の管理者，公務員として訪問介護を提供していた者もいたためか，M-GTA による研究成果は，居宅介護に限らず介護領域の全体において，ほぼ活用できるものとなった。

　第3章で紹介したように，筆者らの研究結果は，介護職員の他，社会福祉士の生涯研修，MSW や民生委員への研修等でも応用できたことから，**理論的サンプリングをする際，応用範囲のことも想定しておくことが望ましいの**ではないかと考えられた。

## II．研修応用として対象の拡大——民生委員・相談職・医療職等

　第3章で紹介したように，M-GTA の研究成果を研修で応用する場合でも，他領域への応用は，カテゴリー別の概念・定義・バリエーションが有効であったと考えた。生活場面面接の経験が豊富な訪問介護員による概念と定義だけでは，対象を拡大しても，実践をイメージすることが困難な場合もあったからである。

　これらのことから，概念名やその定義，バリエーションの豊富さが影響をもたらすと考え，研修時には受講者に合った例示を補足した。

　当初の研究計画との関連では，M-GTA による生活場面面接のプロセス研

究を相談援助職であるソーシャルワーカーではなく，ケアワーカーである
ホームヘルパーに焦点化したことで，民生委員や医療職からも賛意が得られ
たとものと考えられる。

その根拠としては，たとえばカテゴリーに【行動（活動・参加）へのはた
らきかけ】の概念〈関わりながらの促し・習慣化〉や，概念〈世界を拡げる
自己表現の促し〉の定義「多様な関わり場面をとらえ，利用者の感情や関心
を拡げたり，新たな体験につながるよう自己表現の機会を促していくこと」
の波線（＿）は，相談支援専門職では中心になりにくいものだからである。

他方，医療職としての本来の支援，看護やリハビリといった関りや，地域
住民でもある民生委員の多岐にわたる関わりと一体化したものが生活場面面
接のプロセスであることを表現できたことにより，対象を拡大した場合で
も，応用が可能になった考えている。

その後，生成した理論応用が研修対象や教育へと拡大するにあたり，新た
な教材開発の必要性が高まっていった。

## III. 生成理論の多面的応用に向け新たに作成した教材

### 1）相互作用プロセスを理解しやすい4コマ漫画——概念と定義に沿ったバリエーション場面

研修時間やキャリアが十分でないホームヘルパー，さらには研究成果をテ
キスト類に掲載できるようになってからは，主要な概念をバリエーションと
なった場面を4コマ漫画（図15-2）として示すことで，研究成果を解りや
すく伝えることに寄与できたと思われる。

なお，過去の4コマ漫画は（ホームヘルパーの専門雑誌等に掲載）次の
URL を参照されたい（https://researchmap.jp/S100825）。

なお，4コマ漫画の各吹き出しに「S」「O」「A」「I」「P」が振ってある
が，第3章で紹介したように，**M-GTA による生活場面面接の理論の応用を
図る段階で，対人支援専門職と利用者や家族との相互作用を可視化できる経
過記録法「F-SOAIP（エフソ・アイピー）」の開発に至った。**

定義や各項目については，図3-4「生活支援記録法（F-SOAIP）で用いる
6項目」（46頁参照）を，また後の F-SOAIP の普及や反響等については，

**図 15-2　生活場面面接の概念「大切な実感の覚醒」4 コマ漫画――F-SOAIP による記録**

場面例

概念およびカテゴリー：大切な実感の覚醒【知覚（感覚・記憶）の活性化】
定義：ケアに溶け込むような自然な声かけによって，呼び起された利用者の季節感や爽快感，生活感等，様々な実感を十分に感じてもらい覚醒・強化を図ること。
例示：持病の悪化による入退院後，食欲もなく会話もしなくなった利用者（男性）に対して，車いすにて通院介助の場面です。通り道の桜に思いを寄せた利用者の気持ちを見逃さず，言葉かけによってその思いを広げることで生きていることの実感を呼びさまし知覚（感覚・記憶）を活性化させ，食欲に結びつけた場面である。

作図：島村祐希（一般社団法人 F-SOAIP 実践・教育研究所 研究員）

ホームページ（https://seikatsu.care/）にて確認されたい。F-SOAIP は，M-GTA の理論応用の研修・教育の段階にて作成した次項の「生活場面面接ワークシート」をさらに，実践現場で応用できるよう開発したものである。

## 2）「生活場面面接プロセス理論」の研修・教育・実践への応用を可能とするリフレクティブな教材──「生活場面面接ワークシート」から「リフレクティブ・プロセスレコード」へ

　前項のように「生活場面面接プロセス理論」を応用するために，研修・教育用の教材として開発した「生活場面面接ワークシート」は，特に E 欄「意味づけ（振り返り）」に概念名を記入することができるようになっている。これにより，研修受講者は自らの実践場面について，M-GTA によって生成した概念の適用可否を検討することができる。図 15-3 は，「生活場面面接の典型例」の一連の場面を「生活場面面接ワークシート」に記入したものである。

　その後の生活場面面接研修のなかで，実際に演習として活用できるようになったため，「生活場面面接ワークシート」に「上手くいった場面」か「困難な場面」を選択できる項目を追加した。さらに研修を重ねるなかで，新たな教材として，生成した概念を意図的に活用できるような，「好循環場面」も必要となった。この「好循環場面」の作成には，M-GTA による概念生成の段階で，類似例と対極例を検討したことが役立った。よくある例であっても，意義ある場面を選定し，対極例を含めて概念化したこと自体画期的であったが，教育や研修の場面では，「生活場面面接プロセス理論」にもとづき，受講者自身の実践をリフレクションすることができ，受講者はさらに，生成理論にもとづく意図的な実践を展開できるとの感触を得ることができた。このようにして，「生活場面面接ワークシート」を定番の研修教材としてきた。

　生活場面面接を実践するケアマネジャー等より，生活場面面接によって実践の質向上の実感はあるが，支援経過記録に記述するのが難しいとして，提出課題に「生活場面面接ワークシート」を貼り付けている受講者が見られるようになった。「**生活場面面接ワークシート**」を用いることにより，**生活場**

214　第Ⅳ部　研究実践への応用

## 図 15-3　生活場面面接ワークシート（記入例）

生活場面ワークシート　　記入日：2013・5・31　　ホームヘルパー経験：3 年 6 月　　所属：<u>太郎訪問介護ステーション</u>　　氏名：<u>福祉　花子</u>

| その場面を取り上げた理由：利用者の自己表現が見られ，夫の A さんへの理解が深まる等多くの効果が得られたため |
|---|

| 事例の概要：A さん，65 歳の女性。全面介護の状態。ほとんど発語なく，叫び声や痛いと訴える程度。夫と息子の 3 人暮らし。夫のきつい言葉や介護時に軽く手が出るなどの虐待が見られる。息子は仕事が忙しく家にはほとんどいない。<br>援助目標：① A さんの自己表現の促進や意欲の向上，② 夫の A さんへの理解促進と介護意欲の向上。 |
|---|

| A　まわりの状況<br>（話し言葉は「　」書き） | B　利用者の言動<br>（話し言葉は「　」書き） | C　援助者の思い | D　援助者の言動<br>（話し言葉は「　」書き） | E　意味付け<br>（振り返り） |
|---|---|---|---|---|
| ①デイサービスセンターから誕生日カードが送られてきていた。<br><br>⑥夫は「どうせ，おまえなんか見てもわからないと思って黙っていたんだけど」とバツが悪そうな様子。 | ②全く感情表現や意欲を示さない<br><br>⑤わずかながら表情が和らいだ | ③清拭介護時に A さんの興味のありそうな話題を聞いてみよう | ④「デイサービスの様子はどうですか？」<br><br>⑦「A さんと一緒に見たいです」 | デイサービスでの様子や興味を確認<br>→●意味・方向性の探索<br>誕生日カードを見ることをうながす<br>→●日常生活素材の活用<br>デイでの楽しい記憶を共有<br>→●安定や元気を呼ぶ記憶回復の演出 |
| ⑧夫は誕生日カードをすぐに見せてくれた<br>⑫夫「こいつが笑ったり泣いたりするなんて。何を言ってもわからないと思っていたから何もしゃべらなかったのに……」<br><br>⑮普段は怖い顔をしている夫の目も潤んできた | ⑪カードを握っていた A さんの顔が思わずほころび，握っていた A さんの手に少し力が入った様子。A さんの目が少し潤んできた | ⑨デイサービスは楽しいのかも。夫も正直に話してくれたのでコミュニケーションを取れないだろうか？　読めないかもしれませんが，見せながら一緒に読んでみましょう。<br>⑬A さんの気持ちに応えたい。夫との関係を取り持つことができるかもしれない。 | ⑩カードの言葉を読みながらデイサービスの様子を少し話し，「デイサービスのみなさんは A さんを大切に思っていらっしゃるんですね」」と話しかけた<br><br>⑭「A さんはいろいろとわかっていらっしゃって，ご主人とお話しされたかったのかもしれないですね」と，A さんの手を握り返した | 大切にされている実感を呼び起こす<br>→●大切な実感の覚醒・強化<br>→●世界を拡げる自己表現の促し<br><br>A さんの喜びを夫にも共有してもらえたようだ<br>→●家族・生活環境をやんわりと整える |
| ⑰夫が A さんに「ヘルパーさんに手を振らないの？」と勧めた | ⑱普段ほとんど動作のない A さんが手を振り上げた | | ⑯退出時，「A さんの笑顔が見れたので嬉しかったです。私も元気が出ました」と，手紙を見せてくれた夫に感謝し，その行為を賞賛した<br>⑲「A さんには手紙がいいみたいですね。私も A さんとと今日のような笑顔を見せてもらえるように頑張りますから」 | 夫婦間の感情の交流に，援助者としての率直な感情を表現してみた<br>→●喜楽の醸成・瞬間呼応<br>今日のやりとりの意味を今後に生かしたいと考えた。<br>→●道筋をつけてつなげる |

※「E　意味づけ（振り返り）」欄の●印は，生活場面面接の概念を示している。

面面接プロセス理論の応用場面に限らず，他の研究者による生成理論のデータ収集にも活用できるのではないかという着想に至った。このような経緯を経て「生活場面面接ワークシート」をもとに，より汎用性のある教材とするために，具体的には個人のリフレクション欄とチームのリフレクション欄を追記し，多様な領域でミクロからメゾへの波及効果を期待できる「リフレクティブ・プロセスレコード」と改称した。当時筆者らは，同時に「生活支援記録法（F-SOAIP）」の研究や研修にも着手していたのだが，「リフレクティブ・プロセスレコード」を，リフレクティブな F-SOAIP の教材としても活用している。「リフレクティブ・プロセスレコード」の根拠としたリフレクションの理論や実習教育における活用例については，著者らの論考を参照されたい[17],[18]。

## IV．M-GTA による実践応用の機会拡大への展望——生成理論の応用により開発した F-SOAIP を活用して

### 1）M-GTA における経過記録データ活用の提案

　本節では，M-GTA により生成した「生活場面面接プロセス理論」の多面的な応用例を紹介してきたが，応用の範囲は実践面にとどまらず，教育・研究面，さらにグローバルな活用面も視野に入れることができることを提示した。

　ここで今後をみすえ筆者らが開発した F-SOAIP が，「生活場面面接プロセス理論」を実践・教育・研究面で応用してきた成果をさらに連環していることを示しておきたい。F-SOAIP それ自体は多職種の実践過程を可視化することのできる経過記録法であるが，同時に質的データ収集法・質的データ分析法としての活用も始まっている*。F-SOAIP で得られたデータは，インタビューデータと相補的なリアルワールドデータであり，「生活場面面接プロセス理論」の最適化研究にとっても，また新規発展研究にとっても必要なデータ収集に活用しうるものである。

　筆者らが業務上の経過記録から得られるデータ活用を重視しているのは，M-GTA 研究会の元会長であった小倉啓子氏が，M-GTA による研究データの一部として，ご自身の経過記録を活用していたと伺ったことが原点となって

いる。筆者ら自身が，M-GTA による研究を進めるにあたり，理論的サンプリングやインタビュー等に相当の時間を要したことから，データに真摯に向きあうことの大切さとともに，分析テーマに適ったデータ収集の労力と限界について身を持って痛感したことが，F-SOAIP のデータ利活用の着想に至った。

## 2）M-GTA の特性に基づく ICT・AI 活用の重要性

　近年，各種の質的研究分析ソフトウェアが開発され，論文にも使用されるようになった。また生成 AI の急速な普及も今後の質的研究に大きく影響を及ぼしていくことも想像に難くない。そこで重要なことは，文脈を破壊するようなデータの切片化を採用せず，主としてインタビューデータの深い解釈をもとに概念生成を行ない，動態的理論を生成する M-GTA の分析方法を踏襲することである。この点，既に市販されているような質的研究支援ソフトが【研究する人間】を重視する M-GTA に取って代わることはできないであろう。

## 3）M-GTA の普及を図る F-SOAIP の活用

　分析テーマと分析焦点者の視点からデータを分析しようとする M-GTA は，ヒューマンサービス領域に特徴的な専門職，関係者，利用者の相互作用そのものに焦点を置くことは難しい。この点，専門職等により日々蓄積されていく経過記録に F-SOAIP が採用されていれば，相互作用のデータ（動態的データ）を収集することができる。インタビューデータをもとに理論生成を図る M-GTA と，M-GTA による生成理論の実践応用の結果をデータ化する F-SOAIP の相乗的な活用により，実践・教育・研究にイノベーションを起こすことが期待できる。

　たとえば，あるホームヘルパーは，いち早く「生活場面接プロセス理論」とその後 F-SOAIP を実践に導入された[13]。同時に，第 7 章の和田氏も，M-GTA による生成理論を実践応用し，同時に同氏の医療機関で F-SOAIP を導入している。つまり，生成理論の実践応用の結果が，F-SOAIP によって得られる動態的データとして日々蓄積されているわけである。F-SOAIP による動態的データをもとに，具体的に分析テーマに沿った理論的サンプリン

第 15 章　介護福祉学×ホームヘルパー　*217*

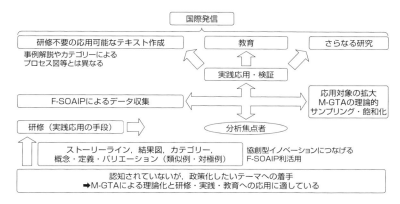

**図 15-4　M-GTA の着手から実践応用における F-SOAIP の活用**

グができる環境が整備されれば，M-GTA の最適化研究や新規発展研究にとっても飛躍的な成果を生むことができる可能性がある。

　ヒューマンサービス領域では，臨床実践も教育実践も研究実践も課題解決のために，日々動態的データと向きあっている。いままで「認知されていないが，政策化したいテーマ」で，M-GTA による理論化が求められる課題であっても，修士論文や博士論文レベルや相当の研究期間を要するとすれば，実践応用の検証が難しく，喫緊の課題に係る実践にイノベーションは起こりにくいであろう。筆者らは約 20 年間，M-GTA による理論化とその応用に携わってきた経験から，真にデータと向きあい実践にイノベーションを起こすためには，分析したいテーマに適うデータが F-SOAIP により自動的に蓄積される記録システムが用意されれば，M-GTA による生成理論の応用と同時に検証も可能となり，国際発信も可能になると考えている。

　図 15-4 は，以上のことを俯瞰的に描いたものである。M-GTA の着手から実践応用における F-SOAIP の活用により，筆者らが M-GTA に要した相当な時間と労力に比べて，飛躍的に効率的かつ効果的な質的データの分析と，生成理論の多面的な応用が可能となることを心から願う。

## 注

\*　　国際医療福祉大学大学院 共通科目「質的研究法各論」において，経過記録

218 第Ⅳ部 研究実践への応用

法としての F-SOAIP を，質的データ収集法・質的データ分析法として教授
している。

## 文献

1) 相澤譲治（1998）『障害者ケアと福祉実践』相川書房，pp. 85-92.
2) 長寿社会開発センター（2002）「要介護認定を受けた在宅高齢者の介護環境に
   関する実態調査報告書」長寿社会開発センター，282.
3) ホームヘルパー資質向上のための研究会編（2003）「訪問介護における専門性
   の明確化と現任研修プログラム開発に関する研究」
4) 井上深幸・趙敏廷・谷口敏代・谷川和昭（2004）『対人援助の基本と面接技術』
   日総研.
5) 石田一紀（2002）『介護における共感と人間理解』萌文社.
6) 石毛瑛子・大橋佳子・須加美明（1999）『新・ホームヘルパーのためのガイド
   ブック』誠信書房.
7) 笠原幸子（2003）「介護福祉士の実践におけるソーシャルワークの役割——
   「生活場面面接」を中軸として」『介護福祉教育』**8**（2），19-26.
8) 小嶋章吾・嶌末憲子（2000）「ケアワークにおける生活場面面接に関する一考
   察——介護保険下のホームヘルプにおける「ケアワーク面接」」『介護福祉学』
   **17**（1），24-35.
9) 小嶋章吾・嶌末憲子（2004）「在宅介護支援センターの協働実践」 副田あけ
   み編著『介護保険下の在宅介護支援センター』中央法規，206-241.
10) 是枝祥子（2002）『ホームヘルパー現任研修テキストシリーズ5——コミュニ
    ケーション・ハンドブック』日本医療企画.
11) 久保紘章（1981）「構造化されていない面接——生活場面面接の視点から」
    『ソーシャルワーク研究』**16**（4），18-22.
12) 國光登志子（2002）『ホームヘルパー現任研修テキストシリーズ4——相談・
    助言ハンドブック』日本医療企画.
13) 牧野裕美・石井幸枝・嶌末憲子・小嶋章吾「F-SOAIP でケアの実践変容を 第
    7回」『月刊ケアマネジメント』2024年7月号，33-37.
14) 松原康夫（2001）「面接」 福祉士養成講座編集委員会編『社会福祉援助技術，
    新版介護福祉士養成講座5』中央法規，137-138.
15) 根本博司（1979）「老人ホームにおけるケースワーク」 全社協・老人ホーム
    における入所者処遇に関する研究会編『老人ホーム処遇論——老人ホームに
    おける入所者処遇に関する研究報告』全国社会福祉協議会，100-110.
16) 世田谷対人援助研究会編（1999）『ホームヘルプにおける援助「拒否」と援助
    展開を考える』筒井書房.
17) 嶌末憲子（2018）.「教育訓練用記録」副田あけみ・小嶋章吾（編著）『ソー
    シャルワーク記録［改訂版］』誠信書房，177-187.

18）嶌末憲子・小嶋章吾（2005）「相談援助の方法」 ホームヘルパー養成研修テキスト作成委員会編『生活援助・相談援助・関連領域　2005年改訂版』長寿社会開発センター，93-115.

19）武村真治・橋本迪生・古谷野亘他（1999）「介護サービスが高齢者に及ぼす効果に関する介入研究——特別養護老人ホームにおける「声かけ」の効果の検証」『老年社会科学』**21**（1），15-25.

20）鳥羽信行・森山千賀子（2003）『ホームヘルパーのための対人援助技術——共感的理解と関係性をきずくために』萌文社.

21）東京都国民健康保険団体連合会（2004）「東京都における介護サービスの苦情相談白書」16-27.

# あとがき

　本書にご寄稿いただいた各位には，編著者としてそれぞれに強い思いを持ってご依頼した。

　第4章の藤原佑貴氏には，M-GTA研究会のレポートの転載に補記していただく形でご無理をお願いした。本書に収録している応用例の中で唯一「再分析」（木下，2020, 74頁）にあたる具体例だからである。同時に，読者にはM-GTA研究会の定例研究会の様子について臨場感を持って垣間見ていただけることだろう。M-GTA研究会の内部資料であるニュースレターからの転載を許可いただいた世話人のみなさまと，その手続きの労を取っていただいたM-GTA研究会事務局長 根本愛子氏に感謝したい。

　古城恵子氏の第5章は，第1節，第2節とも既発表論文となっており，それぞれの末尾に結果の実践的活用の具体が提示されている。第2節は第1節に対して新規発展研究の好例である。

　小池純子氏の第6章第1節は，氏が科学研究費補助金基盤研究により取り組んでいた研究チームにお誘いいただいた共同研究による研究成果の1つである。第2節は最適化研究の好例となっている。

　第7章の和田真一氏は，編著者が本書の編集作業中に出会ったばかりの方であったが，その場でご寄稿をお願いしたものである。というのは，第3章と第15章第2節で言及されているF-SOAIPを，氏が院長を務めるクリニックにおいて多職種で取り組んでいるとの情報を得て，筆者が氏とオンラインの打ち合わせの機会をいただいたところ，その席上で氏がM-GTAによる結果を既に実践応用されているとのお話を聞いたからである。

　平川俊功氏は，第8章第1節の論文発表後も，研究成果を教育学の実践現場での応用に取り組んでこられた。なお，共著者となっている水戸美津子氏は，M-GTA研究会の元会長である。

　山口みほ氏の第9章と浅野正嗣氏の第10章は，ソーシャルワーカー向け

のスーパービジョンの共同研究の成果である。なお，それぞれの第1節は，いずれも浅野氏の編著書をもとにしている。

藤江慎二氏の第11章第1節は，M-GTAで取り組みたいとの相談を受け，研究テーマを拝見した時，専門職の質向上のためにも解決すべき待ったなしの現実課題であり，同時にM-GTAが最適な研究方法でもあると確信した研究である。その後も一貫して取り組まれているテーマは，まさに最適化研究である。

佐瀬恵理子氏の第12章は，第1節・第2節とも既発表論文となっている。第2節では，第1節の研究協力者をもとに，再度M-GTAで取り組んでおり，言わばM-GTAによる縦断的研究となっていること，および政策提言にまで及んでいることが特徴的である。

第13章の野中光代氏は，M-GTAによる研究について所属学会で奨励賞を受賞され，さらに研究応用の論文化もされている。M-GTAによる研究がこのような社会的評価を得られたことも注目に値する。

第14章の木村由美氏は，博士論文の完成前より，その一部としていたM-GTAによる結果の臨床応用に精力的に着手されていた。第2節は中間報告と言ってよいが，現在進行形の臨床応用のホットな内容となっている。

第15章の蔦末憲子氏は，編著者にとって，M-GTAによる生活場面面接研究，その後のF-SOAIPの開発研究や協創型イノベーションリサーチの共同研究者であり，第2節はM-GTAによる研究結果がその後，どのように展開の途を辿っているかについて，示唆に富む論考になっている。

いずれの章の執筆者も，編著者の無理なご依頼に対して，快くご対応いただくことのできた方々ばかりであるが，その結果としてこのような書籍に結実させることができたことに感謝申し上げたい。

特筆すべきことであるが，本書にはM-GTAに関しては偉大過ぎるお二人の先生より推薦のお言葉をいただいた。M-GTAの開発者である木下康仁先生からはカバーに推薦文をお寄せいただいた。また，巻頭言にはM-GTA研究会（東京）の林葉子会長がご寄稿くださった。先生方がM-GTA研究会の発足時からこれまで支えてこられたことに敬意を表し，本書への理解と支援をいただいたことに深謝したい。

最後になるが，株式会社誠信書房の代表者柴田敏樹氏には，編著者の主旨

を汲み取っていただき，また，編集部の中澤美穂氏，楠本龍一氏，小寺美都子氏には，始終温かく編集を支援いただいたことに，心より感謝申し上げたい。

補記

　本書の編集作業中の 2024 年 3 月 18 日，木下康仁先生が逝去された。先生の帯文をお預かりしており，刊行の暁には，真っ先にご高覧いただきたいとの思いを強めていた矢先の訃報であった。編著者および執筆者一同は，あらためて帯文に象徴される先生の期待を胸に刻み，さらなる実践応用の究みをめざしていきたい。先生のご冥福をお祈りし，ご遺族への哀悼をここに記します。

　2024 年 10 月 11 日（日本原水爆被害者団体協議会のノーベル平和賞受賞に因んで）

編著者　小嶋章吾

# 初出一覧

**第 1 章**
小嶋章吾「基礎講座 M-GTA を学ぶ——第 1 回」（介護福祉学，**26**（1），2019，46-54 頁）
**第 2 章**
小嶋章吾「基礎講座 M-GTA を学ぶ——第 2 回」（介護福祉学，**26**（2），2019，136-148 頁）
**第 3 章**
小嶋章吾・嶌末憲子「基礎講座 M-GTA を学ぶ——第 3 回」（介護福祉学，**27**（1），2020，
　73-83 頁）
**第 4 章第 1 節**
藤原佑貴・小嶋章吾「非行少年が，犯罪から離れた新たな生き方を見出していくプロセ
　ス」（M-GTA 研究会 News Letter No. 65, 2013, 2-11 頁）
**第 5 章第 1 節・第 2 節**
古城恵子・小嶋章吾・福丸由佳「二分脊椎児の父親の地域生活に対する思い——ソーシャ
　ル・キャピタルに着目して」（家族心理学研究，**31**（2），2018，119-131 頁）／「二分脊椎
　児の母親のソーシャル・キャピタル醸成プロセス」（障害者問題研究，**48**（4），2021，311
　-318 頁）
**第 6 章第 1 節**
小池純子・小池 治・佐藤裕大・小嶋章吾「重大な他害行為を行った精神障害者の入院中
　の回復プロセスの解明と看護支援—— M-GTA を用いた前向きさを取り戻した経験に基
　づく分析」（日本精神保健看護学会誌，**28**（1），2019，1-11 頁）
**第 7 章第 1 節**
和田真一・長谷川幹「脳損傷による中途障害者の長期的な主体性回復のプロセス」
　（*Japanese Journal of Comprehensive Rehabilitation Science*, **10**, 2019 年），和田真一・長谷
　川幹「脳損傷における中途障害者の長期的な主体性回復のプロセス：Ⅱ．主体性回復を
　促す周囲のかかわり方」（*Japanese Journal of Comprehensive Rehabilitation Science*, **10**,
　2019）
**第 8 章第 1 節**
平川俊功・水戸美津子「高等学校における養護教諭の行う生徒への発達支援に関する考
　察」（学校保健研究，**53**（3），2011，241-249 頁）
**第 9 章第 1 節**
山口みほ「職場外個別スーパービジョンを通したスーパーバイジーのソーシャルワーク実
　践に関する認識変化のプロセス」（浅野正嗣編，『ソーシャルワーク・スーパービジョン
　実践入門——職場外スーパービジョンの取り組みから』みらい，2011，94-109 頁）

**第 10 章第 1 節**

浅野正嗣「スーパーバイジーのソーシャルワーカーとしての自己理解の深化のプロセス」
（浅野正嗣編，同前書，109-123 頁）

**第 11 章第 1 節**

藤江慎二・小嶋章吾「介護職員が虐待行為を回避しているプロセス——修正版グラウン
デッド・セオリー・アプローチを用いて」（介護福祉学，**27**（1），2020，54-63 頁）

**第 12 章第 1 節・第 2 節**

佐瀬恵理子「在日韓国・朝鮮人ハンセン病療養所入所者による病いの経験——韓国療養
所・定着村との比較質的研究」（博士論文（英文），2005）／佐瀬恵理子・神馬征峰・若
井晋『ハンセン病元患者インタビュー調査研究——在日韓国・朝鮮人および韓国人を中
心に』（韓国文化研究振興財団・研究助成報告書，2004）

**第 13 章第 1 節**

野中光代・古田加代子・柴 邦代「自閉症を伴う在宅重度知的障害者に対する母親の肥満
容認プロセス」（日本看護研究学会雑誌，**42**（4），2019，725-734 頁）

**第 14 章第 1 節**

木村由美「統合失調症者家族がケアラーとして自分らしい生活を再構築するプロセス」
（博士論文 第 4 章，2023）

**第 15 章第 1 節**

嶌末憲子・小嶋章吾「高齢者ホームヘルプ実践における生活場面面接研究—— M-GTA
（修正版グラウンデッド・セオリー・アプローチ）を用いた利用者の「持てる力を高め
る」プロセスの検討」（介護福祉学，**12**（1），2005，105-116 頁）

## ■編著者紹介■

### 小嶋章吾（こじま　しょうご）【第 1 章，第 2 章，第 3 章，第 15 章】

　国際医療福祉大学大学院医療福祉学研究科特任教授。M-GTA 研究会相談役。東京都立大学大学院博士課程単位修得満期退学。広島共立病院医療ソーシャルワーカー，大正大学人間学部，国際医療福祉大学医療福祉学部を経て現職。共著書『M-GTA による生活場面面接研究の応用——実践・研究・教育をつなぐ理論』（ハーベスト社，2015）他。

## ■著者紹介■（50 音順）

### 浅野正嗣（あさの　まさし）【第 10 章】

　ソーシャルワーカーサポートセンター名古屋代表，認知症介護研究・研修大府センター研修部長，刈谷中部地域包括支援センター・いなべ市地域包括支援センターアドバイザー，愛知淑徳大学・名古屋市立大学非常勤講師，元金城学院大学教授。

### 木村由美（きむら　ゆみ）【第 14 章】

　獨協医科大学看護学部講師。博士（医療福祉学）。病院看護師として 13 年，うち 2 年間は産業カウンセラーとして医療従事者を対象とした，こころの相談室を担当していた。大学教員として従事して以降，精神障害者家族会でのフィールドワークを行い統合失調症者の家族研究をテーマに取り組んでいる。

### 小池純子（こいけ　じゅんこ）【第 6 章】

　国立精神・神経医療研究センター精神保健研究所 地域精神保健・法制度研究部 司法精神保健研究室長。看護師。Ph.D。刑事司法の関与を必要とした精神障害者に対する臨床経験をもとに，よりよい支援体制に向けた研究や，医療観察法データベース事業などに従事している。業績に，措置入院患者や医療観察法対象者に関連した論文や図書がある。

### 古城恵子（こじょう　けいこ）【第 5 章】

　帝京短期大学生活科学科教授。修士（看護学），博士（子ども学）。医療機関で 5 年ほど看護師として勤務した後，豊島区役所に入区する。主に保育所看護師として，園児の健康管理業務等に 30 年ほど従事する。2020 年より現職。

### 佐瀬恵理子（させ　えりこ）【第 12 章】

　埼玉県立大学客員教授，東京大学大学院医学系研究科非常勤講師。東京大学大学院医学系研究科博士課程修了。ハーバード公衆衛生大学院フェロー，州立ライト大学医学部助教授等を経て現職。主著（共著）「終末期ケアにおける専門家の視座と実践——高齢者の自律性を取り巻くバイオエシックスと人権に関する質的研究」（JADP 論文集，2023），The Lancet commission of the value of death.（*Lancet*, 2022）他。

**嶌末憲子**（しますえ　のりこ）【第 3 章，第 15 章】
　埼玉県立大学保健医療福祉学部准教授。看護師・介護福祉士。日本社会事業大学大学院博士前期課程修了，国際医療福祉大学大学院博士課程満了。共著書『医療・福祉の質が高まる生活支援記録法［F-SOAIP］多職種の実践を可視化する新しい経過記録』（中央法規出版，2020）他。https://seikatsu.care

**野中光代**（のなか　みつよ）【第 14 章】
　日本福祉大学看護学部講師。博士（看護学）。公衆衛生看護学，地域看護学。保健師，看護師。千葉大学看護学部卒業。愛知県立大学大学院看護学研究科博士課程修了。愛知県がんセンター，日進おりど病院予防医学推進研究センター，社会福祉法人きまもり会愛歩，長久手市保健センター勤務。日本看護研究学会 2021 年度奨励賞受賞。

**平川俊功**（ひらかわ　としこう）【第 8 章】
　元東京家政大学人文学部心理カウンセリング学科教授。修士（学術），博士（教育学）。公立小・中学校の養護教諭，埼玉県立総合教育センター指導主事，公立特別支援学校の養護教諭を経て，東京家政大学の養護教諭養成担当に就いた。2023 年 3 月東京家政大学を退職。

**藤江慎二**（ふじえ　しんじ）【第 11 章】
　帝京科学大学医療科学部医療福祉学科准教授。介護老人福祉施設において介護職員及び生活相談員，地域包括支援センター等において主任介護支援専門員として勤務する。その後，大妻女子大学（実習助教），国際医療福祉大学（講師）を経て，現職。主に高齢者虐待防止研究を行っている。

**藤原佑貴**（ふじわら　ゆうき）【第 4 章】
　科学警察研究所 犯罪行動科学部 少年研究室 研究員。名古屋大学大学院教育発達科学研究科心理発達科学専攻博士前期課程修了。専門は犯罪心理学，臨床心理学及び発達心理学で，子どもの犯罪被害や非行の防止，司法面接に関する研究を中心に取り組んでいる。

**山口みほ**（やまぐち　みほ）【第 9 章】
　日本福祉大学社会福祉学部准教授。総合病院の心理職兼 MSW としての実践を経て現職に就く。認定社会福祉士認証・認定機構認定スーパーバイザー，ソーシャルワーカーサポートセンター名古屋副代表，西山クリニック非常勤精神保健福祉士。

**和田真一**（わだ　しんいち）【第 7 章】
　森山リハビリテーションクリニック院長。博士（医学），公衆衛生学修士。東邦大学心臓血管外科，昭和大学リハビリテーション科などを経て，2014 年現クリニック（2015 年〜院長）。リハビリテーション科専門医・指導医，在宅医療認定専門医，循環器専門医。

**M-GTA 修正版グラウンデッド・セオリー・アプローチ**
──多分野多領域における実践と応用

2025年1月10日　第1刷発行

編 著 者　小　嶋　章　吾
発 行 者　柴　田　敏　樹
印 刷 者　藤　森　英　夫

発行所　株式会社　誠　信　書　房
〒112-0012　東京都文京区大塚3-20-6
電話03（3946）5666
https://www.seishinshobo.co.jp/

©Shogo Kojima, 2025 Printed in Japan
落丁・乱丁本はお取り替えいたします

印刷／製本：亜細亜印刷㈱
ISBN 978-4-414-30029-1 C3036

JCOPY ＜出版者著作権管理機構　委託出版物＞

本書の無断複製は著作権法上での例外を除き禁じられています。複製される場合は，その
つど事前に，出版者著作権管理機構（電話03-5244-5088，FAX 03-5244-5089，e-mail:
info@jcopy.or.jp）の許諾を得てください。

## ソーシャルワーク記録［改訂版］
理論と技法

**副田あけみ・小嶋章吾 編著**

ソーシャルワークにとって記録のあり方は、最重要課題の一つである。ソーシャルワーカーのみならず援助職には、正確な記録を効率的・効果的に示し、援助活動へ活かし、適切に管理していく能力が要求されている。改訂版では、学習がしやすいように簡潔な構成に変更し、記録の様式と記入例が拡充されている。記録の作成を学ぶ初学者から中級者、さらには、学生の教育や職場に導入する記録様式を判断する立場にある上級者まで、幅広く本書から指針を得られる。

目　次
はじめに
　1　理論編
　第2章　記録の課題
　第3章　記録の種類と取り扱い
　2　実践編：各機関のソーシャルワーク記録
　第4章　機関・施設における相談援助記録
　第5章　集団・地域援助記録
　第6章　運営管理記録

B5判並製　定価（本体2400円＋税）

## TEAによる対人援助プロセスと分岐の記述
保育、看護、臨床・障害分野の実践的研究

**安田裕子・サトウタツヤ 編著**

ＴＥＭから昇華したＴＥＡ（複線径路等至性アプローチ）による対人援助に関する実践的研究について、その内容紹介から研究の裏舞台までをつまびらかにした。ＴＥＡを用いた研究を行ううえで有益な示唆に富んでいる。

目次
第Ⅰ部　TEA のダイナミズム
第Ⅱ部　保育における対人援助プロセスを記述する
第Ⅲ部　看護における対人援助プロセスを記述する
第Ⅳ部　臨床・障害における対人援助プロセスを記述する

A5判並製　定価（本体3300円＋税）